奥迪汽车
故障维修要点难点解析

郭建英　顾惠烽　等编著

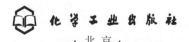

化学工业出版社
·北京·

内 容 简 介

《奥迪汽车故障维修要点难点解析》针对奥迪汽车，详细介绍和解读其相关技术和故障维修的要点难点。

全书内容系统全面、新颖实用，涵盖奥迪汽车的基本技术，以及奥迪发动机、底盘、自动变速器、电气系统、信息娱乐系统的故障维修，按照各系统部件的构造原理、主要特点、易出故障的部位，并结合一线车间的常见故障诊断与维修案例，循序渐进地进行介绍。本书还提供了奥迪汽车的新技术通报和典型案例分析。

本书适合大修厂、汽修店的中高级汽车维修技术工人阅读，也可供职业技术院校汽车维修相关专业的师生和汽车企业培训机构参考。

图书在版编目（CIP）数据

奥迪汽车故障维修要点难点解析/郭建英等编著．—北京：化学工业出版社，2021.2

ISBN 978-7-122-38034-0

Ⅰ.①奥⋯ Ⅱ.①郭⋯ Ⅲ.①汽车-车辆修理 Ⅳ.①U472.4

中国版本图书馆CIP数据核字（2020）第244065号

责任编辑：黄 滢　　　　　　　　　　　　文字编辑：冯国庆
责任校对：王佳伟　　　　　　　　　　　　装帧设计：王晓宇

出版发行：化学工业出版社（北京市东城区青年湖南街13号　邮政编码100011）
印　　刷：北京京华铭诚工贸有限公司
装　　订：三河市振勇印装有限公司
787mm×1092mm　1/16　印张19¾　字数507千字　2021年1月北京第1版第1次印刷

购书咨询：010-64518888　　　　　　　　售后服务：010-64518899
网　　址：http://www.cip.com.cn

凡购买本书，如有缺损质量问题，本社销售中心负责调换。

定　价：128.00元　　　　　　　　　　　　　　　　　　　　版权所有　违者必究

前言

随着我国汽车产业的迅猛发展，私家车的普及率和持有量也在持续增加。如今，汽车已经日益成为人们日常生活不可缺少的代步工具。

奥迪，作为深受我国百姓喜爱的汽车品牌之一，在国内的保有量较大。尤其是一些热门车型，如Q5、Q3、A4、A6等，已经逐渐进入一般消费者家庭。

奥迪汽车拥有多项世界领先、首屈一指的先进技术，无论是在发动机还是在变速器等多个领域，都在不断追求和探索技术更新的步伐，引领汽车时代新潮流。随之而来的，是其构造原理也越来越复杂，汽车产生故障的原因、种类和表现形式也越来越多样化，这就给维修工作带来了诸多困难，汽车维修人员遇到的技术难题也越来越多。因此，不断学习和掌握相关技术，尤其是熟悉各系统部件故障维修的要点难点，无疑是新一代汽车维修技术人员不可或缺的重要技能。鉴于此，化学工业出版社组织编写了这本《奥迪汽车故障维修要点难点解析》。

本书系统介绍了奥迪汽车的相关技术和其故障维修的要点难点。内容涵盖奥迪汽车的基本技术，以及奥迪发动机、底盘、自动变速器、电气系统、信息娱乐系统的故障维修，按照各系统部件的构造原理、主要特点、易出故障的部位，并结合一线车间的常见故障诊断与维修案例，循序渐进地进行介绍。本书还提供了奥迪汽车的新技术通报和典型案例分析。

此外，为便于读者理解和掌握，对于较复杂难懂的知识点，本书还提供了高清操作视频讲解，由专业视频教学团队精心制作。读者可在阅读本书的过程中，用手机或者其他电子设备扫一扫书中相应章节的二维码，即可观看配套的操作视频。将丰富的高清视频资源与图文内容对照学习，更加直观易懂，学习过程事半功倍。

本书由郭建英、顾惠烽、彭川、陈浩编写而成。

限于笔者水平，书中疏漏之处在所难免，恳请广大读者批评指正。

编著者

目录

第一章 基本技术

第一节　奥迪 ODIS 诊断系统的使用 ⋯⋯⋯⋯⋯⋯⋯⋯⋯⋯⋯ 001
第二节　在线功能的使用 ⋯⋯⋯⋯⋯⋯ 017
第三节　ODIS 工程师软件编程 ⋯⋯⋯ 026
第四节　奥迪通道号及基本设定 ⋯⋯ 032
第五节　匹配 ⋯⋯⋯⋯⋯⋯⋯⋯⋯⋯ 035
第六节　保养提示归零操作 ⋯⋯⋯⋯ 046
第七节　隐藏功能开通方法 ⋯⋯⋯⋯ 047
第八节　空调压缩机关闭条件 ⋯⋯⋯ 052
第九节　链条传动机构的调校 ⋯⋯⋯ 053
第十节　机油油位显示及故障诊断⋯⋯⋯⋯⋯⋯⋯⋯⋯⋯⋯⋯⋯ 054

第二章 发动机故障维修

第一节　奥迪发动机简介 ⋯⋯⋯⋯⋯ 056
第二节　EA211 发动机 ⋯⋯⋯⋯⋯⋯ 058
第三节　EA888 发动机 ⋯⋯⋯⋯⋯⋯ 082
第四节　发动机电器 ⋯⋯⋯⋯⋯⋯⋯ 116

第三章 底盘故障维修

第一节　前桥和后桥 ⋯⋯⋯⋯⋯⋯⋯ 136
第二节　制动系统 ⋯⋯⋯⋯⋯⋯⋯⋯ 138
第三节　行驶系统 ⋯⋯⋯⋯⋯⋯⋯⋯ 140
第四节　转向系统 ⋯⋯⋯⋯⋯⋯⋯⋯ 141
第五节　常见故障诊断与排除 ⋯⋯⋯ 150

目录

第四章 自动变速器故障维修

第一节	CVT变速箱概述 …… 155	第五节	换挡轴和停车锁 …… 177
第二节	变速箱组件 …… 157	第六节	ATF冷却系统 …… 178
第三节	供油系统 …… 172	第七节	电子控制系统 …… 178
第四节	电子液压控制 …… 175	第八节	常见故障诊断与排除 …… 183

第五章 电气系统故障维修

第一节	供电系统 …… 192	第六节	照明系统 …… 256
第二节	48V供电网 …… 195	第七节	组合仪表 …… 259
第三节	控制单元 …… 206	第八节	车载网络 …… 261
第四节	使用和启动授权 …… 240	第九节	常见故障诊断与排除 …… 267
第五节	防盗系统 …… 248		

第六章 信息娱乐系统故障维修

第一节	模块化信息娱乐系统第2代+ …… 271	第五节	前部信息控制单元J523 …… 282
第二节	多媒体界面 …… 278	第六节	音响系统 …… 284
第三节	天线系统 …… 280	第七节	常见诊断与排除 …… 286
第四节	导航 …… 281		

目录

第七章
新技术通报及典型案例分析

1. 凸轮调节器信号失真（1.8L+2.0L TFSI EA888G3） …… 291
2. EA888 Gen3 发动机冷启动时机油泵异响 …… 291
3. EA888 Gen3 发动机故障指示灯亮起 …… 292
4. EA888 Gen3 发动机在怠速运行期间以及略微加速时震动 …… 292
5. A4 遥控器失灵 …… 293
6. A1/CD/DVD 无法弹出取出 …… 293
7. A6 ESP 指示灯亮起 …… 294
8. Q7 结冰时，车身高度调节装置失灵 …… 295
9. A3 驻车辅助系统功能失效 …… 295
10. A4 在挂入 D 挡或 R 挡爬坡时倒退行驶 …… 298
11. A6 附加制动灯失灵或偶尔失灵 …… 299
12. Q5 发动机无法关闭-无法启用电动行驶模式 …… 299
13. A6 无法校准 ACC …… 299
14. A8 启动/停止系统失灵，在冷却系统中存有故障码 …… 300
15. A3 驻车辅助系统失灵 …… 300
16. A8L 4.0TFSI 发动机偶尔启动不佳 …… 301
17. A4 防盗报警装置无故触发 …… 302
18. Q3 TDI 发动机指示灯亮起、发动机抖动或车辆不启动 …… 302
19. Q3 全轮驱动装置失灵 …… 304
20. 国产 Q3 在长时间行驶后空调没有从出风口中吹出风 …… 304
21. 国产 Q3 空调不制冷或压缩机发出噪声 …… 305
22. A4 脚部动作控制的后备厢盖打开系统失灵 …… 305
23. A6 偶尔不能挂入 2 挡 …… 306
24. A7 针对进气歧管翻板的故障存储器记录 …… 306
25. A6 停车期间后备厢盖无故打开 …… 306
26. A6 组合仪表中显示"汽车照明故障" …… 307
27. A4 安全气囊指示灯亮起 …… 307
28. A6 在启动后不久便能从车前部听到"嘎嘎"声 …… 308
29. A4、A5、A5 Cabrio、Q5 空调失灵 …… 308
30. A6、A7（C7）车内温度调节不舒适 …… 309

第一章

基本技术

第一节 奥迪 ODIS 诊断系统的使用

一、VAS 5054A 蓝牙诊断头的匹配

将 VAS 5054A 蓝牙诊断头插入奥迪车的诊断接口，使用 Windows 自带的蓝牙匹配程序寻找此设备（图 1-1-1）。

图 1-1-1　使用 Windows 自带的蓝牙匹配程序寻找此设备

在"Use the passkey found in the documentation"一栏中填写 VAS 5054A 上的九位蓝牙匹配码（图 1-1-2），完成蓝牙装置的安装。

安装 ODIS 系统时，会自动安装一款名叫"EDIC hardware installation"的软件，在 Windows 开始菜单"程序"中找到并打开。选择"ADD EDIC"来配置蓝牙端口。选择设备类型为 VAS 5054（图 1-1-3）。

在图 1-1-4 中选择任意一项"Standard Serial over Bluetooth link"选项，点击"OK"，完成端口配置。

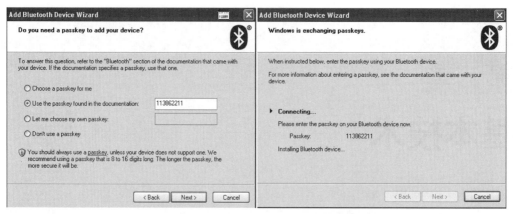

图 1-1-2　填写 VAS 5054A 蓝牙匹配码

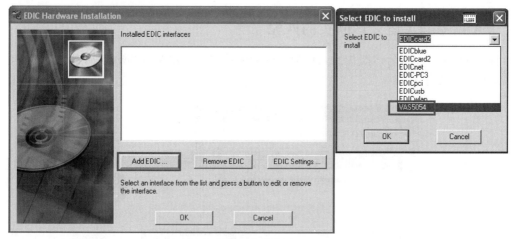

图 1-1-3　选择设备类型为 VAS 5054

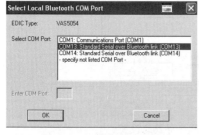

图 1-1-4　完成端口配置

二、诊断模式

1. 车辆识别

ODIS 系统开机后会自动校验蓝牙诊断头是否已插入车辆，以及车辆点火开关是否处于开启状态（图 1-1-5）。

若未识别车辆，或车辆点火开关关闭，对应图标上会打叉显示。此时点击"开始诊断"按钮会有相应提示。确认无误后点击"开始诊断"，系统将进行车辆识别，系统若不能读取某些车型信息，如发动机型号等，需要手动将其补全。

车型识别界面的最下方，还有一个"用引导性故障查询工作"的复选框，若勾选则默认使用引导性故障查询（图 1-1-6）；若取消勾选则默认使用自诊断功能。

2. 与 ElsaPro 相关的可忽略的操作

完成车型识别后，系统会自动弹出输入全球用户码的界面，此处可以填写 TPI 账号和密码，也可以点击"取消"，待需要查询相关信息时再输入（图 1-1-7）。

图 1-1-5　自动识别状态

图 1-1-6　若勾选则默认使用引导性故障查询　　图 1-1-7　登录界面

ODIS 系统本来的设计意图是与 ElsaPro 整合的，这里输入的全球用户名本是为了登录 ElsaPro，并读取 ElsaPro 中开具的任务委托书、DISS 投诉信息及投诉对应 TPI。由于中国市场并不使用 ElsaPro 系统，所以图 1-1-8 所示的"任务""DISS""TPI"三个页签可以忽略，系统自动跳转到"任务"界面时，点击下方的"无任务"按钮跳过。

3. 控制单元识别

在引导性故障查询模式下，点击"无任务"后，系统自动开始读取车辆网关列表，进行车辆控制单元的识别。自诊断模式下不会自动读取网关列表。

在"控制单元"页签中，有 3 个界面可选，分别是"网络布局图""控制单元列表"和"事件存储器列表"。

（1）网络布局图　网络布局图是网关列表的一个直观显示。网络布局图中显示出该车型所有可能配备的控制单元。每辆车由于配置不同，会有一些未安装的控制单元（图 1-1-9）。

MOT_01 无色粗框图标：本控制单元已经正确识别，并且没有故障信息。

图 1-1-8　点击下方的"无任务"按钮跳过

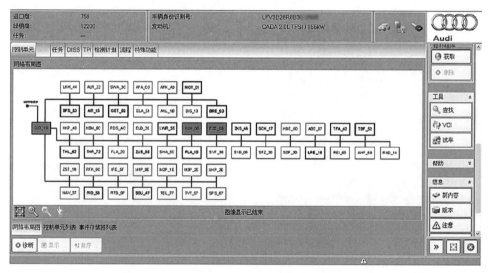

图 1-1-9　显示出该车型所有可能配备的控制单元

KLH_08 红色粗框图标：本控制单元已经正确识别，但是故障存储器中有故障码。

DIS_13 无色细框图标：本控制单元未识别。可能是车辆未配备此单元，也可能是网络连接故障，从而未识别。

（2）控制单元下拉菜单　左键长按 1s 以上或者右键点击，此界面中的控制单元可以弹出下拉菜单（图 1-1-10）。

① 测量技术。点击测量模式，选择测量值块，系统会转到此控制单元的测量模式，需要对应的硬件设施支持，测量电压和电流波形图等（图 1-1-11）。

② 识别控制单元。强制识别某一个控制单元，可用于自诊断模式中对某个单元的单独识别；或者在控制单元自动识别中未能识别，使用此操作进行后续识别，这种情况下系统会询问"无法识别此单元，是否强制识别"，选择"是"的话，系统虽无法与之交流，但是会认为已安装此控制单元。

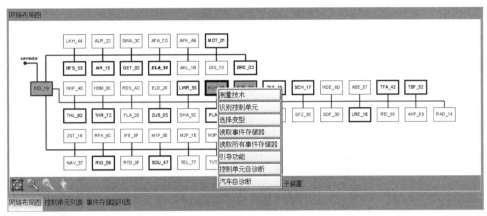

图 1-1-10 下拉菜单

③ 选择变型。对于某些控制单元，若自动识别结果中，控制单元类别与实际安装不符，可以手动进行型号的修改（图 1-1-12）。

图 1-1-11 测量模式

图 1-1-12 选择变型

④ 读取事件存储器。读取所选控制单元或所有控制单元的故障存储器，检查其中是否存有故障码。结果将在"事件存储器列表"中显示。可用于自诊断模式，或者用来刷新故障码列表。执行此操作会同时更新测试计划。

⑤ 引导功能。点击"引导功能"，可以调出针对此控制单元的所有可选的引导功能列表，选择其中某一项后立即在"流程"页签下执行该项引导。多用于自诊断模式，或对引导性故障查询模式的补充（图 1-1-13）。

⑥ 控制单元自诊断、汽车自诊断。针对某一控制单元或全部控制单元的自诊断模式。

（3）控制单元列表　控制单元列表内容与网络布局图类似，是网络布局图的表格化显示方式，此列表中也可以调出下拉菜单，并且可以提供更多信息（图 1-1-14）。

控制单元简介如图 1-1-15 所示。

点击"显示"可以选择显示全部控制单元，或只显示已识别的控制单元（图 1-1-16）。点击"排序"可以按"地址编号""故障数量""控制单元名称"三种方式排序。

图 1-1-13 引导功能

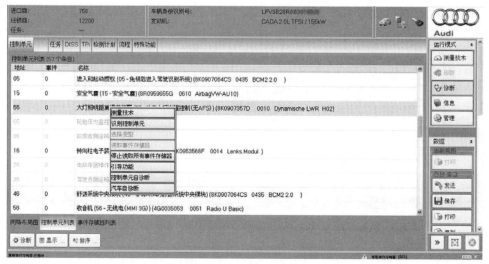

图 1-1-14　控制单元列表

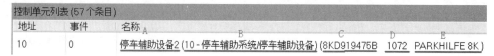

图 1-1-15　控制单元简介
A—控制单元名称；B—控制单元变型；C—软件编号；D—软件版本号；E—系统名称

图 1-1-16　功能键

（4）事件存储器列表　事件存储器列表中显示所有控制单元中存有的故障码信息（图 1-1-17 和图 1-1-18）。

4. 引导性故障查询

（1）自动生成检测计划　在引导性故障查询模式下，控制单元自动识别完成后，弹出对话框，要求进行引导性故障查询，点击"确定"后立即跳转到"流程"页签中进行引导性故障查询（图 1-1-19）。

图 1-1-17　事件存储器列表

图 1-1-18　简介

A—故障码；B—症状代码；C—故障位置；D—症状；E—存储器状态

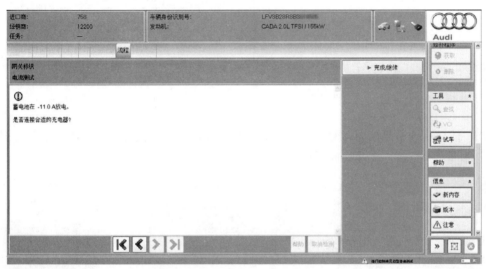

图 1-1-19　进行引导性故障查询

按引导性故障查询的提示完成一系列操作之后，生成检测计划，即系统为我们提供的检测任务（图 1-1-20）。

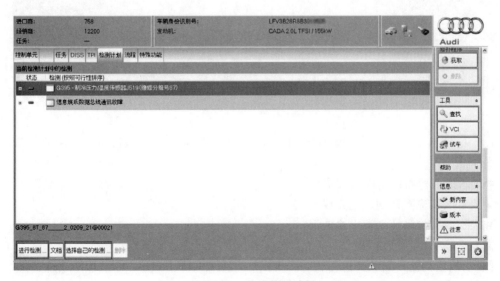

图 1-1-20　生成检测计划

(2)手动添加检测计划　如果认为系统提供的检测计划不全，需要自己添加检测计划，则点击屏幕下方"选择自己的检测"按钮。在全部检测计划列表中找到所需的项目，并加入检测计划（图1-1-21和图1-1-22）。

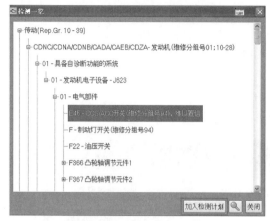

图1-1-21　点击加入检测计划

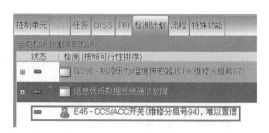

图1-1-22　找到所需的项目

选中任意一条检测计划，并点击屏幕下方的"进行检测"按钮，将立即跳转到"流程"页签中进行该项检测。在此期间可以点击"取消检测"按钮中途退出（图1-1-23）。

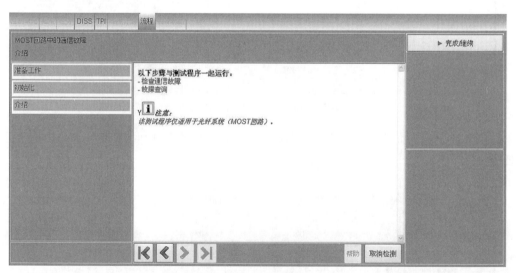

图1-1-23　进行检测

(3)检测计划状态　"检测计划"页签中的各项检测计划，具有不同的状态标识（图1-1-24）：

■表示该项检测计划尚未被执行；

✔表示该项检测计划已经完成；

✎表示该项检测计划被中途取消；

✘表示该项检测计划失败；

?表示该项检测计划无法进行；

✔表示该项检测计划以创建，组建已维修。

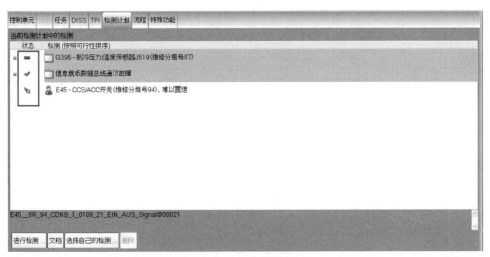

图 1-1-24　检测计划状态

（4）特殊功能　除了引导性故障查询提供的检测计划之外，在"特殊功能"页签中还有更多的同名检测计划可用。这些检测计划不是基于控制单元识别而生成的，而是基于车型数据库产生的，包含同车型其他款式车辆的数据。必要时可以从中挑选并点击"进行检测"直接开始此任务。

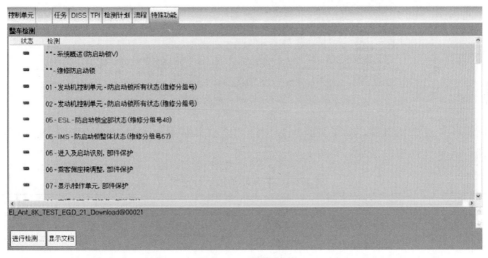

图 1-1-25　特殊功能

5. 自诊断

（1）控制单元识别　在自诊断模式下，车型识别之后不会自动进行控制单元的识别，而是仅仅将该车型的网关列表显示出来。需要用户自己选择单个控制单元，右键点击进行识别（图 1-1-26）。

在整个自诊断过程中，随时可以到"控制单元"页签中点击下方的"引导性故障查询"按钮转入故障导航模式。

（2）控制单元自诊断　对于已经手动识别过的控制单元，在右键点击的下拉菜单中可以选择"控制单元自诊断"，弹出如图 1-1-27 所示的窗口，可选择各种自诊断项目。

奥迪汽车
故障维修要点难点解析

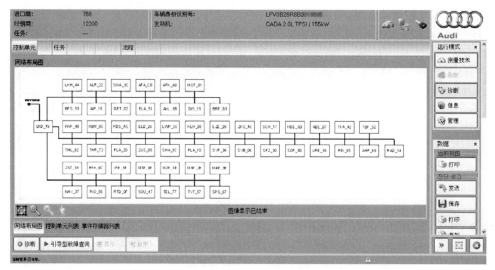

图 1-1-26　控制单元识别

图 1-1-27　控制单元自诊断

执行各种自诊断项目，除了"访问权限"功能会另开一个界面之外，其他功能的运行结果会在"结果"页签中显示（表 1-1-1）。

表 1-1-1　其他功能的运行结果

自诊断功能	"结果"页签中选项卡名称
匹配	KAL
设码	COD
事件存储器	ESP
基本设置	BAS
识别	ID
测量值	MW
执行器诊断	SGT

在控制单元自诊断选项卡中，可以使用右侧的"现在"按钮进行刷新，也可以设定定时刷新；如需关闭选项卡，则点击右下角红叉（图 1-1-28）。

（3）汽车自诊断　对一个已经被识别的控制单元点击右键，可以使用"汽车自诊断"功能（图 1-1-29）。

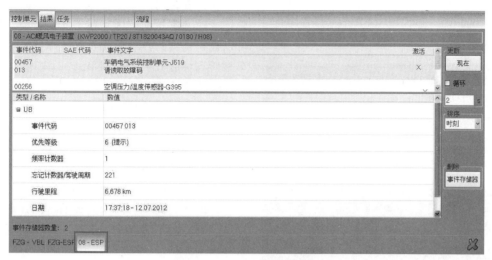

图 1-1-28　页面刷新及关闭

图 1-1-29 中第一项意思是"整个系统的故障记录"。

执行各项车辆自诊断功能时，除了"运输模式"会另开一个界面外，其他两项的结果也会在"结果"页签中显示。

（4）整个系统的故障记录　在此模式下，系统将对所有可能安装的控制单元进行故障存储器的读取，并将结果以列表形式显示（图1-1-30）。用户可以设定手动或自动

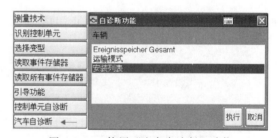

图 1-1-29　使用"汽车自诊断"功能

定时刷新，操作与控制单元自诊断模式中相同。在需要删除故障存储器中的故障信息时，可以选择单个删除或全部删除。所有故障信息一经删除，无法恢复。

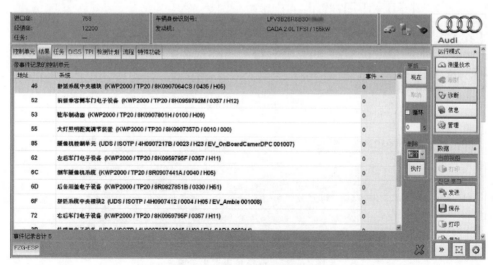

图 1-1-30　整个系统的故障记录

（5）传送模式　此功能用于开启或关闭车辆的传送模式（图1-1-31）。

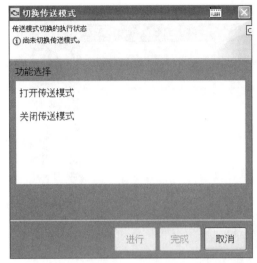

图1-1-31 开启或关闭车辆的传送模式

（6）安装列表 此功能与"整个系统的故障记录"基本相同，区别在于此列表中只显示可以被识别到的控制单元及其故障信息，而非车型所有可能安装的控制单元。

6. 结束诊断

无论是引导性故障查询模式还是自诊断模式，中途都可以在"控制单元"页签中点击界面左下角标有红叉的"诊断"按钮退出诊断。询问"是否要结束已有的诊断会话？"，选择"是"以结束诊断进程（图1-1-32）。

系统还会提醒有尚未完成的检测计划。若选择"是"则不会终止，选择"否"则退出诊断（图1-1-33）。

系统第三次询问"是否计算新的检测计划"，选择"是"则结束当前诊断会话并创建新的检测计划；选择"否"则彻底退出诊断（图1-1-34）。

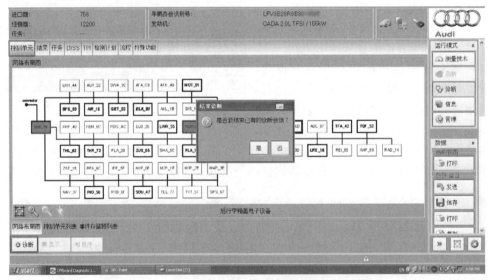

图1-1-32 结束诊断

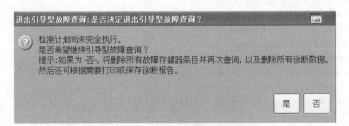

图1-1-33 选择是否退出诊断

最后询问是否"生成就绪代码"，对于非柴油车来说，点击"否"（图1-1-35）。

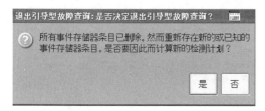
图 1-1-34　系统第三次询问

图 1-1-35　是否生成就绪代码

之后开始逐步退出诊断，在此期间有一个步骤是自动发送诊断报告，若已经输入账号密码则会自动完成，也可以在这时输入账号密码，完成诊断报告并自动上传（图 1-1-36）。

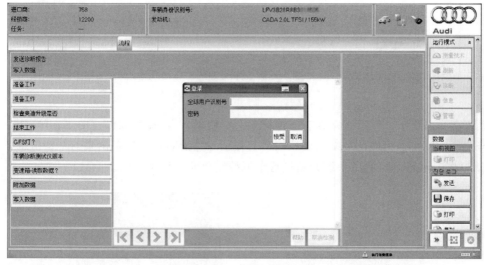
图 1-1-36　发送诊断报告

若网络问题上传失败，系统会将诊断报告缓存，等待下次启动系统时再做尝试（图 1-1-37）。

无论自动上传成功与否，系统都会询问是否打印诊断报告或保存至本地，以及选择诊断报告的类型（图 1-1-38）。

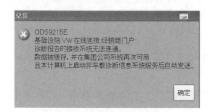
图 1-1-37　诊断报告缓存

图 1-1-38　选择诊断报告的类型

除了自动上传诊断报告以外，还可以使用 ODIS 系统界面右侧"数据"下的"发送"按钮手动发送诊断报告。

三、刷新模式

1. 刷新

刷新模式用于对车辆控制单元软件进行升级、修复，或者匹配。

在 ODIS 系统开始界面，确认蓝牙诊断头接通、点火开关开启，在"运行模式"中选择"刷新"，再点击"开始刷新"（图 1-1-39）。

图 1-1-39 选择"刷新"

系统会弹出提示，显示必须在有线连接下进行刷新，点击"继续"（图 1-1-40）。

与"诊断模式"相似，系统需要我们手动补全一些没能自动识别出来的车型信息，并输入 GEKO 账号和密码，然后系统开始进行车辆控制单元的识别（图 1-1-41）。

图 1-1-40 点击"继续"

图 1-1-41 补全信息

车辆控制单元识别完成后，在"特殊功能"页签下会列出可用的刷新程序（图 1-1-42）。

2. 结束刷新

需要结束刷新进程时，在"刷新"页签中的左下角点击"结束刷新"按钮（图 1-1-43）。

四、保存和读取诊断会话

在使用 ODIS 进行车辆诊断过程中，可以使用"保存诊断会话"功能，将进行到一半的诊断工作保存下来，中途退出，待需要继续对该车进行未完成的诊断过程时，再调出当时的诊断会话。

1. 保存诊断会话

车辆诊断过程中，在界面右侧"数据"下的"诊断会话"一栏中，点击"停止"按钮。弹出对话框，询问"是否要保存当前的诊断会话以供将来重新调用?"（图 1-1-44）。

第一章 基本技术

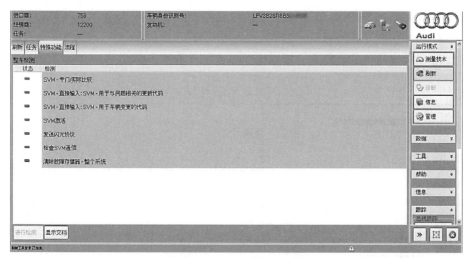

图 1-1-42 可用的刷新程序

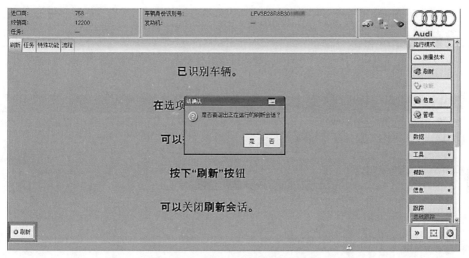

图 1-1-43 点击"结束刷新"按钮

图 1-1-44 选择是否要保存当前的诊断会话以供将来重新调用

选择"是"后，系统会自动选择路径，将诊断会话文件保存至 C：\ ProgramFiles \ Offbroad _ Diagnostic _ Information _ System _ Service \ sessions 下，以"底盘号 _ 日期 _ 时间.ses"的方式自动命名。保存诊断会话后，ODIS 系统会退出当前诊断会话（图 1-1-45 和图 1-1-46）。

图 1-1-45　自动选择路径

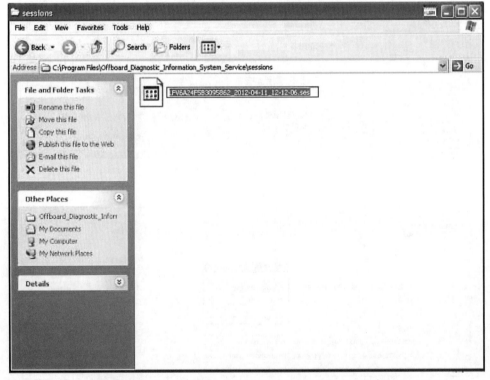

图 1-1-46　以"底盘号 _ 日期 _ 时间.ses"的方式自动命名

2. 读取已保存的诊断会话

需要重新开始对该车进行相应诊断的时候，在"诊断会话"中点击"继续"按钮，依照文件名中给出的底盘号及保存时间等信息，找到所需要回复的诊断会话文件，继续上次未完成的诊断（图 1-1-47）。前提是 ODIS 系统当前识别车辆的底盘号必须与诊断会话文件的底盘号一致。

图 1-1-47　读取已保存的诊断会话

第二节　在线功能的使用

一、在线功能-在线编码

① 右键单击要编码的控制单元，选择引导功能（图 1-2-1）。

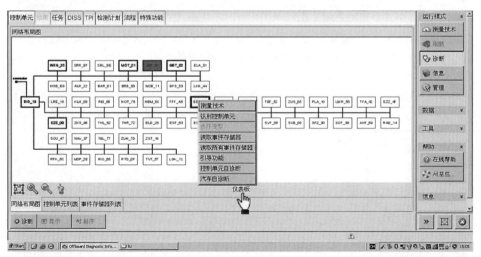

图 1-2-1　选择引导功能

② 选择编码并点击"执行"（图 1-2-2）。
③ 点击"完成/继续"（图 1-2-3）。
④ 将诊断插头插入车辆，打开点火开关，点击"完成/继续"（图 1-2-4）。
⑤ 查看屏幕信息，点击"完成/继续"（图 1-2-5）。

故障维修要点难点解析

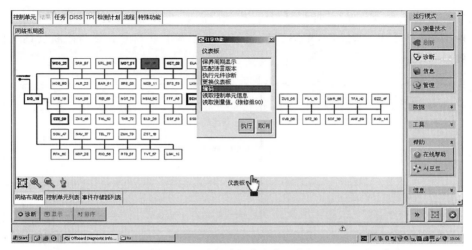

图 1-2-2　选择编码并点击"执行"

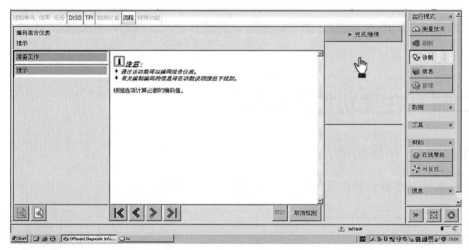

图 1-2-3　点击"完成/继续"

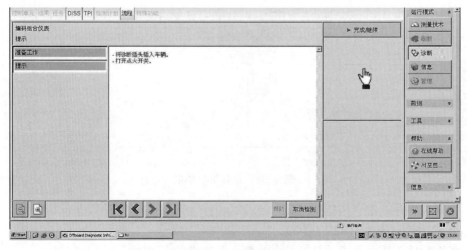

图 1-2-4　按提示操作

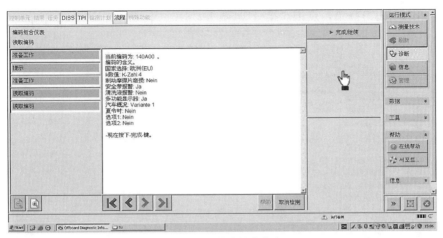

图 1-2-5　查看屏幕信息

⑥ 程序读取目前的编码，选择 3，在线查询编码（图 1-2-6）。

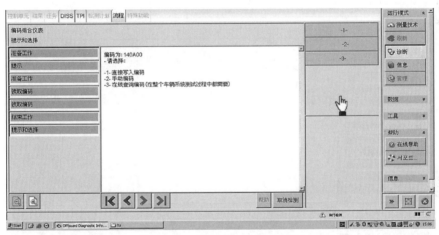

图 1-2-6　程序读取目前的编码

⑦ 提醒建立在线连接，点击"完成/继续"（图 1-2-7）。

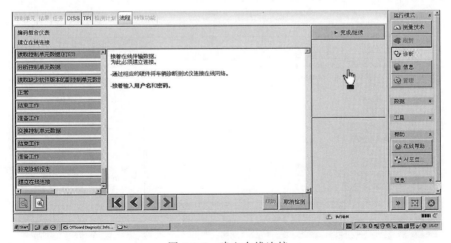

图 1-2-7　建立在线连接

⑧ 用GEKO账户登录,点击"接受"(图1-2-8)。

图1-2-8　用GEKO账户登录

⑨ 显示在线确定的编码,选择1,接受编码(图1-2-9)。

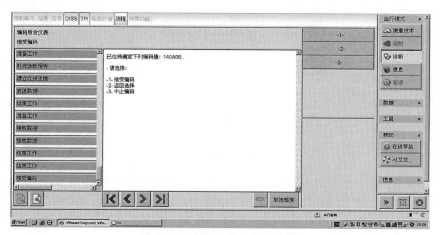

图1-2-9　显示在线确定的编码

⑩ 提示已成功编码,并提示重新读取编码,点击"完成/继续"(图1-2-10)。

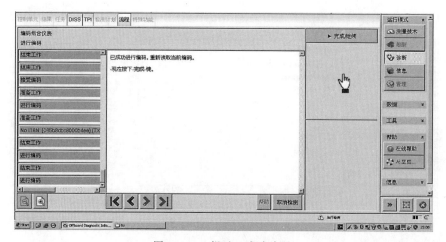

图1-2-10　提示已成功编码

⑪ 显示编码后的信息,点击"完成/继续"(图1-2-11)。

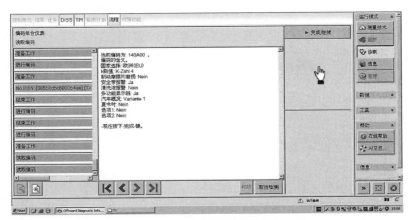

图1-2-11　显示编码后的信息

⑫ 提示测试结束,点击"完成/继续",退出在线编码(图1-2-12)。

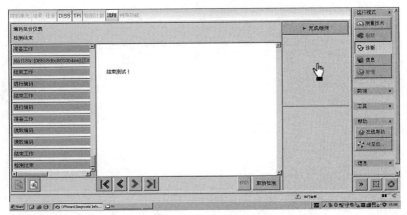

图1-2-12　测试结束

二、在线功能-防盗匹配

① 右键单击防盗锁止系统,选择引导功能(图1-2-13)。

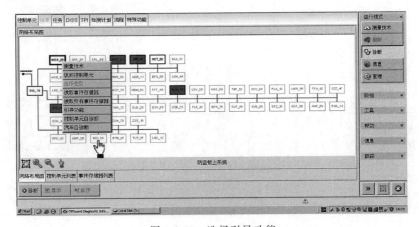

图1-2-13　选择引导功能

② 选择匹配钥匙,点击"执行"(图 1-2-14)。

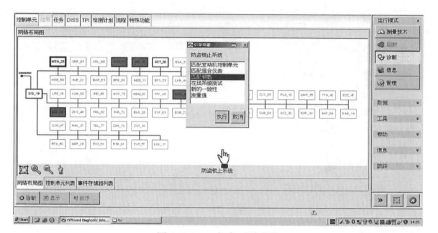

图 1-2-14　点击"执行"

③ 完成显示的要求,点击"完成/继续"(图 1-2-15)。

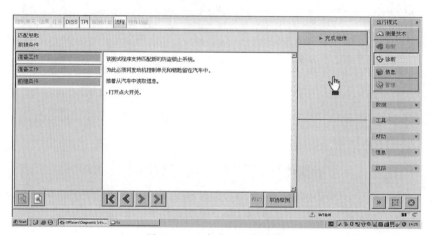

图 1-2-15　完成显示的要求

④ 输入买方姓名并点击"接受"(图 1-2-16)。

图 1-2-16　输入买方姓名并点击"接受"

⑤ 输入订单号并点击"接受"(图 1-2-17)。

图 1-2-17　输入订单号并点击"接受"

⑥ 输入买方国籍并点击"接受"(图 1-2-18)。

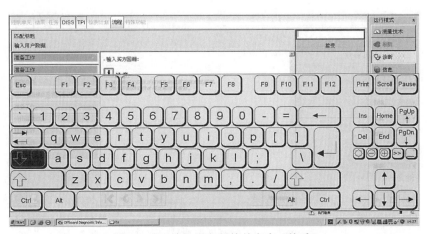

图 1-2-18　输入买方国籍并点击"接受"

⑦ 用 GEKO 账户登录并点击"接受"(图 1-2-19)。

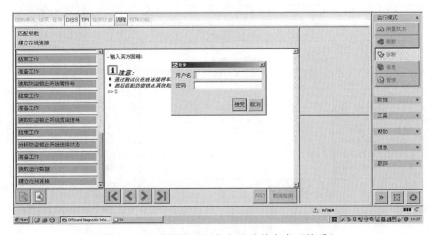

图 1-2-19　用 GEKO 账户登录并点击"接受"

⑧ 查看注意提醒，点击"完成/继续"（图1-2-20）。

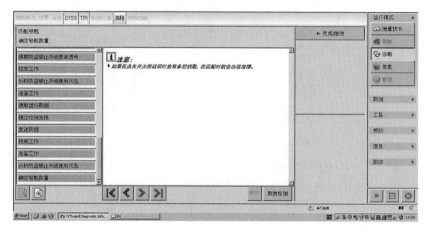

图1-2-20　查看注意提醒

⑨ 点击"＋、－"选择匹配钥匙的数量，确定后点击"OK"（图1-2-21）。

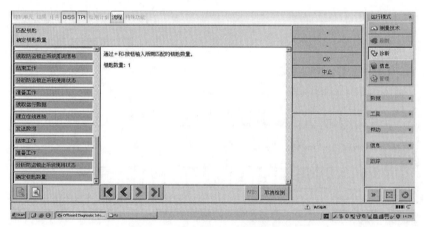

图1-2-21　选择匹配钥匙的数量

⑩ 查看提示，点击"完成/继续"（图1-2-22）。

图1-2-22　查看提示

⑪ 用所有要匹配的钥匙依次打开点火开关，点击"完成/继续"（图 1-2-23）。

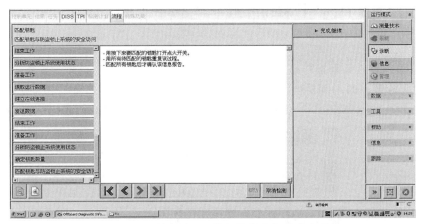

图 1-2-23　用所有要匹配的钥匙依次打开点火开关

⑫ 提示已匹配防盗锁止系统控制单元，点击"完成/继续"（图 1-2-24）。

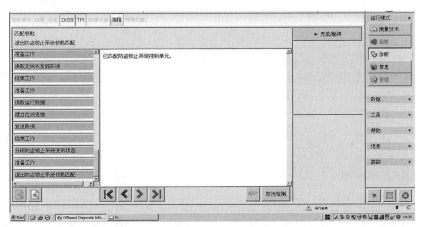

图 1-2-24　提示已匹配防盗锁止系统控制单元

⑬ 提示已成功匹配钥匙，点击"完成/继续"，退出防盗匹配（图 1-2-25）。

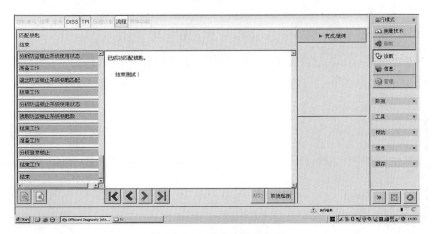

图 1-2-25　已成功匹配钥匙

第三节 ODIS 工程师软件编程

ODIS 工程师软件编程操作步骤如下。

① 通过服务版本的 ODIS 软件读取车辆数据（图 1-3-1）。

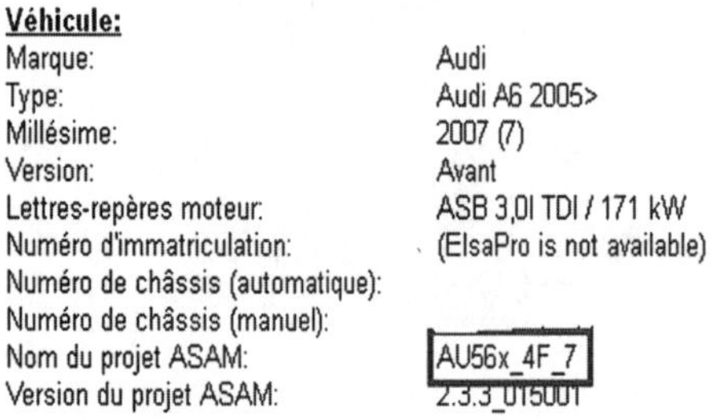

② 进入工程师版本 ODIS 软件，在车辆项目栏中选定 AU56x 进入系统，点击"全车"，然后双击"更新文件"（图 1-3-2）。

③ 在对话窗中点击"载入子系统"（图 1-3-3）。

④ 点击需要编程的控制单元，之后打开本地刷新文件（图 1-3-4）。

⑤ 在计算机上寻找合适的软件，如图 1-3-5 所示 No.01 控制单元为发动机，现在的软件版本为 0050，所以选定 0070 进行编程工作，然后点击"打开"。

图 1-3-1 读取车辆数据

图 1-3-2 进入工程师版本 ODIS 软件

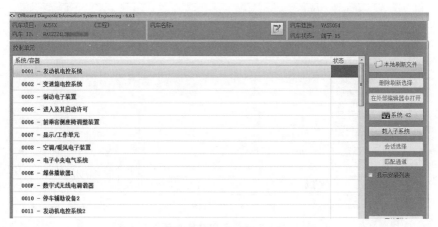

图 1-3-3 在对话窗中点击"载入子系统"

图 1-3-4　打开本地刷新文件

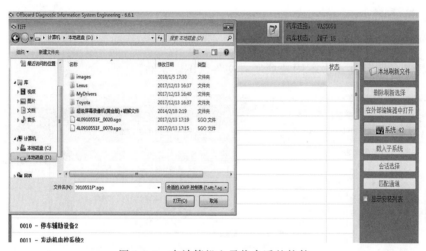

图 1-3-5　在计算机上寻找合适的软件

⑥ 点击"开始刷新"(图 1-3-6)。

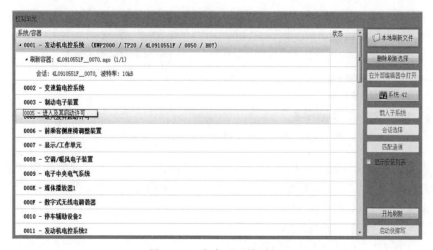

图 1-3-6　点击"开始刷新"

⑦ 现在显示安全提示信息，点击"是"即可，开始编程（图1-3-7）。

图1-3-7　开始编程

⑧ 选择其他文件并点击不同选项所有文件（图1-3-8）。

图1-3-8　选择其他文件并点击不同选项所有文件

⑨ 进入管理选定功能配置，将选项取消，点击"保存"，可以不受限制编程（图1-3-9）。
⑩ 读取控制单元编码与匹配信息，点击"车辆特殊功能选项"（图1-3-10）。
⑪ 选定读取的数值（图1-3-11）。
⑫ 读取与保存数据（图1-3-12）。
⑬ 点击"保存"（图1-3-13）。
⑭ 有的控制单元需要输入登录代码（图1-3-14）。

图 1-3-9 进入管理选定功能配置

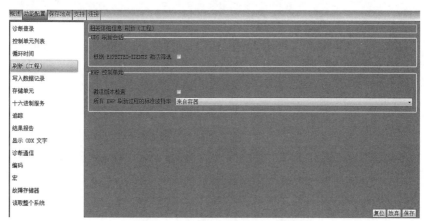

图 1-3-10 点击"车辆特殊功能选项"

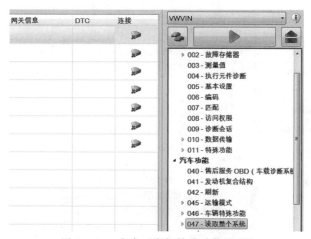

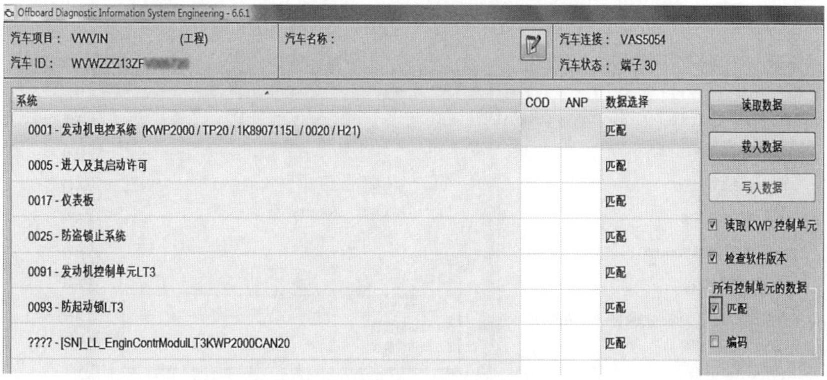

图 1-3-11 选定读取的数值

⑮ 通过载入数据并恢复配置,选定文件后打开(图 1-3-15)。
⑯ 同意后执行(图 1-3-16)。
⑰ 通过数据选择屏蔽选项(图 1-3-17)。

图 1-3-12　读取与保存数据

图 1-3-13　点击"保存"

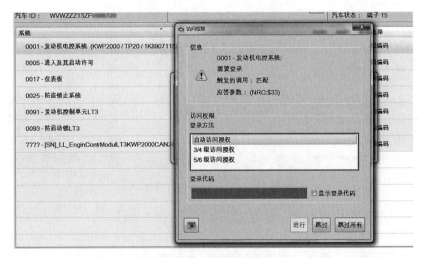

图 1-3-14　输入登录代码

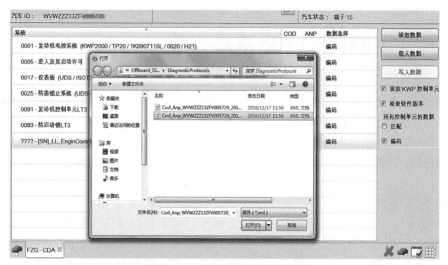

图 1-3-15　载入数据并恢复配置

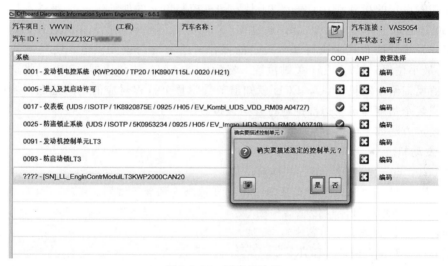

图 1-3-16　同意后执行

图 1-3-17　通过数据选择屏蔽选项

第四节　奥迪通道号及基本设定

基本设定是指原本出厂设定的一些参数，它随着车辆的使用会发生偏移，基本设定和自适应的作用就是通过计算机使这些改变的参数调整或恢复到某一数值。不同的是，基本设定通常是通过对相应传感器监控，计算机命令执行器动作而由计算机自己主动找到一个相应的数值。而自适应是通过操作人员输入一个数值，电控单元被动接收该数值，并按照该数值执行命令。

比如，随着车辆的使用，节气门变脏后，发动机在怠速时节气门开度会增大。这是因为节流阀体变脏后，在相同的开度下，进气量会减少，将不足以维持发动机的额定转数，节气门怠速开度就会增大。当清洗节气门后，如果仍然保持以前那么大的开度，则会导致进气量增大、怠速升高等现象，那么就需要使用仪器对节气门进行基本设定，通过电控单元的学习功能自适应这种变化，自行找到一个新的开启角度以满足怠速的需求。

例如基本设定的指令 01-04-060，01 是发动机控制单元的地址码，04 是基本设定的功能代码，060 是通道号。01-04-060 就是通过 VAS 5052 告诉发动机控制单元进行通道号 060 的基本设定，系统就按照程序执行基本设定的操作，给节气门单元供电，使其达到上下止点（即最大与最小位置），以及几个关键位置。然后由节气门位置传感器（TPS）将这些位置对应的电压值反馈给发动机 ECU，ECU 就知道节气门整个行程对应的电压范围，从而在运转时需要开到某个角度即可快速准确地打开至该位置。

基本设定方法如下。

1. 01-发动机

通道 001　电子节气门（节气门体自适应）

解释：节气门自适应，等待至显示"匹配自适应：调整正常"。

通道 002　质量空气流量传感器检测

解释：发动机运转 G28（怠速），暖机。

通道 003　废弃再循环（EGR）

解释：点火开关打开，发动机启动（怠速），踩下制动踏板和加速踏板并保持住，废弃再循环（EGR）打开和关闭交替进行。

通道 008　真空泵测试（短程）

解释：发动机关闭，点火开关打开。换挡杆：P/N 挡，牢牢踩下制动踏板。

通道 011　冲压控制

解释：点火开关打开，发动机启动（怠速），踩下制动踏板和加速踏板并保持住，充气压气控制"ON"和"OFF"交替进行，"激活"和"关闭"之间的偏差至少为 80.0mbar（1bar=10^5Pa，下同）。

通道 028　点火（爆震传感器测试——短途）

解释：牢牢踩下制动踏板和风门踏板一次，发动机转速自动增加到 2200r/min。

通道 034　氧传感器控制（老化检测：气缸列 1，传感器 1）

解释：牢牢踩下制动踏板和风门踏板一次，发动机转速自动增加到 2200r/min。

通道 035　氧传感器控制（老化检测，气缸列 2，传感器 1）

解释：牢牢踩下制动踏板和风门踏板一次，发动机转速自动增加到 2200r/min。

第一章 基本技术

通道036　氧传感器控制（传感器准备就绪——催化转换器后）

解释：牢牢踩下制动踏板和风门踏板一次，发动机转速自动增加到2200r/min。

通道037　氧传感器控制（氧传感器变化量，缸组1）

解释：牢牢踩下制动踏板和风门踏板一次，发动机转速自动增加到2200r/min。

通道038　氧传感器控制（氧传感器变化量，缸组2）

解释：牢牢踩下制动踏板和风门踏板一次，发动机转速自动增加到2200r/min。

通道039　氧传感器控制（传感器交换）

解释：牢牢踩下制动踏板和风门踏板一次，发动机转速自动增加到2200r/min。

通道043　氧传感器控制（老化检测：气缸列1，传感器2）

解释：牢牢踩下制动踏板和风门踏板一次，发动机转速自动增加到2200r/min。

通道044　氧传感器控制（老化检测：气缸列2，传感器2）

解释：牢牢踩下制动踏板和风门踏板一次，发动机转速自动增加到2200r/min。

通道046　氧传感器控制（催化转换测试，气缸列1）

解释：短途行驶034/035/036/037/038/039/043/044必须"OK"，牢牢踩下制动踏板和风门踏板一次，发动机转速自动增加到2200r/min。

通道047　氧传感器控制（催化转换测试，气缸列2）

解释：短途行驶034/035/036/037/038/039/043/044必须"OK"，牢牢踩下制动踏板和风门踏板一次，发动机转速自动增加到2200r/min。

通道048　氧传感器控制（催化转换器热诊断，气缸列1）

解释：牢牢踩下制动踏板和风门踏板一次。

通道060　电子节气门（节气门自适应）

解释：节气门自适应，等待至显示"匹配自适应：调整正常"。

通道063　电子节气门（强制降挡开关自适应）

解释：将加速踏板踩到底。

通道070　排放降低（EVAP阀测试）

解释：等待显示"OK"。

通道071　排放减少（泄漏诊断系统）

解释：等待显示"OK"。

通道074　废弃再循环（EGR）阀对齐

解释：等待显示"OK"。

通道075　排放减少（废弃再循环）

解释：等待显示"OK"。

通道077　排放减少（二次空气喷射，气缸列1）

解释：等待显示"OK"。

通道078　排放减少（二次空气喷射，气缸列2）

解释：短途行驶034/035必须"OK"，牢牢踩下制动踏板和加速踏板一次，发动机转速自动增加到1400r/min，注意：每次发动机启动时只能执行一次。

通道094　进气凸轮轴调节

解释：短途行驶034/035必须"OK"，牢牢踩下制动踏板和加速踏板一次，发动机转速自动增加到1400r/min，注意：每次发动机启动时只能执行一次。

通道096　凸轮轴调整（排气）

解释：牢牢踩下制动踏板和加速踏板一次，发动机转速自动增加到 2200r/min。

通道 098　电子节气门（节气门体自适应）

解释：节气门自适应，等待至显示"匹配自适应：调整正常"。

通道 099　氧传感器控制切断

解释：等待显示"OK"。

通道 103　燃油喷射（油泵自适应）

解释：等待显示"OK"。

通道 107　燃油喷射（燃油供给系统）

解释：等待显示"OK"。

通道 130　发动机冷却（电子冷却系统）

解释：等待显示"OK"。

通道 140　燃油供给系统（燃油压力降低）

解释：初始化"低压水平"。

通道 142　燃油供给系统（进气通路风门自适应，气缸列 1）

解释：等待显示"OK"。

通道 145　废弃温度传感器测试

解释：等待显示"OK"。

通道 146　NO_x 存储器催化器，气缸列 1

解释：等待显示"OK"。

通道 148　脱硫 NO_x 存储器催化剂，气缸列 1

解释：等待显示"OK"。

通道 152　NO_x 传感器偏移

解释：等待显示"OK"。

通道 190　氧传感器控制（老化检测：气缸列 1，传感器 3）

解释：牢牢踩下制动踏板和加速踏板一次，发动机转速自动增加。

通道 191　泄漏诊断，二次空气喷射

解释：等待显示"OK"。

通道 200　准备编码（自动"车辆下线"检测）

牢牢踩下制动踏板和加速踏板一次，发动机转速自动增加。

通道 238　燃油喷射（油泵自适应）

解释：等待显示"OK"。

通道 243　燃油泵对齐

解释：等待显示"OK"。

2. 02-自动变速箱

通道 000　强迫降挡自适应

解释：踩下加速踏板直至强制降挡并保持 3s。

3. 03-防抱死刹车

通道 000　制动泵排气

解释："激活"基础设置，状态和说明。

通道 001　转向角传感器（G85）对齐

解释：用"40168"注册/编码-Ⅱ，然后"激活"基础设置。

通道003　系统功能测试激活

解释："激活"基础设置。

通道040　纵向加速传感器关闭（G251）

解释："激活"基础设置。

通道042　胎压监测系统（TPMS）复位

解释：复位状态。

通道060　转向角传感器调整（G85）

解释：用"40168"注册/编码-Ⅱ，然后"激活"基础设置。

通道061　转速，侧向，纵向加速传感器调整（G200/G202/G251）

解释：用"40168"注册/编码-Ⅱ，然后"激活"基础设置。

通道063　侧向加速传感器调整（G200）

解释：用"40168"注册/编码-Ⅱ，然后"激活"基础设置。

通道066　制动压力传感器调整（G201）

解释：用"40168"注册/编码-Ⅱ，然后"激活"基础设置。

通道068　转速传感器调整（G202）

解释：用"40168"注册/编码-Ⅱ，然后"激活"基础设置。

通道069　纵向加速传感器（G251）

解释：用"40168"注册/编码-Ⅱ，然后"激活"基础设置。

通道093　ESP（电子稳定系统）

解释：驾驶测试初始化。

4.04-自动空调

通道000　风门马达位置自适应

解释："激活"基础设置。

通道001　风门马达基础设置

解释："激活"基础设置。

5.53-驻车制动

通道005　打开后部驻车制动，更换垫片

解释：激活设置。

通道006　关闭后部驻车制动

解释：激活设置。

通道007　打开后部驻车制动以便维修

解释：激活设置。

通道010　驻车制动功能测试

解释：激活设置。

通道020　纵向加速传感器调整（G251）

解释：激活设置。

第五节　匹配

匹配（自适应）功能与基本设定类似，不同的是基本设定是由故障诊断仪发出设定的指

故障维修要点难点解析

令,ECU根据一个程序自行控制学习过程找到一个目标值。而匹配则是由故障诊断仪发出匹配的指令,提示由人工通过故障诊断仪输入一个目标值,由ECU进行学习存储。

1. 01-发动机

通道000　重设自学习值

解释:为复位自适应值保存该自适应通道。

通道001　怠速调节

解释:更换自适应值保存在该通道内。

通道002　扭矩限制

解释:更换自适应值保存在该通道内。

通道003　发电机负荷标定

解释:更换自适应值保存在该通道内。

通道004　伺服泵负荷标定

解释:更换自适应值保存在该通道内。

通道005　废弃再循环(EGR)

解释:更换自适应值保存在该通道内。

通道006　怠速速度

解释:更换自适应值保存在该通道内。

通道007　最大速度限制

解释:最大限速器值是一个单向向下调整的值,一旦降低,它就不能再升高,必须使用新值。除非很确定,否则请勿改变。

通道008　冷却液温度标定

解释:与冷却温度相关的预热时间调整。

通道009　空调压缩机扭矩标定

解释:更换自适应值保存在该通道内。

通道012　烟尘质量标定

解释:一旦滤清器被更换,就必须进行灰尘质量标定。

通道050　防盗器(车辆数据自适应)

解释:请输入仪表板(就PIN/SKC)的防盗器PIN/SKC。自适应程序初始化后,发动机控制模块采用车辆识别号(VIN)和车辆防盗器识别(IMM0-ID)(来自旧仪表板),一旦自适应完成,关闭点火开关约2min。

通道091　防盗器状态

解释:0=防盗器不匹配;1=防盗器匹配关闭;4=防盗器匹配(系统"OK")。

2. 03-防抱死刹车

通道056　挂车稳定性

解释:0=挂车稳定系统关闭;1=挂车稳定系统激活。

通道058　坡防滑辅助系统(HHA)

解释:0=下坡防滑辅助系统正常;1=下坡防滑辅助系统"早"(低转速启动);2=下坡防滑辅助系统"迟"(高转速启动,离合器打滑)。

3. 04-自动空调

通道001　气流风门控制马达(V71)

解释:0=带独立空气流量风门控制马达的车辆;1=不带独立空气流量风门控制马达的

车辆。

通道002　再循环气风门控制马达（V113）

解释：0＝带独立空气再循环气风门控制马达的车辆；1＝不带独立空气再循环气风门控制马达的车辆。

通道004　空调调节阀（N280）电流限制

解释：基础值"0"表示根据控制模块编码进行的限制，例如2.0＝200mA。注意：自适应通道不能被更改。

通道006　辅助加热/通风辅助

解释：设置影响到控制模块在"点火关闭"时如何决定是否需要辅助加热/通风，0＝自动，1＝上次MMI预设。

通道007　辅助加热/通风切断

解释：0＝基于操作时间关闭或手动输入；1＝基于发动机关闭而切断。

通道009　自适应通道复位（基于编码）

解释：将所有自适应通道复位到通过编码输入"1"作为新值的设置值。

通道011　太阳能天窗

解释：0＝太阳能天窗MMI设置可用；1＝太阳能天窗MMI设置不可用。

通道015　辅助加热/通风时间的新鲜空气鼓风机（V2）转速

解释：范围为30～80（3.0V～8.0V）；标准为60（6.0V）。

通道021　通过辅助加热进行发动机加热

解释：0＝MMI设置"包括发动机"不可用；1＝MMI设置"包括发动机"可用。

通道022　新鲜空气鼓风机（V2）加热

解释：0＝自动（基于当前编码）；1＝其他国家-低（减速通过全特性曲线）；2＝其他国家-高（加速通过全特性曲线）；3＝美国（在某些区域速度稍高）。

通道023　温度特性

解释：0＝自动（基于当前编码）；1＝其他国家（热带特性）；2＝美国（寒带特性）

通道081　自适应值（车辆数据）

解释：为启动车辆数据（VIN）自适应程序，将26467作为新值输入1保存。

4.15-安全气囊

通道000　座椅占用识别复位

解释：座椅在标准位置，整个过程中座椅不能被占驻，安全带不能扣上，系统中无故障，内部温度必须介于0～37℃之间。注意：请先进行安全读取。

通道001　前排乘客气囊关闭

解释：0＝气囊激活；1＝气囊关闭。

通道002　前排驾驶员气囊关闭

解释：0＝气囊激活；1＝气囊关闭。

通道003　前排乘客侧气囊关闭

解释：0＝气囊激活；1＝气囊关闭。

通道004　前排驾驶员侧气囊关闭

解释：0＝气囊激活；1＝气囊关闭。

通道005　前排乘客安全带张紧器关闭

解释：0＝安全带张紧器激活；1＝安全带张紧器关闭。

通道 006　前排驾驶员安全带张紧器关闭

解释：0＝安全带张紧器激活；1＝安全带张紧器关闭。

通道 007　前排乘客头部气囊关闭

解释：0＝气囊激活；1＝气囊关闭。

通道 008　前排驾驶员头部气囊关闭

解释：0＝气囊激活；1＝气囊关闭。

通道 011　后排乘客安全带张紧器关闭

解释：0＝安全带张紧器激活；1＝安全带张紧器关闭。

通道 012　后排驾驶员安全带张紧器关闭

解释：0＝安全带张紧器激活；1＝安全带张紧器关闭。

通道 013　乘客座椅占用识别传感器关闭

解释：0＝传感器激活；1＝传感器关闭。

通道 014　电池分离关闭

解释：0＝电池分离激活；1＝电池分离关闭。

通道 017　前排乘客膝盖气囊关闭

解释：0＝气囊激活；1＝气囊关闭。

通道 017　防侧翻柱关闭

解释：0＝防侧翻柱激活；1＝防侧翻柱关闭。

通道 018　防侧翻柱触发计数器复位

解释：为复位触发计数器将"0"作为新值保存。

通道 018　前排驾驶员膝盖气囊关闭

解释：0＝膝盖气囊关闭；1＝膝盖气囊激活。

通道 019　后排中间驾驶员安全带张紧器关闭

解释：0＝安全带张紧器激活；1＝安全带张紧器关闭。

通道 020　乘客气囊关闭开关/失效

解释：0＝乘客气囊激活；1＝乘客气囊关闭。

通道 021　防侧翻柱关闭

解释：0＝防侧翻柱激活；1＝防侧翻柱关闭。

通道 021　电池分离继电器（J655）关闭

解释：0＝继电器激活；1＝继电器关闭。

通道 050　ESP（电子稳定系统）-数据（动力转向系统）

解释：2＝全轮驱动（AWD）。

通道 051　ESP（电子稳定系统）-数据（制动系统）

解释：1＝18in（1in＝2.54cm，下同）钢制制动；2＝19in 陶瓷制动。

通道 081　自适应值（车辆数据）

解释：为启动车辆数据（VIN）自适应程序，将 02905 或 00111 作为新值输入/保存。

5.16-方向盘

通道 081　自适应值（车辆数据）

解释：为启动车辆数据（VIN）自适应程序，将 00111 作为新值输入保存。

6.17-仪表板

通道 002　保养提示灯

解释：0＝无须保养；1＝需要保养，为复位触发提醒装置，将"0"作为新值保存。

通道003　油耗显示

解释：油耗自适应，范围85～115。

通道004　语言

解释：1＝德语；2＝英语；3＝法语；4＝意大利语；5＝西班牙语；6＝葡萄牙语；7＝无文本；8＝捷克语。

通道005　保养提示——机油更换最大距离

解释：保养提示——机油更换最大距离（1000km）。

通道006　保养提示——最大距离

解释：保养提示——最大距离（1000km）。

通道007　保养提示——最长时间

解释：保养提示——最长时间（10天）。

通道009　距离（以10km为单位）更改

解释：在仪表接收新的距离之前，必须用13861登录，距离值只能在当前值超过100km后才能更改。

通道010　保养提示——机油更换距离

解释：保养提示——机油更换距离（1000km）。

通道011　保养提示——距离

解释：保养提示——距离（1000km）。

通道012　保养提示——时间

解释：保养提示——时间（10天）。

通道016　距离脉冲识别器（只能读取）

解释：读取距离信息。

通道017　自适应巡航控制（ACC）

解释：13861＝自适应激活；0＝ACC关闭；1＝ACC激活。注意：请先进行安全读取。

通道018　附加加热器

解释：00000＝不带辅助加热器；00001＝带辅助加热器（独立运行发动机）；00010＝带辅助加热器（发动机停止时关闭）。

通道019　无线电控制时钟

解释：同步被初始化后可以尝试持续多久/增量。

通道021　防盗器——钥匙自适应

解释：在自适应钥匙之前，自适应必须通过使用防盗器PIN/SKC记录激活。

通道022　生产模式

解释：0＝生产模式未激活；1＝生产模式激活。

通道025　安全带警告

解释：0＝变量2；1＝变量3。

通道031　油箱特性（湿度标定）

解释：更换自适应值保存在该通道内。

通道032　油箱特性（无法检测油箱容量）

解释：燃油表传感器记录不能检测出油箱中的油量。

通道033　油箱特性（全部标定）

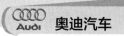

解释：油箱非平行转换特性大于 1/2 的读数。为启动自适应，请输入数值 65535，标准值为 128，范围为 112~114（-4.0~+4.0）。

通道 034　油箱特性（干燥标定）

解释：更换自适应值保存在该通道内。

通道 035　速度阈值

解释：该值表示动态机油压力系统的速度阈值，这个阈值可以 250r/min 的增量增加。

通道 038　机油最小检测

解释：用此功能，可在机油液位低时将机油最小警告关闭或激活。0＝机油最小值检测未激活；1＝机油最小值检测激活。注意：用"13861"安全读取。

通道 039　机油液位传感器自适应

解释：检测是否已安装 TOG（温度/油位传感器）。0＝来自仪表板的 TOG（温度/油位传感器）评估未激活；1＝来自仪表板的 TOG（温度/油位传感器）评估激活。注意：请先用"13861"安全读取。

通道 040　保养后的里程

解释：增量，1＝100km 或 100mile（1mile＝1609.344m，下同）。注意：自适应通道 040~049 必须按以下顺序输入并保存：045＞042＞043＞049＞044＞040＞041＞046＞047＞048。

通道 041　保养后的时间

解释：增量，1＝1 天。注意：自适应通道 040~049 必须按以下顺序输入并保存：045＞042＞043＞049＞044＞040＞041＞046＞047＞048。

通道 042　到下次保养的最小里程

解释：增量，1＝100km 或 100mile。00080＝固定保养间隔（8000km，不可长期使用），00150＝固定保养间隔（15000km，可长期使用）；如果编码为英里，00050＝固定保养间隔（5000mile，不可长期使用），00090＝固定保养间隔（9000mile，可长期使用）。注意：自适应通道 040~049 必须按以下顺序输入并保存：045＞042＞043＞049＞044＞040＞041＞046＞047＞048。

通道 043　到下次保养最大里程

解释：增量，1＝100km 或 100mile。00080＝固定保养间隔（8000km，可长期使用），00300＝固定保养间隔（30000km，可长期使用）；如果编码为英里，00050＝固定保养间隔（5000mile 里，不可长期使用），00190＝固定保养间隔（19000mile，可长期使用）。注意：自适应通道 040~049 必须按以下顺序输入并保存：045＞042＞043＞049＞044＞040＞041＞046＞047＞048。

通道 044　到下次保养的最大时间

解释：增量，1＝1 天。00365＝固定保养间隔（不可长期使用）；00760＝固定保养间隔（可长期使用）。注意：自适应通道 040~049 必须按以下顺序输入并保存：045＞042＞043＞049＞044＞040＞041＞046＞047＞048。

通道 045　机油品质

解释：1＝固定保养间隔（不可长期使用）；2＝固定保养间隔（可长期使用）；3＝带防盗器Ⅲ的柴油发动机。

通道 046　消耗总量（仅限燃气）

解释：该值不表示实际油耗，而是一个保养间隔显示的算术值。

通道047　烟尘输入（仅限柴油车）

解释：算术值用于计算发动机机油中的积炭，以100km距离为标准，作为保养间隔显示值的比较值。

通道048　热负荷（仅限柴油车）

解释：算术值用于计算发动机机油中的热应力，以100km距离为标准，作为保养间隔显示值的比较值。

通道049　到下次保养的最小时间

解释：增量，1＝1天。00365＝固定保养间隔（不可长期使用）；00730＝固定保养间隔（可长期使用，汽油发动机/柴油发动机）。

通道050　以固定保养间隔为标准，到下次机油更换时的基础距离值

解释：增量，1＝100km 或 100mile。00150＝15000km（其他国家/加拿大）；如果编码为英里，00090＝9000mile（英国），00160＝16000mile（美国）。

通道051　以固定保养间隔为标准，到下次机油更换时的基础时间值

解释：增量，1＝1天。00372＝固定保养间隔（不可长期使用）。

通道060　动力传动系统

解释：CAN——数据总线；0001——发动机；0002——自动变速箱；1024——仪表板；2048——自动调节悬架。

通道061　舒适模式

解释：CAN——数据总线；00256——仪表板；00512——胎压；16384——驻车辅助系统；32768——辅助加热系统。

通道062　娱乐系统CAN——数据总线

解释：01——收音机；02——telematics（车载信息与通信系统）（北美）不带多功能方向盘；04——导航；08——telematics（车载信息与通信系统）（其他国家）不带多功能方向盘；10——telematics（车载信息与通信系统）（其他国家）带多功能方向盘。

通道099　运输模式

解释：0＝未激活；1＝激活。

7.25-防盗器

通道001　防盗器（钥匙自适应）

解释：在自适应钥匙之前，自适应必须通过使用防盗器 PIN/SKC 记录激活。自适应值是所有需要自适应的钥匙数量（最大为8）。保存自适应之后，第一把钥匙将被自适应，直至所有钥匙都进行了自适应。

关闭点火开关，取出钥匙；打开点火开关，使用下一把钥匙；防盗器指示灯应该点亮2s，然后熄灭。

钥匙已进行自适应。

通道021　防盗器（钥匙自适应）

解释：关闭点火开关，取出钥匙；打开点火开关，使用下一把钥匙；防盗器指示灯应该点亮2s，然后熄灭。

钥匙已进行自适应。

通道050　防盗器（车辆数据自适应）

解释：请输入发动机控制模块（旧 PIN/SKC）的防盗器 PIN/SKC。自适应程序初始化以后，新的防盗器控制模块采用车辆识别号（VIN）和车辆防盗识别（IMMO-ID）（来自旧

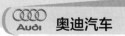

的发动机控制模块），一旦自适应完成，则关闭点火开关约2min。

8.35-中控锁

通道001　遥控自适应

解释：输入已自适应的钥匙编号并保存，然后按下每个遥控钥匙上的按钮1或2使其自适应至少1s。注意：所有钥匙必须在一个程序中进行自适应；所有钥匙自适应不能超过15s。

通道002　解锁闪烁

解释：通过遥控解锁的闪烁。0＝关闭；1＝打开。

通道003　锁止闪烁

解释：通过遥控解锁的闪烁。0＝关闭；1＝打开。

通道003　自动锁止

解释：当车辆速度达到15km/h或10mile/h时车门将自动锁止。范围：0＝关闭；1＝打开。

通道005　内部监控

解释：内部检测系统激活。范围：0＝关闭；1＝打开。

通道006　解锁喇叭

解释：通过遥控解锁时喇叭发出哗哗声。范围：0＝关闭；1＝打开。

通道007　锁止喇叭

解释：通过遥控解锁时喇叭发出哗哗声。范围：0＝关闭；1＝打开。

通道008　解锁闪烁

解释：通过遥控解锁时喇叭发出哗哗声。范围：0＝关闭；1＝打开。

通道009　锁止闪烁

解释：通过遥控解锁时喇叭发出哗哗声。范围：0＝关闭；1＝打开。

通道010　国家设置

解释：警报喇叭的国家设置。1＝其他国家；2＝德国；3＝英国。

通道021　遥控器自适应存储器位置

解释：输入需要进行自适应的钥匙/遥控器（1~4）的存储单元。一旦保存了该值，请按下遥控器上的打开或关闭按钮。附加钥匙/遥控器能够在选择不同的存储单元时进行自适应。重复这些步骤直至所有钥匙/遥控器进行自适应。

9.46—中央舒适模块

通道000　遥控器删除

解释：0＝删除所有钥匙。

通道001　个性化——钥匙1

解释：00001＝乘客车门；00002＝左后车门；00004＝右后车门；00008＝后备厢；00016＝驾驶员车门；00256＝自动锁止/解锁；00512＝舒适模式打开（前部车窗调节器）；01024＝舒适模式打开（后部车窗调节器）；02048＝舒适模式打开（天窗）；04096＝后部自动遮光。

通道001　遥控自适应

解释：输入已自适应的钥匙编号并保存，然后按下每个遥控钥匙上的按钮1或2使其自适应至少1s。注意：所有钥匙必须在一个程序中进行自适应，所有钥匙自适应不能超过15s。

通道002　个性化——钥匙2

解释：00001＝乘客车门；00002＝左后车门；00004＝右后车门；00008＝后备厢；00016＝驾驶员车门；00256＝自动锁止/解锁；00512＝舒适模式打开（前部车窗调节器）；01024＝舒适模式打开（后部车窗调节器）；02048＝舒适模式打开（天窗）；04096＝后部自动遮光。

通道002　自动锁止设定。

解释：车辆速度达到15km/h或10mile/h时车门将自动锁止。范围：0＝关闭；1＝打开。

通道003　自动解锁设定

解释：当钥匙从点火开关上拔出时，车门将自动解锁。范围：0＝关闭；1＝打开。

通道003　个性化——钥匙3

解释：00001＝乘客车门；00002＝左后车门；00004＝右后车门；00008＝后备厢；00016＝驾驶员车门；00256＝自动锁止/解锁；00512＝舒适模式打开（前部车窗调节器）；01024＝舒适模式打开（后部车窗调节器）；02048＝舒适模式打开（天窗）；04096＝后部自动遮光通道。

通道004　自动解锁

解释：车辆速度达到5km/h或10mile/h时车门将自动锁止。范围：0＝关闭；1＝打开。

通道004　个性化——钥匙4

解释：00001＝乘客车门；00002＝左后车门；00004＝右后车门；00008＝后备厢；00016＝驾驶员车门；00256＝自动锁止/解锁；00512＝舒适模式打开（前部车窗调节器）；01024＝舒适模式打开（后部车窗调节器）；02048＝舒适模式打开（天窗）；04096＝后部自动遮光。

通道004　通过无钥匙进入系统解锁提示设定

解释：当通过无钥匙进入系统解锁时，进行提示（车门把手接触传感器）。范围：0＝无；1＝闪烁；2＝哗哗声；3＝闪烁和哗哗声。

通道005　内部监控

解释：内部检测系统激活。范围0＝关闭；1＝打开。

通道005　通过遥控按钮解锁提示设定

解释：通过遥控器按钮解锁时的提示。范围：0＝无；1＝闪烁；2＝哗哗声；3＝闪烁和哗哗声。

通道006　解锁喇叭

解释：通过遥控解锁时喇叭发出哗哗声。范围0＝关闭；1＝打开。

通道006　通过车门锁钥匙解锁提示设定

解释：通过遥控器按钮解锁时的提示。范围：0＝无；1＝闪烁；2＝哗哗声；3＝闪烁和哗哗声。

通道007　锁止喇叭

解释：通过遥控锁止时喇叭发出哗哗声。范围：0＝关闭；1＝打开。

通道007　通过无钥匙进入系统锁止确认设定

解释：当通过无钥匙进入系统解锁时，进行提示（车门把手接触传感器）。范围：0＝无；1＝闪烁；2＝哗哗声；3＝闪烁和哗哗声。

故障维修要点难点解析

通道008　解锁闪烁

解释：通过遥控解锁时闪烁。范围：0＝关闭；1＝打开。

通道008　通过遥控按钮锁止确认设定

解释：通过遥控器按钮解锁时的提示。范围：0＝无；1＝闪烁；2＝哗哗声；3＝闪烁和哗哗声。

通道009　锁止闪烁

解释：通过遥控锁止时闪烁。范围：0＝关闭；1＝打开。

通道009　通过车门锁钥匙锁止确认设定

解释：通过遥控器按钮解锁时的提示。范围：0＝无；1＝闪烁；2＝哗哗声；3＝闪烁和哗哗声。

通道010　国家设置

解释：警报喇叭的国家设置。1＝其他国家；2＝德国；3＝英国。

通道010　车门处于"安全"状态时的提示（不适用于NAR）

解释：安全警报系统提示。0＝关闭；1＝打开。

通道011　警报器声音类型（根据噪声调节）

解释：警报喇叭的国家设置。1＝其他国家；2＝德国；3＝英国。

通道012　安全配置

解释：车辆安全的配置类型。0＝关闭；1＝闪烁；2＝哗哗声（喇叭）；3＝哗哗声（喇叭）闪烁。

通道013　警报器喇叭调节

解释：警报喇叭国家设置，这将改变警报声音的长度和音量。

通道014　倾斜传感器（警报阈值）

解释：200＝100％＝0.0；180＝90％＝0.1；160＝80％＝0.2；140＝70％＝0.3；120＝60％＝0.4；100＝50％＝0.5。

通道015　内部检测敏感度

解释：200＝100％＝0.0；180＝90％＝0.1；160＝80％＝0.2；140＝70％＝0.3；120＝60％＝0.4；100＝50％＝0.5。

通道016　通过警报器进行电池检测

解释：通过警报器进行电池检测。0＝关闭；1＝打开。

通道017　舒适模式功能（遥控控制）

解释：舒适功能。范围0＝关闭；1＝打开。

通道018　警报延迟

解释：防盗警报系统激活前，当打开驾驶员车门时防盗警报延迟关闭。0＝关闭；1＝打开。

通道022　J605控制器（自动后备厢）

解释：自适应——关闭位置。

通道023　J605控制器（自动后备厢）

解释：自适应——打开位置。

备注：每当安装新的J605控制器时，需要使用这两个功能。如果J605进行了自适应后变得混乱，通常以简单的手动方式将后备厢移动到全开位置来进行重新自适应，然后按下遥控钥匙上的"后备厢后盖打开"，并观察两个尾灯闪烁。一旦完成这项动作，后备厢盖将通过按下位于后备厢盖底部的关闭按钮进行关闭。没有必要通过使用解码器对有故障的后备厢机械装置进行重新自适应。

通道 024　J605 控制器（自动后备厢）自适应——活动范围

解释：这个程序是用来使液压后备厢机械装置移动全范围进行自适应的，包括以下步骤：

① 启动发动机，并使其在整个程序过程中保持运转；
② 将后备厢盖打开到 2/3 位置；
③ 确保没有物体或线路妨碍后备厢盖关闭；
④ 警告——在这项自适应过程中防夹保护被禁止；
⑤ 输入，测试，并保存通道 024 内的值为 0；
⑥ 后备厢盖将完全打开，然后完全关闭，请远离其路线；
⑦ 自适应完成。

通道 025　通过遥控钥匙激活车窗和顶棚控制

解释：激活车窗顶棚遥控钥匙。范围：0＝失效；1＝已激活。请勿将其设置为 1，如果将其编码设置为 1，用钥匙的遥控车窗将不工作，由车门锁钥匙控制的车窗控制将被关闭，且钥匙遥控器的无线电控制不工作。

通道 027　完全未知功能——为获得更多消息，请打开模块

解释：0＝被禁用；1＝激活（默认）；2＝自动上锁；3＝自动解锁。

通道 050　自适应控制灯

解释：1＝紧急制动闪；2＝制动灯灯光放大器。

通道 060　个人信息

解释：从多媒体界面中（MMI）的车辆-中控锁/车窗菜单中激活设置/更改。

通道 061　舒适功能

00001＝舒适模式关闭：遥控车窗调节器。
00002＝舒适模式打开：遥控车窗调节器。
00004＝舒适模式关闭：遥控顶棚。
00008＝舒适模式打开：遥控顶棚。
00016＝舒适模式关闭：通过车窗调节器开关控制车窗。
00032＝舒适模式打开：通过车窗调节器开关控制车窗。
00064＝舒适模式关闭：通过车窗调节器开关控制的顶棚。
00128＝舒适模式打开：通过车窗调节器开关控制的顶棚。
00256＝舒适模式关闭：通过车门锁控制的车窗调节器。
00512＝舒适模式关闭：通过车门锁控制的顶棚。

通道 062　中控锁功能

解释：1＝锁止确认（闪烁）；2＝解锁确认（闪烁）；4＝端子 87（美国逻辑）。

10.53-驻车制动

通道 001　变速器类型

解释：0＝multitronic（oij）未安装；1＝multironic（oij）安装。

通道 003　自适应启动辅助系统

解释：该功能使车辆在坡道平稳启动，并防止车辆回退。0＝启动辅助系统关闭（北美地区）；1＝启动辅助系统激活（其他国家）。

通道006　垫片厚度

解释：输入新垫片（片板除外）的测量厚度，舍入下一位最低整数，范围3~14mm。

通道020　左后制动自适应

解释：保存0以便复位自适应。

通道021　右后制动自适应

解释：保存0以便复位自适应。

11.65-轮胎充压

安全接入信息：

01503＝自适应启动；

10896＝一般自适应启动。

通道001　胎压监测。

解释：0＝失效；1＝激活 TPMS（胎压监测系统）必须被关闭。例如，使用不带车轮传感器的冬季轮胎来删除故障信息。TPMS（胎压监测系统）的标志将被激活，且不能关闭，除非系统被重新开启。

通道004　胎压自适应

解释：通过诊断保存"1"为新值强迫胎压进行自适应，只要仪表板上的警告信息激活，请确保开始一次连续30min、速度大于5km/h的驾驶周期。警告信息将在自适应成功后关闭，这个过程也同样通过仪表板来进行。

通道005　满负荷时的额定胎压（前轴）

通道006　部分负荷时的额定胎压（前轴）

通道007　部分负荷时的额定胎压（后轴）

通道008　部分负荷时的额定胎压（后轴）

解释：标准胎压以没有小数点号的形式输入，所以2.4bar输入为24。

通道017　天线诊断

解释：0＝打开；1＝关闭。

第六节　保养提示归零操作

下面以奥迪A6保养灯归零和设定为例，介绍具体操作步骤。

一、在不变动原有保养里程和保养天数的情况下保养灯归零

① 进入"17组合仪表"控制模块。
② 选择"匹配功能10"功能。
③ 输入"02"通道。
④ 将记忆值由"1"改为"0"，保存确认。

二、改动原有保养里程和保养天数的情况下保养灯归零

按维修站要求为5000km和90天。

① 进入17-10-02，输入00000，测试后保存，再关闭点火开关，重新打开点火开关。MMI显示保养里程和保养天数。

② 无保养数据提示，重新进入 17-10-40（维修保养后的里程自适应），输入 100（= 5000km），测试后保存。

③ 然后进入 17-10-41，输入 275（= 90 天），这个数据是维修站给设定的。

④ 再关闭点火开关，重新打开点火开关，MMI 显示离下次保养还有 5000km，还有 90 天。

三、设置保养里程及时间的方法

1. 匹配行驶的最大里程数设置为 7500km

① 连接 VAS 5054，打开点火开关。

② 选择"17-仪表"。

③ 选择"10 功能进行自适应"。

④ 输入通道号 043，将值设置为 75（注：单位为 100km）。

2. 匹配行驶的最小里程数设置为 7500km

① 连接 VAS 5054A，打开点火开关。

② 选择"17-仪表"。

③ 选择"10 功能进行自适应"。

④ 输入通道号 042，将值设置为 75（注：单位为 100km）。

3. 匹配行驶天数的最大值设置为 7500km

① 连接 VAS 5054，打开点火开关。

② 选择"17-仪表"。

③ 选择"10 功能进行自适应"。

④ 输入通道号 044，将值设置为 365（注：单位为天）。

4. 匹配行驶天数的最小值设置为 7500km

① 连接 VAS 5054，打开点火开关。

② 选择"17-仪表"。

③ 选择"10 功能进行自适应"。

④ 输入通道号 049，将值设置为 365（注：单位为天）。

通过该匹配功能，已经将该车在一个保养周期内的最小行驶天数设置为 365 天。通过仪表 045-043-042-044-049 通道号的匹配，已经将奥迪 A6L 的保养里程数设置为 7500km，保养天数设置为 365 天。如果想对保养里程和天数进行更改，按以上步骤执行即可。

第七节　隐藏功能开通方法

隐藏功能开通设备为 VCDS。

一、A1 开通隐藏功能

1. 运动指针

选择"17 仪表盘"，然后点击"匹配功能（A）10"并选择"通道倒数第八个"，"indicator celebration"出厂时为断开，将其点开，保存（或者是找到分级点激活）即可。

2. 倒车右后视镜下翻 45°（只能是右后镜）

进入"乘客侧车门模块"，再点击"长编码帮助"，找到"倒车后视镜下调"，勾选"返

回执行"。然后再把调节后视镜的按钮转到右侧即可。

3. 雾灯辅助照明

进入"09 中央电气系统",然后点击"07 编码控制",再点击"长编码帮助",找到"雾灯控制角灯",勾选后退出执行。

4. 转向灯闪烁 3 次变 5 次

进入"09 中央电气系统"下拉菜单,选择"舒适转向信号周期数",选择"新的数据",输入 5,点击"保存"。

5. 紧急刹车时刹车灯爆闪

进入"09 中央电气系统",再点击"07 控制编码",然后点击"长编码帮助",移动光标,找到"制动灯控制",紧急制动闪烁激活

二、A5 开通隐藏功能

1. 带 MMI 隐藏菜单

利用 VCDS 进入 5F 模块,点击"匹配(10)",在通道里填入 06,读取之后,将原来的 0 改成 1,测试保存后退出即可。

同时按住汽车排挡旁边的 car 和 setup 两个按键几秒钟,屏幕上就会出现绿色的隐藏菜单。

2. 锁车声

选择模块(S)46,确定"编码控制(C)-07",点击"长编码帮助",勾选字节 1 并在下面的 Bit 2 处打钩,退出执行即可。

3. 日间行车灯

选择模块(S)09,确定"编码控制(C)-07",在新的编码栏处直接复制上面的原编码,并将从左边数的第 7 位改成 9、第 8 位改成 1,然后修改、执行。

4. 倒车右后镜自动下翻

选择模块(S)52,确定"编码控制(C)-07",将当前编码复制到新的编码中并将从左往右数第 10 位的数字 0 改为 4,修改,执行。然后将后视镜调节按钮转向右边,倒车的时候就可以自动下翻了。当不需要时,将调节钮转为左边即可。

5. 自动落锁

进入 09-中央电气系统,选择"匹配-10"点击"自动锁",将 0 改为 1 即可。

6. 运动指针

依次选择 17 仪表,07 编码,点击"长编码帮助",找到 byte1,把 000110 改成 0001111 退出保存即可。

7. 雾灯转向辅助

进入 09 中央电气系统,选择 07 编码,点击"编码帮助字节 4"选择 bit0 和 bit1,并将 0 改为 1 后退出执行。

8. 胎压监测

选择模块 3,确定允许进入 16,这时仪表盘中的胎压故障报警正常。输入允许进入的密钥(0~9999),填写入"61378",执行。进入"编程控制 07",点击"长编码帮助",选择字节 1,将 55 改为 50;然后退出执行。再进入模块 56 并点击"长编码控制 07",再点"长编码帮助",选择字节 8。将 BIT6 直接打上钩,退出执行即可。

9. 紧急刹车时自动双闪

依次进入 09 中央电气模块，07 编码，点击"长编码帮助"，把 Byte8 里面的数据 bit0 由原来的 0 改成 1，退出执行即可。

10. 蓄电池电量

进入隐藏菜单，依次选择 car、carextdevicelist，勾选 battery。然后按 return 后退，进入 carmenuoption，将 battery 设置成 5。

重启 MMI 之后，在 MONI 里便会看到蓄电池电量项，方便随时查看蓄电池电量。

11. 背景照明

进入 09 中央电气模块，点击"07 编码"，选择"长编码帮助 bit6"，将 0 改成 1。

12. LED 亮度

进入 09 中央电气模块，这里要点击"16 安全访问"（密码是 20113），之后点击"10 匹配"，读取通道 3，把 7 改成自己喜欢的数值（1~100），保存即可。

13. 解锁声

锁车一声：依次选择 46 中央舒适、07 编码，点击"长编码帮助"，将 byte1 里面的 bit2 打钩即可。

解锁两声：依次选择 46 中央舒适、10 匹配，通道里填入 63，假如原数据是 40 就加 4 变成 44，测试保存执行。

14. 经济驾驶模式

① 17 仪表板，10 匹配。

② 通道填 77，读取。

③ 新数据填 255，测试。

④ 保存执行（原车值就是 255）。

三、A4L 带 MMI 开通隐藏功能

1. 隐藏菜单

用 VCDS 进入 5F 模块，点击"匹配（10）"，在通道里填入 06，读取之后，将原来的 0 改成 1，测试保存后退出即可。

现在隐藏菜单可以打开，方法是同时按住汽车排挡旁边的"car"和"setup"两个按键几秒钟，屏幕上就会出现绿色的隐藏菜单。如果不成功，应该是按键的顺序出了问题，保证两个按键是同时按住的，多试几次肯定成功。

2. RS 开机画面

进入隐藏菜单，依次选择 car、carcodingvehicle，找到 configurationline 这一项，一共 5 个选项，选择哪个凭自己的喜欢，选择好之后点击最下面的 Update Splashscreen 即可。

重启 MMI 之后便会出现新的开机画面。

3. 蓄电池电量

进入隐藏菜单，依次选择 car、carextdevicelist，将 battery 勾选。然后按 return 后退，进入 carmenuoption，将 battery 设置成 5。

重启 MMI 之后，在 MI 里便会看到蓄电池电量项，方便随时查看蓄电池电量。

4. 日间行车灯

用 VCDS 软件，依次选择 09 中央电气模块、07 编码，点击"长编码帮助"，找到 Byte3，把原来的 000000 改成 0010001，保存即可。

日间行车灯可以说是必调功能，很多车都是提车时就自带了这个功能，如果没有可以参照上述方法调出来。

5. LED 亮度

同样是先进入 09 中央电气模块，这里要点击"16 安全访问"（密码是 20113），之后点击"10 匹配"，读取通道 3，把 7 改成自己喜欢的数值（1～100），保存即可。

6. 紧急刹车时自动双闪

依次进入 09 中央电气模块、07 编码，点击"长编码帮助"，把 Byte8 里面的数据 bit0 由原来的 0 改成 1，退出执行即可。

打开这个功能后，当车速高于 90km/h 紧急剥车时，汽车会自动跳双闪给后车警示。

7. 解锁声

锁车一声：依次选择 46 中央舒适、07 编码，点击"长编码帮助"，将 bytel 里面的 bit2 打钩即可。

解锁两声：依次选择 46 中央舒适、10 匹配，通道里填入 63，假如原数据是 40 就加 4 变成 44，测试保存执行。

四、A6L 带 MMI 开通隐藏功能

1. 隐藏菜单

用 VCDS 进入 5F 模块，点击"匹配（10）"，在通道里填入 06，读取之后，将原来的 0 改成 1，测试保存后退出即可。

现在隐藏菜单可以打开，方法是同时按住汽车排挡旁边的 car 和 setup 两个按键几秒钟，屏幕上就会出现绿色的隐藏菜单。如果不成功，应该是按键的顺序出了问题，保证两个按键是同时按住的，多试几次肯定成功。

2. LED 亮度

同样是先进入 09 中央电气模块，这里要点击"16 安全访问"（密码是 20113），之后点击 10 匹配，读取通道 3，把 7 改成自己喜欢的数值（1～100），保存即可。

3. 紧急刹车时自动双闪

依次进入 09 中央电气模块、07 编码，点击"长编码帮助"，把 byte8 里面的数据 bit0 由原来的 0 改成 1，退出执行即可。

打开这个功能后，当车速高于 90km/h 紧急剥车时，汽车会自动跳双闪给后车警示。

4. 解锁声

锁车一声：依次选择 46 中央舒适、07 编码，点击"长编码帮助"，将 bytel 里面的 bit2 打钩即可。

解锁两声：依次选择 46 中央舒适、10 匹配，通道里填入 63，假如原数据是 40 就加 4 变成 44，测试保存执行。

5. 倒车后视镜下翻

打开 VCDS 软件，依次点击"52 乘客侧车门""07 编码"，会看到当前编码是 011D02205000440004，把 50 改为 54，执行即可。

打开这个功能之后，当挂入 R 挡，并且将后视镜的旋钮转到右后视镜位置时，后视镜会自动下翻一定的角度，方便查看，类似于宝马车的功能。但后视镜下翻的角度极为有限，起不到什么大的帮助。

五、Q3 开通隐藏功能

1. 锁车自动折叠后视镜

① 进入"42-驾驶员侧车门",点击"长编码帮助"。

② 把字节4二进制码从左边数过来第2位改为1,这时候16进制编码应该是5C。意思就是开启bit6。因为下面没有列出来,所以要手动更改。

③ 退出,执行。然后进入"52-副驾车门",方法同上,不过最好去改二进制,左边过来第二位改1,16进制可能有所不同。改二进制最保险。

2. 关闭安全带报警

① 进入"17-仪表盘"。

② 点击"10-匹配"。

③ 选择关闭安全带报警点激活。

六、Q5 开通隐藏功能

1. 隐藏菜单

用VCDS进入5F模块,点击"匹配(10)",在通道里填入06,读取之后,将原来的0改成1,测试保存后退出即可。

现在隐藏菜单可以打开,方法是同时按住汽车排挡旁边的car和setup两个按键几秒钟,屏幕上就会出现绿色的隐藏菜单。如果不成功,应该是按键的顺序出了问题,保证两个按键是同时按住的,多试几次肯定成功。

2. 日间行车灯

用VCDS软件,依次选择09中央电气模块07编码,点击"长编码帮助",把byte3里面的bit0打钩,保存。

3. 紧急刹车时自动双闪

依次进入09中央电气模块、07编码,点击"长编码帮助",把Byte8里面的数据bit0由原来的0改成1,退出执行即可。

打开这个功能后,当车速高于90km/h紧急刹车时,汽车会自动跳双闪给后车警示。

4. 背景照明

隐藏菜单,依次选择car、carmenuoperation,找到interiorlight这一项,把数字改成5。按back键后退,找到cardevicelist及Interiorlight,勾选上。再打开VCDS软件,进入09中央电气模块、07编码,点击"长编码帮助",把byte6里面的数据bit6由原来的0改成1,保存。

5. 倒车后视镜下翻

打开VCDS软件,依次点击52乘客侧车门、07编码,会看到当前编码是011D02205000440004,把50改为54,执行即可。

七、Q7 开通隐藏功能

1. 解锁声

锁车一声:依次选择46中央舒适、07编码,点击"长编码帮助",将byte1里面的bit2打钩即可。

解锁两声:依次选择46中央舒适、10匹配,通道里填入63,假如原数据是40就加4

变成 44，测试保存，执行。

2. 刷开机画面的 RS

选择模块（S）56，确定编码控制（c）-07，将原编码 0502008001050500C35B070000 修改为 0502008001050500C35B070002。

3. 蓄电池电量

选择模块（S）56，确定匹配 10 通道 39，将原编码 65519 修改为 65535。

4. 后视镜下翻

前提是要将左门上的调节反光镜开关拧到右边，在右边的反光镜下调后是不会自收回到初始状态的，必须车速达到 15km/h 以上才自动收回到初始状态。

选择模块（S）52，编码控制（C）-07，将原编码 011D02205000440004 修改为 011D02205400440004。

5. 运动指针

选择 17 仪表，编码控制 07，长编码帮助，将 bit0、bit3 打钩即可。

第八节 空调压缩机关闭条件

空调压缩机关闭条件如下。

① 压缩机开启（未探测到关闭条件）。
② 压缩机关闭（制冷剂回路中的压力曾经过高或目前过高）。
③ 压缩机关闭（基本设置未执行或执行中出现故障）。
④ 压缩机关闭（制冷剂回路中的压力过低）。
⑤ 压缩机关闭（发动机不运行或运行时间少于 2s）。
⑥ 压缩机关闭（发动机转速低于 300r/min）。
⑦ 压缩机关闭（压缩机被 ECON 功能关闭）。
⑧ 压缩机关闭（压缩机被切断功能关闭）。
⑨ 压缩机关闭（测量的环境温度曾低于 2℃ 并且仍低于 5℃，没有再循环空气请求）。
⑩ 压缩机关闭（当前没有预计读数）。
⑪ 压缩机关闭（车辆电压低于 9.5V）。
⑫ 压缩机关闭（冷却液温度过高，目前为 118℃）。
⑬ 压缩机关闭（经数据总线来自发动机控制单元的请求）。
⑭ 压缩机关闭（由于来自制冷剂压力/温度传感器 G395 的信号丢失）。
⑮ 压缩机关闭（由于数据总线系统中的故障）。
⑯ 压缩机关闭（在该行驶阶段中，制冷剂回路中的压力至少有 30 次过高）。
⑰ 压缩机关闭（测量的蒸发器下游温度有 1min 以上低于 0℃）。
⑱ 压缩机关闭（测量的蒸发器下游温度低于 -5℃）。
⑲ 压缩机关闭（没有有效的环境温度测量值，可能环境温度传感器 G17 和新鲜空气进气道温度传感器 G89 都有故障）。
⑳ 压缩机关闭（Climatronic 自动空调控制单元 J255 由"辅助加热器"功能打开）。
㉑ 压缩机关闭（当前读数为空）。
㉒ 压缩机关闭（测得的环境温度曾低于 -8℃ 并且仍低于 -5℃，没有自动空气再循环模

式请求，或测得的环境温度曾低于2℃并且仍低于5℃，且"自动再循环空气"功能未启动）。

㉓ 压缩机关闭（测得的乘客舱温度低于8℃，测得的环境温度曾低于-8℃并且仍低于-5℃，有空气再循环模式请求）。

㉔ 压缩机关闭（经数据总线系统发送一条散热器风扇触发的故障信息，例如，通过相关的发动机控制单元，并且由Climatronic自动空调控制单元J255接收）。

㉕ 压缩机关闭（当前读数为空）。

㉖ 压缩机关闭（当前读数为空）。

第九节　链条传动机构的调校

链条传动机构的调校方法和操作步骤如下。

① 打开原厂诊断仪。

② 进入引导型功能并选择该功能（图1-9-1）。

图1-9-1　选择维修链条传动机构后的调校

③ 点击"是"（图1-9-2）。

图1-9-2　点击"是"

④ 选择对应的功能（图 1-9-3），按提示一步步地完成。

图 1-9-3　选择对应的功能

第十节　机油油位显示及故障诊断

一、机油油位高度计算的两种方法

1. 动态测量

（1）动态测量的影响因素

① 发动机转速。

② 纵向加速度和横向加速度（ESP 信号）。

③ 发动机舱盖锁止。

④ 发动机温度达到工作温度。

⑤ 行驶循环＞50km。

（2）动态测量的终止条件

① 机油温度＞140℃。

② 加速度＞$3m/s^2$。

③ 操纵了机舱盖锁传感器 F266。

2. 静态测量

静态测量的影响因素如下。

① 发动机机油温度为最低 60℃。

② 车辆处于水平位置且发动机已关闭。

③ 打开点火开关至少 200s。

只有满足上述条件识别当前的机油油位后，才能复位组合仪表中的警告显示。

二、实际维修工作中可能会遇到的问题

① 机油报警，显示"请最多添加 1L 机油，即可继续行驶"。在添加发动机机油且发动

机舱盖打开/关闭后，仍显示"请最多添加1L机油，即可继续行驶"。

解决方法：检查发动机舱盖锁传感器F266。

② 在添加发动机机油后行驶大约100km后，"请最多添加1L机油，即可继续行驶"消失，接着再次显示。

解决方法：油位传感器上缺少堵盖。检查油位传感器的方法：读取测量值，对比机油标尺T40178读数。

③ 尽管发动机机油油位正常，仍显示"请立即添加机油"或"请排出机油"。

解决方法：检查是否满足静态测量的前提条件。

根据保养手册检查发动机机油油位，必要时调整机油油位，使其恢复正常。暖机启动发动机并将其转速提高至2500r/min左右大约5min。在恒定转速下保存并分析测量值。机油加注油位减去机油警告阈值即为最低机油油位。

示例：

① 机油加注油位56mm－机油警告阈值40mm＝最低机油油位16mm。

② 必须用机油油位检测仪T40178（车间机油标尺）检查该数值是否在±10mm公差范围内。

第二章

发动机故障维修

第一节　奥迪发动机简介

1. 奥迪发动机的发展

按照发动机结构来分，奥迪发动机主要有 R 型、V 型、VR 型、W 型，如 VR 型发动机主要是 TT 3.2FSI 和 Q7 3.6FSI，现在新车上采用。

按照发动机所需燃料，主要是汽油和柴油之分。

根据进气方式，可以分为增压和自然吸气，现在大多数车型采用的都是增压进气。

在奥迪车型中，不管是汽车的尾部还是发动机罩盖上，经常会看到 FSI。FSI 表示燃油分层喷射，优势是降低油耗及排放。

2004 年，奥迪 A4 成为奥迪首个配备 FSI 发动机的量产车型，从此引领了发动机的发展趋势。"让每一滴油充分燃烧"的 FSI，带来了车辆的动力性显著提高、燃油消耗降低以及排放污染物的降低。

不是所有的"T"都表示是涡轮增压，在奥迪车上，也有机械增压。2008 年，奥迪首次推出带有机械增压发动机——3.0TFSI，搭载在 2009 年款 A6L（C6PA）上。从此以后，TFSI 中的 T 不再是纯粹的涡轮增压了。

从历史上来看，使用机械式罗茨增压器对于奥迪公司来说并不是一个全新的技术，传奇赛车 Auto Union（银箭）的发动机上就已经使用了罗茨增压器。由于工作负荷大，压缩机皮带需要每隔 90000km 更换一次。

EA 是德语 Entwicklungsauftrag（英语是 Development Order）的缩写，代表的是发动机开发顺序，后面的数字也没有太多含义。当然 EA888 这个型号的发动机不是根据中国的喜好来命名的，当时的德国工程师不知如何想到这组数字，不过现在看来，这个名字也起得不错，因为该款发动机是现在非常流行的。

2. EA211 发动机

EA211 发动机是大众旗下的一款新型汽车发动机，是基于大众横置模块化 MQB 平台而全新研发的（图 2-1-1）。

与目前大众普遍使用的代号为 EA111 的 1.4T 发动机不同的是，它采用了全铝的缸体，在质量上要比之前的 EA111 系列轻了 22kg，加入一套 ACT 主动气缸管理系统，可在一定条件下关闭两个气缸而只由另外两个气缸运行。同时由于新发动机内部摩擦和消耗的降低，以及更加优化的热量管理系统，使得 EA211 发动机的燃油消耗还降低了 8%～10% EA211 发动机恢复了正时皮带的配置，降低了发动机内部的功率消耗和噪声。

3. EA888 发动机

EA888 发动机是大众集团旗下中高级车型的主力机型,集缸内直喷、涡轮增压、可变气门正时等一系列先进技术于一身,凭借充足的低速转矩,良好的燃油经济性以及一流的可靠性,得到市场的广泛认可(图 2-1-2)。

图 2-1-1　EA211 发动机

图 2-1-2　EA888 发动机

EA888 系列发动机包括 1.8L 和 2.0L 两种排量:

① 1.8TSI 最大功率为 118kW(160PS)(5000～6200r/min),最大转矩为 250N·m(1500～4500r/min);

② 2.0TSI 最大功率可达 147kW(200PS)(5100～6000r/min),最大转矩为 280N·m(1700～5000r/min)。

这两种排量的发动机的机械结构基本一致,不同的是曲轴与活塞的连杆的长度,2.0TSI 比 1.8TSI 的连杆有所缩短,曲轴半径加大,以增加排气量。而两者的活塞顶部结构也有所不同,主要是为了调节燃烧室的工作容积,从而保证一致的压缩比,实现相同的燃烧效果。

4. EA837 发动机(图 2-1-3)

① 第 4 代 3.0L-V6-TSI 发动机 EA837 最重要的特征如下:

a. 符合 EU6 排放标准;

b. V 型 6 缸发动机,带电磁离合器控制的皮带驱动式机械增压器;

c. 供油系统结合了直喷和进气歧管喷射两种喷射模式,排放和油耗水平更佳;

d. 进气和排气侧凸轮轴持续调节。

② 第 3 代 3.0L-V6-TSI 发动机具备优良的外输出特性和出色的瞬时响应特性,第 4 代发动机进行升级的目的是在保持原有特性的同时,显著降低油耗和排放。这是通过以下主要措施实现的:

a. 降低发动机的摩擦,优化链条传动机构,通过降低预应力优化活塞环套件,同时改善了机油消耗,降低

图 2-1-3　EA837 发动机

凸轮轴轴承的摩擦力;

　　b.通过引入电磁离合器,实现了针对机械式增压系统的"按需增压";

　　c.高度灵活的喷油策略,可允许高压喷射和低压喷射混合运行;

　　d.燃烧过程的组件进行了进一步优化。

　③ 相较于第 3 代 3.0L-V6-TSI 发动机有以下具体的改进:

　　a.带中空钻孔曲轴销的曲轴,嵌入式灰口铸铁气缸套,活塞形状改变;

　　b.采用了可控式机械增压器(罗茨增压器);

　　c.增加了进气歧管喷射;

　　d.增加了排气侧凸轮轴调节;

　　e.将发动机机油冷却器(可控式)移到发动机背面,油底壳和后部发动机盖(密封法兰)进行了调整;

　　f.链条传动进行了修改,链条更短更轻;

　　g.仅在一个气缸列上有曲轴箱排气;

　　h.带改进型(可控式)泵轮的冷却液泵;

　　i.采用 Terophon 涂层的正时链盖板;

　　j.用于降低摩擦和重量的组合措施。

第二节　EA211 发动机

一、EA211 发动机构造原理

1.配气机构

① 整体式缸盖罩壳:凸轮轴和缸盖罩壳集成为一体,凸轮和凸轮轴与缸盖罩壳是在专用装备夹具上在特定的温度条件下装配的,不能拆解(图 2-2-1)。

② 凸轮轴不能从缸盖罩壳中拆出,凸轮轴前端轴承改为滚珠轴承,减少摩擦,降低油耗。

③ 曲轴皮带轮带扭转减振器,可以减小转矩波动造成的冲击(图 2-2-2)。

图 2-2-1　整体式缸盖罩壳

图 2-2-2　扭转减振器

④ 发动机进排气凸轮轴都装有 VVT 可变气门正时机构。

⑤ 正时链条改为正时皮带(图 2-2-3),使用寿命可达 30 万千米,噪声低(首次保养 90000km,之后每 30000km 检查,必要时更换)。

⑥ 正时罩盖由 EA111 发动机的整体式铝压铸件改为三个零件组成,两个塑料件和一个

中间罩盖铝压铸件，减轻了重量（图 2-2-4）。

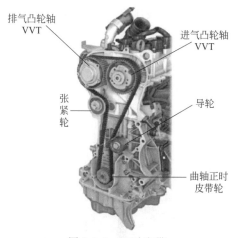

图 2-2-3 正时皮带

图 2-2-4 正时罩盖

正时皮带由三个零件组成的正时皮带盖进行防尘保护，这样可以延长正时皮带的使用寿命。中部盖（铝制）为实心设计，它同时可作为发动机支架来使用。如果维修时仅需要拆下正时皮带，则可将发动机架保留在原位，这样可以有足够的空间以张紧正时皮带。

⑦ 进排气凸轮轴均装有 VVT，进气凸轮轴的最大调节角度是超前 28°曲轴角，滞后 22°曲轴角，排气凸轮轴的最大调整角度是超前 25°曲轴角，滞后 15°曲轴角，另外发动机还装备有废气涡轮增压器帮助提升进气量（图 2-2-5）。

该涡轮增压器只保留了 N75 增压压力调节电磁阀，取消了 N249 内循环阀。为了减小进气波动造成的噪声，在进气管部分进行了更改，内部添加了降低噪声的结构腔（图 2-2-6）。

图 2-2-5 进排气凸轮轴 VVT

图 2-2-6 降低噪声的结构腔

2. 集成了排气歧管的缸盖

① 取消铸铁排气歧管以减轻重量（图 2-2-7）。

② 发动机采用四气门技术，滚珠摇臂式气门运动机构带液压挺杆。

排气歧管集成在缸盖上，减小尺寸，减轻重量，缩短起燃时间，从而有利于排放优化。横流式气缸盖可使冷却液从进气侧通过燃烧室流入排气侧。排气侧分成两个区域，一个在排气歧管上面，一个在排气歧管下面，冷却液流经多个排气口并吸收热量，从气缸盖流入节温器壳体，并与剩余的冷却液汇合（图 2-2-8）。

图 2-2-7 铸铁排气歧管

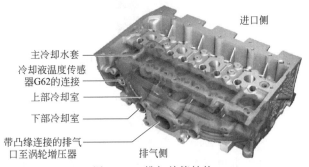

图 2-2-8 排气歧管结构

该结构具有以下优势。

① 通过排出的气体使冷却液加热更快，预热发动机，使发动机可更快地达到其工作温度。这可降低耗油量，并且能更迅速地对车厢内进行加热。

② 由于排气侧壁表面扩展至催化转换器的面积减小，因此排气在预热阶段不能释放出足够的热量，催化转换器可更快速地升温至其工作温度。

③ 冷却水进水口布置在缸盖上，燃烧室冷却充分，减小爆震风险，提高了发动机的压缩比，从而提升了燃油使用效率。

④ 若系统在全负载状态进行工作，冷却液温度将继续降低，从而扩大了发动机在氧传感器空气系数 $\lambda=1$ 时的工作温度范围，降低了耗油量和废气排放量。

3. 曲柄连杆机构的特点

（1）气缸体 进气缸体上集成了曲轴箱通风的油气分离器（图 2-2-9）。

图 2-2-9 气缸体

(2) 机油分离器　气体从曲轴箱进入机油分离器（图 2-2-10）。大油滴首先被机油粗分离器中的隔板和涡流管道分离。然后，微小的油滴通过细分离器中的隔板除去。

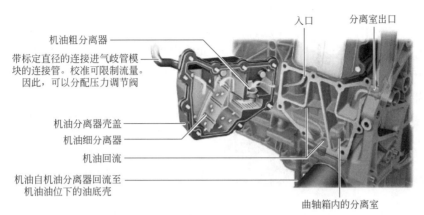

图 2-2-10　机油分离器

(3) 止回阀　止回阀（图 2-2-11）根据进气系统中的压力控制被分离过的曲轴箱气体的循环。发动机怠速或低转速，进气歧管中为负压时，真空效应会打开进气歧管内的阀并关闭涡轮增压器进气侧的阀。随着发动机转速提高，涡轮增压器工作时进气歧管内为正压力，则

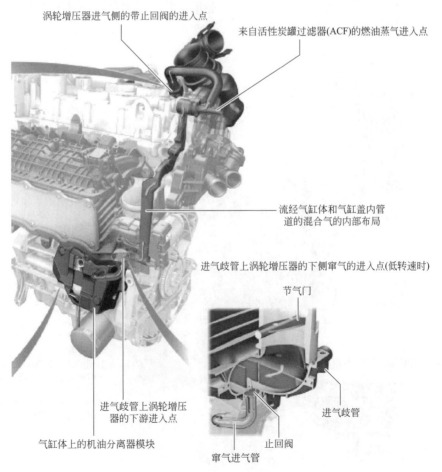

图 2-2-11　止回阀

压力将关闭进气歧管内的阀。同时，涡轮增压器进气侧的阀被预设的压差打开，气体通过涡轮增压器再进入燃烧室燃烧。

（4）单向阀 单向阀（图2-2-12）是曲轴箱通风系统的一部分。此阀可使新鲜空气在发动机内部流动，以将混合气从发动机和油底壳的内侧带走。如果发动机内侧有足够的负压，则新鲜空气从空气过滤器的清洁侧流入发动机，随后通过曲轴箱通风系统与混合气一起进入气缸。气缸盖罩上的单向阀可以防止机油或未过滤的混合气进入空气过滤器。

图2-2-12 单向阀

（5）活性炭罐过滤器系统（图2-2-13）ACF基本上与涡轮增压汽油发动机上采用的常规设计相同。根据发动机转速不同，燃油蒸气以两个不同的点进入进气流。活性炭罐过滤器电磁阀1(N80)，打开通道以流入燃油蒸气。它是由发动机管理系统ECU进行控制的。燃油蒸气在发动机怠速以及低负载至中等负载时流入进气歧管节气门的下游。在涡轮增压器增压期间，燃油蒸气流入涡轮增压器的进气端。

图2-2-13 活性炭罐过滤器系统

4. 进气系统的特点

进气系统（图 2-2-14）由带有谐振腔的进气管、空气滤清器、节气门控制单元、带增压空气冷却器的进气歧管及气缸盖的进气口组成。在进气过程中，进气系统将产生振动并将引起噪声，本发动机在进气管内设置了谐振腔，能有效降低噪声。发动机控制单元通过进气压力传感器 G71 和进气温度传感器 G42 获取发动机的进气量。

图 2-2-14　进气系统

（1）带集成式中冷器的进气歧管模块　EA211 发动机系列上的中冷器集成在热压铸成的塑料进气管上，这样的优势是整个增压空气区域相对少的空气可以相对快速地进行压缩。压缩空气自压缩器通过塑料进料气管（涡轮增压器出口管）到进气歧管模块的距离也很短（图 2-2-15）。

（2）V51 电子水泵（图 2-2-16）　V51 电子水泵具备自诊断的功能。发动机管理系统 ECU 会继续定期检查并确认泵运行，每 10s 将控制信号接地 0.5s。如果探测到故障，则详细信息会发送至发动机管理 ECU。

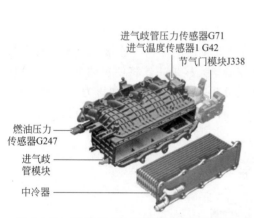

图 2-2-15　带集成式中冷器的进气歧管模块

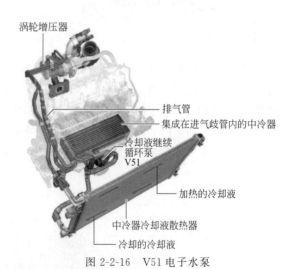

图 2-2-16　V51 电子水泵

V51 电子水泵冷却增压空气冷却器和涡轮增压器，它的工作条件有：
① 低怠速工况下 120s 工作 10s；
② 发动机输出转矩在 100N·m 以上；
③ 增压进气温度高于 50℃；
④ 经过增压空气冷却器前后温度小于 12℃。

发动机熄火后,如果水温高于100℃,V51电子水泵也会继续工作。

5. 润滑系统的结构特点

① 曲轴通过链条驱动的机油泵(图2-2-17)。

② 机油泵为可变排量的自调节式,低压为1.8bar,高压为3.3bar。新车行驶前1000km范围内,机油泵的输出压力始终为3.3bar。

机油泵为外啮合齿轮泵,此泵的特点是被动齿轮为可轴向移动,其结构如图2-2-18所示。根据发动机负载、发动机转速、机油温度和其他工作参数,发动机控制单元改变油泵压力。通过被动齿轮轴向位置的变化,可以控制机油的输出流量和压力。减小了驱动机油泵的输出功率,因此降低了燃油消耗。

图 2-2-17 机油泵

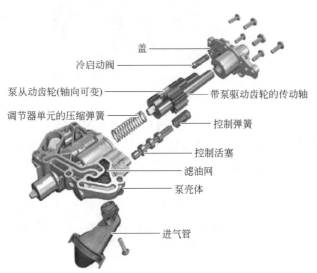

图 2-2-18 机油泵结构

机油压力控制阀N428(图2-2-19)负责向调节式机油泵的调节活塞提供油压。它位于气缸体后部并由发动机管理系统ECU操作。在发动机低转速范围内,连接在供电电源(接线端15)的机油压力调节阀N428通过发动机管理控制单元接地,这将使机油泵切换至低压力设定。在发动机高转速范围或者发动机高负载(全负载-加速)时,机油压力调节阀N428通过发动机管理控制单元J623与接地断开,这将使机油泵切换至高油泵压力设定。

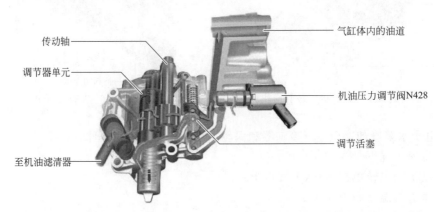

图 2-2-19 机油压力控制阀 N428

6. 冷却系统的结构特点

① 冷却系统分为增压空气冷却系统（如前面进气系统所述）和缸体缸盖冷却系统，该部分讲述缸体缸盖冷却系统，两套冷却系统通过节流阀和单向阀的控制基本上不互相通。

② 冷却水泵（图2-2-20）由凸轮轴后端通过皮带驱动，该皮带也是长寿命类型。

图 2-2-20　冷却水泵

③ 水泵与双节温器集成在一起，并安装在缸盖后端。

④ 双节温器控制双循环冷却系统，并保留EA111发动机的缸盖横流冷却的方式（图2-2-21）。

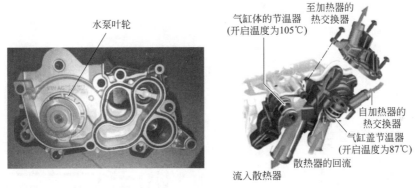

图 2-2-21　节温器

气缸体和气缸盖冷却系统为双回路冷却系统，可以使气缸盖和气缸体内的冷却液达到不同的温度。气缸盖内为冷却液横流，可达到更均匀的温度分配。机油冷却器装在缸体上，由通过缸体的冷却液进行冷却（图2-2-22）。

节温器壳体和集成式冷却液泵直接安装在发动机后端的气缸盖上。冷却液泵由排气凸轮轴的齿形皮带驱动。

⑤ 主冷却循环管路（图2-2-23）。

⑥ 增压空气冷却器（图2-2-24）。

7. 供油系统（图2-2-25）的结构特点

发动机采用缸内直喷的供油方式，由进气凸轮轴后端的方形凸轮通过滚柱驱动高压燃油泵。该高压燃油泵为博世公司提供，怠速时的燃油压力为140bar，最高燃油压力为200bar。

高压燃油压力调节阀N276在通电的时候处于打开状态，工作原理与原来EA888 2.0TSI发动机以及EA111 1.4TSI CFB发动机一样为第三代高压燃油泵。由于断电不能对高压燃油系统进行泄压，所以要通过引导型功能对发动机进行泄压。

具体步骤如下：用诊断仪进入引导型功能→发动机→释放高压燃油的压力。

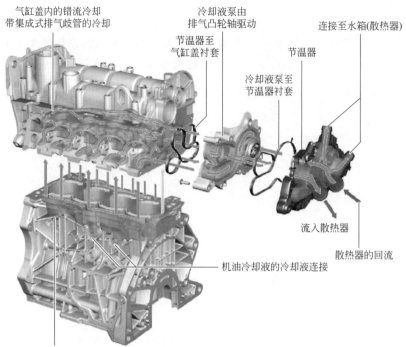

图 2-2-22 冷却系统

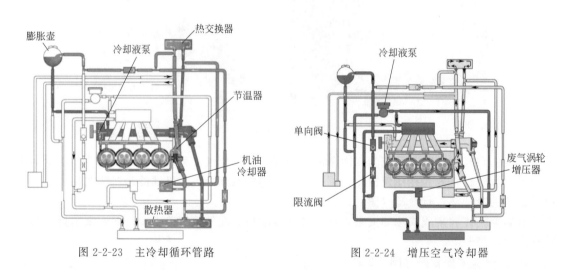

图 2-2-23 主冷却循环管路　　　　图 2-2-24 增压空气冷却器

8. 点火系统的结构特点

采用细直径的火花塞并保留了 EA111 发动机的独立点火形式,火花塞的中心电极为尖端状,通过尖端放电,可以确保缸内混合气被点燃。

9. 能识别转动方向的转速传感器

发动机转速传感器 G28 集成在变速箱密封凸缘上,此传感器会扫描曲轴密封法兰上的变磁阻转子环信号。ECU 从这些信号中探测发动机转速、发动机转动方向并且与霍尔传感器 G40 一起探测相对于凸轮轴的曲轴位置。

该传感器有三个不等距分布的霍尔效应片,传感器外侧的两个霍尔效应片同时探测到变

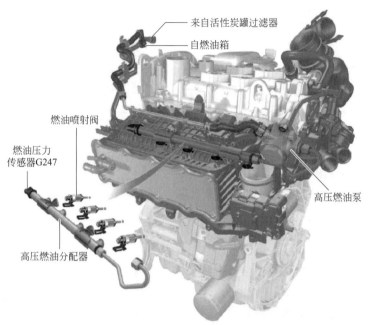

图 2-2-25 供油系统

磁阻转子环上的上升边和下降边。两个外侧霍尔效应片之间偏离中心的第三个霍尔效应片决定了是否可探测到转动的方向。如果发动机顺时针转动，首先霍尔效应片 1 探测到上升边。片刻之后，霍尔效应片 3 和 2 依次探测到上升边。因为霍尔效应片 1 和 3 之间的时间差比霍尔效应片 3 和 2 之间的时间差短，ECU 可判断发动机是顺时针转动；反之可以判断出发动机熄火的时候出现了逆时针转动，这样即可以更准确地判断出熄火前发动机曲轴的准确位置，使发动机启动更迅速（图 2-2-26）。

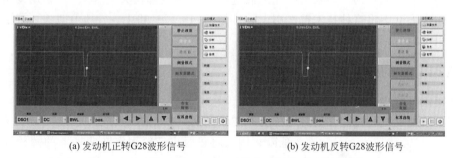

(a) 发动机正转G28波形信号　　　　(b) 发动机反转G28波形信号

图 2-2-26　G28 正转和反转波形

10. 发动机管理系统博世 MED 17.5.25

发动机管理系统如图 2-2-27 所示。

二、EA211 发动机主要特点

1. 主要优点

（1）更高的动力性和更低的油耗　与同排量的 EA111 发动机相比，发动机的功率和输出转矩都有一定的提升，同时油耗降低 7%～10%，能满足国五排放标准，CO_2 排放量也减少。

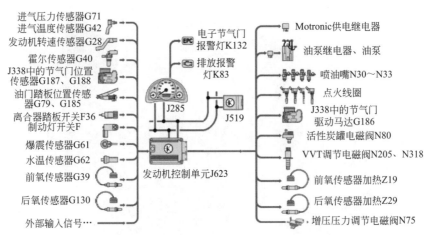

图 2-2-27 发动机管理系统

(2) 轻量化的设计　使用轻量化设计从而减少了原材料的使用，降低了制造成本，同时使发动机重量减轻了7%～8%。

(3) 优化了总布置　发动机的长、宽、高尺寸比同排量的EA111发动机都减小，使新车能实现有竞争力的造型。

(4) 提高了产品通用性　EA211系列的发动机都可运用于大众品牌的几款不同车型，具有较好的通用性。

2. 主要技术特性

EA211系列发动机的技术亮点是大众首次在三缸、四缸发动机上所采用的气缸关闭系统（也可称为ACT主动气缸管理系统），而该技术的特点就是能够兼顾动力性能和燃油效率。换句话来说，就是在给我们提供强劲动力输出时，燃油的消耗量则会变得更少些，所以这也就达到了省油的目的。要知道在此之前这项技术一般都在大型V8、V12发动机上才会使用，而这次大众则将这种技术首次用于小排量的四缸发动机上，让本身具有一定省油优势的小排量引擎拥有了更加优异的燃油经济性。

三、EA211发动机维修要点和难点

1. 曲柄连杆机构

为了不改变配气相位，在曲轴螺栓拆开或松动时，禁止转动曲轴，否则发动机有损坏的危险。因为将正时皮带轮固定在曲轴上的螺栓在松动的情况下，很容易引起正时错位（图2-2-28）。

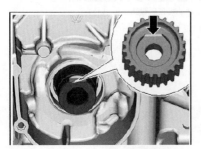

图 2-2-28　正时皮带轮

(1) 曲轴皮带轮的拆卸和安装　拆卸曲轴皮带轮的固定工具由专用工具3415配合转换工具CT80009组成（图2-2-29）。

需要说明的是，目前市面上存在两种类型的3415。进口的型号为3415，固定孔径为12mm，可使用配套的12mm螺栓。国产的型号为S 3415，固定孔径为14mm，无法使用CT80009所配套的螺栓，可使用12mm或者14mm的螺栓加螺母固定。

使用3415配合CT80009固定曲轴皮带轮，用扭矩扳手HAZET6294-1CT（或可承受最

(a) 转换工具CT80009和两个连接用螺栓　　(b) CT80009和3415通过螺栓连接后组成专用工具

图 2-2-29　专用工具

大扭矩 400N·m 以上的扳手）、转换接头 HAZET6404-1（或 21mm 六角套筒）旋出曲轴皮带轮螺栓（图 2-2-30）。

注意：该螺栓安装时的拧紧力矩为 150N·m，再顺时针旋转 180°。为了防止正时错位，拆掉曲轴皮带轮时要使用 T10368 垫到原曲轴皮带轮与正时皮带轮接触处，将皮带轮螺栓拧紧（图 2-2-31）。

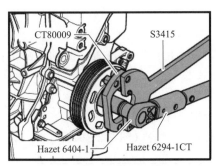 

图 2-2-30　拆卸皮带轮　　　　　　　　图 2-2-31　拧紧螺栓

在拆卸曲轴皮带轮和正时皮带后，可拔出曲轴正时皮带轮（图 2-2-32）。

在安装曲轴正时皮带轮时，必须使曲轴正时皮带轮上的缺口与曲轴上的缺口对齐，否则将损坏曲轴、曲轴正时皮带轮并使配气正时产生误差。

（2）拆卸和安装双质量飞轮

① 把专用工具 3067 插入缸体上的位置 B，可拆卸飞轮螺栓，并拆下飞轮。只有一个位置可以将飞轮安装到曲轴上（图 2-2-33）。

② 把专用工具 3067 插入缸体上的位置 A，可拧紧飞轮螺栓，安装飞轮。

（3）曲轴设置"上止点"的方法　旋出气缸体"上止点"孔的锁定螺栓。将专用工具 T10340 以 30N·m 的扭矩拧到气缸体上并拧到底。将曲轴沿顺时针方向转动，至限位位置（图 2-2-34）。

图 2-2-32　拔出曲轴正时皮带轮

注意：专用工具栓 T10340 顶在曲轴侧壁，它只能在发动机转动方向上锁定曲轴于上止点的位置上。如果定位销 T10340 没有拧到限位位置，曲轴就不位于 1 缸"上止点"位置。

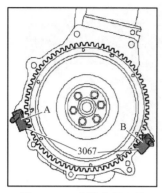 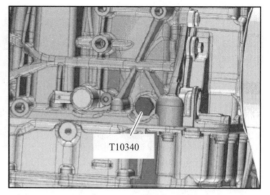

图 2-2-33　安装专用工具　　　　图 2-2-34　安装专用工具

这时进行如下操作。
① 旋出定位销。
② 顺时针旋转曲轴，使曲轴转过1缸"上止点"270°左右。
③ 将定位销 T10340 以 30N·m 的扭矩拧到气缸体上并拧到底。
④ 将曲轴沿发动机转动方向再次转到底。
（4）曲轴后油封法兰安装注意事项
① 曲轴必须在发动机转动方向上锁定于1缸"上止点"的位置，曲轴法兰上必须无油脂。
② 必须使用 T10134 等专用工具（图 2-2-35）。
③ 不能转动信号轮，也不能将其从密封法兰上取下来。
④ 信号轮上的标记孔 A 必须与 T10134 的定位销 B 对齐（图 2-2-36）。

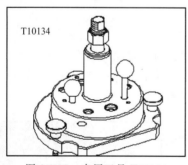 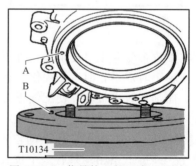

图 2-2-35　专用工具 T10134　　　　图 2-2-36　信号轮上的 A 与 B 对齐

⑤ 密封法兰前部放在干净的平面上，如图 2-2-37 所示，沿箭头方向向下压密封唇垫圈 A，并使其平放在平面上，这样才能保证脉冲信号轮上边与密封法兰前边对齐。
⑥ 只有在信号轮压入曲轴法兰之后，才能将该压密封唇垫圈拆下（图 2-2-38）。
⑦ 用专用工具 T10134 将曲轴后油封法兰装入曲轴后，拆除专用工具 T10134 和密封唇垫圈，必须用深度游标卡尺测量曲轴法兰 A 与信号轮 B 端面之间的距离 a（图 2-2-39）。标准值：$a=0.5mm$（曲轴端面高于信号轮端面 0.5mm）。
⑧ 如果值太小，则用专用工具 T10134 继续压信号轮，如果达到标准值，则继续安装其他部分。

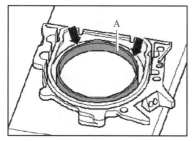
图 2-2-37 安装密封圈

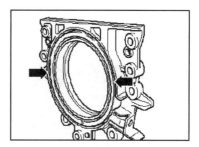
图 2-2-38 密封唇垫圈

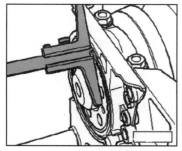
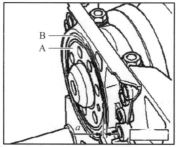
图 2-2-39 测量距离

视频精讲

(5) 活塞连杆机构的拆装 在重新安装用过的活塞时,活塞顶部的箭头朝向曲轴皮带轮。可用彩色记号笔标出气缸的排列位置。不要用冲击痕、刮痕、刻痕在活塞顶进行标记(图 2-2-40)。连杆轴瓦盖上的凸耳 A 指向飞轮端。

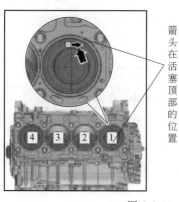

图 2-2-40 安装标记
1~4—气缸编号

视频精讲

新连杆有可能没有完全断开,如果连杆轴瓦盖不能用手拿开,如图 2-2-41 所示,用软金属(如铜等软材料)保护板将连杆轻轻地夹在台虎钳上,连杆只能在过圆心的直径线下面夹紧,将连杆螺栓拧出 5 圈(图 2-2-41)。

使用塑料槌小心地敲打连杆轴瓦盖的位置,直到瓦盖松开。

轴瓦必须安装在连杆和轴瓦盖的中间位置上,保证间距 a 相等(图 2-2-42)。

注意:由于缸体铝合金材料容易变形,因此不能松开或拆下曲轴主轴承盖的固定螺栓,更不能拆下曲轴。

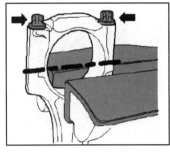 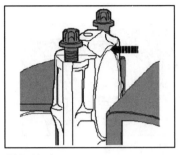

图 2-2-41　拆卸轴瓦

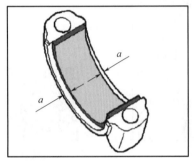

图 2-2-42　轴瓦安装位置

(6) 配气机构的拆装　配气机构拆装需要的专用工具如下。

固定曲轴皮带轮的专用工具使用专用工具 3415 和 CT80009 配合。

固定凸轮轴皮带轮的专用工具 T10172。

固定曲轴上止点的专用工具 T10340。

凸轮轴上止点锁止工具 T10494。

皮带张紧轮调整工具 T10499 和 T10500。

注意：拆卸正时皮带前，用粉笔或记号笔标出其运行方向。为了不改变配气相位，在曲轴螺栓拆开或松动时，禁止转动曲轴，否则发动机有损坏的危险。

① 拆卸正时皮带。

a. 用使用由 S3415 配合 CT80009 组成的专用工具固定曲轴皮带轮（图 2-2-43），拆下曲轴前多楔带皮带轮，将专用工具 CT10368（尼龙块）放在曲轴正时皮带轮前端，并用曲轴螺栓压紧 CT10368 和曲轴正时皮带轮，防止曲轴正时皮带轮错位。

b. 拆下正时皮带前的曲轴前罩盖、凸轮轴罩盖、中间罩盖。

c. 拆下凸轮轴后端的罩盖及水泵。

d. 用专用工具 T10340 将曲轴定位于上止点的位置。

e. 凸轮轴也应位于上止点，检查方法是：在凸轮轴的后端，不对称的卡槽都必须位于过圆心的水平中心线的上方（图 2-2-44）。

f. 当凸轮轴位于上止点，即在凸轮轴的后端不对称的卡槽位于过圆心的水平中心线上方时，装入凸轮轴锁 T10494，必须能很容易装入安装位置并用螺栓拧紧，不能用强行冲击的方法安装，否则将损坏零件（图 2-2-45）。

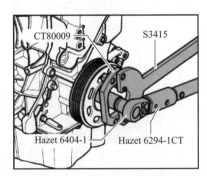

图 2-2-43　固定曲轴皮带轮

注意：装入 T10494 的时候，水泵链轮必须装上，否则排气凸轮轴后端的 4 个卡槽有两个位置可以装入 T10494，可能导致凸轮轴正时位置错误。

g. 用专用工具 T10172/2 和 T10172 拧松进气凸轮轴皮带轮的固定螺栓 1，并用同样方法拧松排气凸轮轴皮带轮的固定螺栓，这两个螺栓都松开一圈（图 2-2-46）。

注意：松这两个螺栓的反作用力，必须由专用工具 T10172/2 和 T10172 承受，不能使凸轮轴锁 T10494 受力，否则将损坏工具和零件。

图 2-2-44　检查凸轮轴的位置

图 2-2-45　安装凸轮轴锁 T10494

h. 松开螺栓 1，用 30mm 梅花扳手或专用工具 T10499 松开偏心张紧轮 2（图 2-2-47）。

i. 将齿形皮带从凸轮轴上拆下。

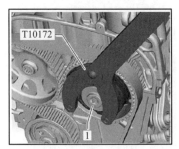

图 2-2-46　拧松进气凸轮轴皮带轮的固定螺栓

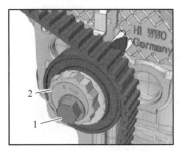

图 2-2-47　松开张紧器螺栓

② 装配正时皮带、调整配气正时。

a. 用专用工具 T10340 将曲轴定位于"上止点"位置，用凸轮轴锁 T10494 将凸轮轴固定在上止点位置。如前边所述，安装 T10494 的时候必须先装入水泵皮带轮（图 2-2-48）。

b. 更换凸轮轴皮带轮固定螺栓 1、2，并将其拧上，但不要拧紧，使凸轮轴皮带轮能在凸轮轴上转动，不能晃动（图 2-2-49）。

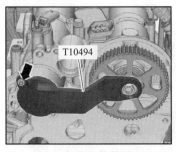

图 2-2-48　安装凸轮轴锁 T10494

图 2-2-49　更换凸轮轴皮带轮固定螺栓

c. 安装张紧轮，使张紧轮的凸耳（图 2-2-50 中箭头所示）必须嵌入气缸盖的铸造孔内，张紧轮的固定螺栓用手拧紧。

d. 按图 2-2-51 中序号顺序装上齿形皮带。

e. 如图 2-2-52 所示，用专用工具 T10499 将张紧轮的偏心轮 2 沿箭头方向转动，直到指

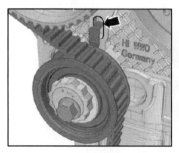

图 2-2-50 安装张紧轮

示针 3 位于缺口右侧 10mm 处（目的是绷紧皮带），接着偏心轮 2 向回转，直到指示针 3 正好位于缺口中间。将偏心轮 2 保持在该位置上，同时用专用工具 T10500 拧紧固定螺栓 1。

f. 用专用工具器 T10172/2 和 T10172 将凸轮轴皮带轮的固定螺栓 1、2 拧紧至 50N·m。

注意：拧紧这两个螺栓的反作用力，必须由 T10172/2 和 T10172 承受。

③检查配气正时。

a. 拆下用于定位曲轴"上止点"位置的专用工具 T10340，拆下用于固定凸轮轴上止点位置的凸轮轴锁 T10494。

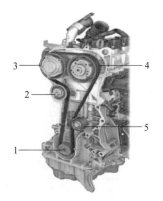

图 2-2-51 正时皮带安装顺序
1—曲轴齿形皮带轮；2—张紧轮；3—排气凸轮轴皮带轮；4—进气凸轮轴皮带轮；5—导向轮。

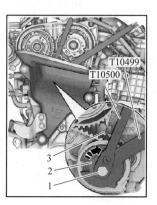

图 2-2-52 紧固张紧轮螺栓

b. 曲轴沿发动机转动方向转 3 圈＋270°，将专用工具 T10340 以 30N·m 的力矩拧到气缸体上并拧到底。再将曲轴沿顺时针方向转到限位位置，使曲轴处于上止点。如果凸轮轴锁 T10494 能够很容易地安装到凸轮轴的止点位，并能用螺栓（图 2-2-53 中箭头所示）轻易地拧到底，则正时调整正确。

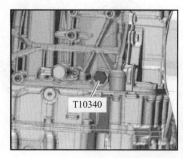

图 2-2-53 安装专用工具

c. 如果凸轮轴锁 T10494 无法顺利安装，则配气相位不合格，必须重新调整配气相位。

注意：不能用强行冲击的方法安装 T10494，否则将损坏零件。

d. 如果正时调整正确，则拆下用于定位曲轴"上止点"位置的专用工具 T10340，再拆下用于固定凸轮轴上止点位置的凸轮轴锁 T10494。

e. 用专用工具器 T10172/2 和 T10172 将凸轮轴皮带轮的固定螺栓拧紧至最终的规定拧紧力矩（大于 50N·m）。

f. 最后安装外围零件。

（7）气缸盖拆装及检查

① 气缸盖螺栓拆卸的顺序如图 2-2-54 所示，并使用专用工具 3410。

注意：该工具也可使用常用工具 HAZET990 Slg10 替代。

② 气缸盖变形检查：使用 500mm 直尺 VAS 6075 和塞尺在多个位置检查气缸盖是否变形，最大许可变形量为 0.05mm（图 2-2-55）。

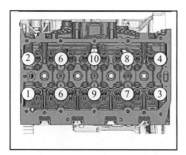 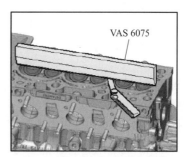

图 2-2-54 气缸盖螺栓拆卸的顺序　　图 2-2-55 气缸盖变形检查

③ 气缸盖缸垫 1 要套入气缸体定位销（图 2-2-56 中箭头所示），并能够读到缸垫的零件号。

④ 用定位曲轴"上止点"位置的专用工具 T10340 将曲轴定位于第一缸活塞的上止点位置。

⑤ 更换气缸盖螺栓并按图 2-2-57 中序号顺序及力矩要求拧紧气缸盖螺栓。

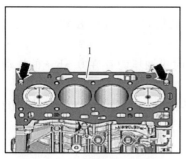 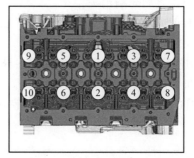

图 2-2-56 安装气缸盖缸垫　　图 2-2-57 气缸盖螺栓拧紧顺序　　视频精讲

（8）机油压力检测　检测条件：机油液位正常，发动机油温度在 80℃ 以上，即冷却风扇运行一次。

① 用油压检测设备 VAG 1342 检测低压油压开关和发动机油压。

② 急速时油压：最低 0.6bar。

③ 2000r/min 时油压：最低 1.5bar 超压。

④ 4500r/min 时油压：最低 2.8bar 超压。

注意：新车行驶前 1000km 机油压力保持在 3.3bar。

(9) 冷却系统密封性检查

① 将适配器 VAG 1274/8 拧在膨胀壶上,再装上冷却系统检测设备 VAG 1274 B,用检测设备的手动泵生成约 1.0bar 的压力,保压检查,如果压力下降,则检查泄漏位置并排除故障(图 2-2-58)。

② 将适配器 VAG 1274/9 和冷却系统检测设备 VAG 1274B 安装到密封盖上。用冷却系统检测设备手动泵入压力,当压力为 1.4~1.6bar 时,必须打开限压阀。

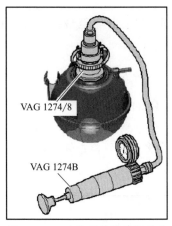

图 2-2-58 冷却系统密封性检查

四、EA211 发动机易出故障的装置

① 润滑系统。
② 发动机电脑软件。
③ 活塞连杆组。
④ 曲轴箱通风系统。
⑤ 涡轮增压器。
⑥ 液压挺柱失效。
⑦ 点火系统。

五、EA211 发动机故障诊断

1. 发动机冷启动异响

(1) 故障现象 冷启动后油底壳区域发出异响。

(2) 故障分析

① 无故障存储记录或仪表报警。

② 冷启动后怠速转速接近 800r/min 时出现"嘎嘎"异响。异响持续时间为 0.5~1min(取决于室外温度),之后异响消失。

③ 通过 NVH 记录,对比故障车辆上国产 EA211 发动机和 A1 进口 EA211 发动机加速度以及频率。

④ 通过外部连接的机油压力表观察油压。异响出现时机油压力存在 0.5bar 的振动,异响消失后最大的机油压力变化量为 0.1bar。

⑤ 国产 EA211 发动机冷启动后加速度及频率测量(最大加速度达到 ±1.5g)如图 2-2-59 所示。

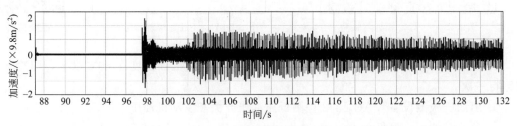

图 2-2-59 国产 EA211 发动机冷启动后加速度及频率

⑥ 进口 EA211 发动机冷启动后加速度及频率测量(最大加速度达到 ±0.4g)如图 2-2-60 所示。

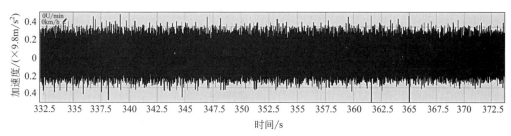

图 2-2-60 进口 EA211 发动机冷启动后加速度及频率测量

(3) 原理　EA211 1.4T 发动机配备可调式机油泵。机油压力调节阀 N428 负责将机油压力加载到可调式机油泵的调节活塞上，该阀由发动机控制单元控制。

压力级是根据发动机负荷、发动机转速、机油温度和其他工作参数来确定的。在较低转速时，机油泵切换到较低压力级来工作；在较高转速或者较高负荷时（全负荷加速），机油泵切换到较高压力级来工作；通过移动调节活塞来匹配发动机转速从而改变机油的需求量（1.5～3.5bar）（图 2-2-61）。

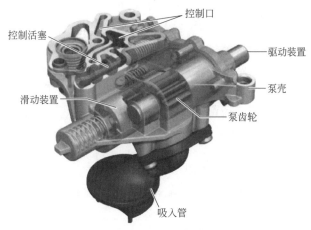

图 2-2-61　机油泵

(4) 机油压力监控策略

① 车辆在最初行驶的 1000km 内，为了发动机初期更好的磨合及润滑，发动机电脑会控制机油压力在高压状态（3.5bar），此时活塞冷却喷嘴打开，造成机油压力波动，导致异响产生（当水温上升至 60℃左右时，异响即可消失）。

② 车辆行驶 1000km 以后，发动机电脑会根据发动机转速及负荷来调节机油压力，在急速及低转速时为低压控制，高转速时为高压控制。在急速和低转速时活塞冷却喷嘴关闭，不会造成机油波动，进而产生噪声。

注意事项：该异响不是质量问题。冷启动开始时的 20s 内，机油泵泄压阀开启，可能出现短暂的气流声，该声音属于正常现象，请注意与上述机油泵异响的区别。

2. EA211 发动机 P0441/P0444 启停功能失效

(1) 故障现象　EPC/OBD 灯报警，启停功能不可用。

(2) 故障分析　如图 2-2-62 所示。

(3) 解决措施　单独更换油箱通风管（04E 133 366T）不能根本解决故障，会导致重复维修。故障原因为发动机电脑软件有偏差，阈值过小，导致报警。删除故障码，清洗节气门，用 01A196 升级发动机电脑。

```
- 事件存储器条目:

事件存储器条目
编号:                P044400: 油箱排气阀断路
故障类型 2:          被动/偶发
症状:                4236
状态:                01100000

    + 标准环境条件:
    + 高级环境条件:

事件存储器条目
编号:                P044100: 油箱排气系统 通过量不正确
故障类型 2:          被动/偶发
症状:                14751
状态:                01100000

    + 标准环境条件:
    + 高级环境条件:
```

图 2-2-62 故障分析

3. 连杆小头磨损故障

（1）故障现象 车辆怠速或加速时，发动机发出"哒哒"异响。

（2）故障分析

① 无故障存储记录或仪表报警。

② 机油压力正常、缸压正常。

③ 用听诊器确认异响来自发动机中部，随转速增加，异响频率增加。

④ 拆解气门室罩盖，气门、摇臂、液压挺柱正常。

⑤ 拆解活塞连杆，通过 1~4 缸对比，发现 4 缸活塞销与连杆小头间隙过大。

⑥ 更换活塞连杆组，异响消失。

（3）活塞销与连杆小头间隙判定说明

① 由于活塞销与连杆小头加工精度及配合精确到微米级别，所以经销商处无法进行尺寸检查。

② Elsa 中没有相关配合尺寸说明。

③ 根据以下两种方法检查。

a. 检查 4 个缸的连杆小头，如果能明显感觉到某缸活塞销与连杆小头间隙比其他缸偏大，则说明配合存在问题。

b. 检查 4 个缸的连杆小头内部是否存在压痕或磨损痕迹。请将正常活塞销和不正常活塞销拆下来后立在桌面上对比，透过光线目视检查：不正常活塞销表面会有明显加工痕迹条纹。这点是故障根本原因：活塞销表面圆度不达标，导致高速旋转运动时连杆小头产生压痕或磨损痕迹（图 2-2-63）。

图 2-2-63 正常活塞销和不正常活塞销对比

4. 曲轴箱通风系统止回阀故障

（1）故障现象 热车状态下发动机与变速箱连接处发出异响。

（2）故障分析 车辆预热以后，异响在各个挡位均会出现，收油或熄火时明显。

可能有以下原因：

① 飞轮（替换飞轮后异响未消除）；

② 双离合器（替换双离合器后异响未消除）；

③ 发动机（进一步排查）；

④ 打开机油加注口机（异响消除）；

⑤ 曲轴箱负压在－190～－160mbar 之间，异常（正常值为－50～－20mbar）。判定为曲轴箱通风系统堵塞。

（3）解决措施 止回阀堵塞而引起异响，更换止回阀后异响排除，曲轴箱负压正常（－19mbar）（图 2-2-64）。

说明：止回阀保证新鲜空气流入发动机，以便带走发动机内部和油底壳内的水蒸气及机油蒸气。

该案例中止回阀堵塞导致新鲜空气不能及时补充到曲轴箱，导致负压过高，引起异响。

总结：曲轴箱负压是发动机正常运转的一个重要的参数，如果负压不正常，则会导致发动机故障，例如机油消耗高、发动机异响等。

各车型曲轴箱负压：

① EA824 为－150mbar；

② EA837 3.0T 为－150mbar（措施后），EA837 EVO 为－150mbar；

图 2-2-64 止回阀堵塞

③ EA888 Gen3 为－100mbar，EA888 EVO2 为－100mbar（措施后），EA888 EVO2 为－30mbar（未采用新措施，例如 8P）；

④ EA211－50～－20mbar。

故障思维导图如图 2-2-65 所示。

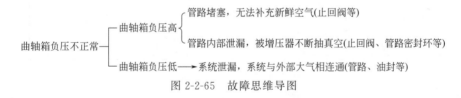

图 2-2-65 故障思维导图

5. 涡轮增压器故障

（1）故障现象 加速时车辆前部异响，类似于金属摩擦声。

（2）故障分析 用户抱怨可再现，发动机急加速至 1800～2500r/min 时出现异响。异响来自涡轮增压器。

（3）异响原因

① 异响来自涡轮增压器旁通阀机构，即图 2-2-66 中 1～3 位置。

② 摇臂及弹簧垫圈（图 2-2-67）异常磨损导致图 2-2-66 中位置 2 产生轴向窜动。

③ 摇臂硬度不够及弹性垫圈弹簧力衰减导致摇臂及弹性垫圈异常磨损。

④ 摇臂和弹性垫圈异常磨损及弹性垫圈弹性衰减而导致的轴向窜动。

6. EA211 发动机抖动

（1）故障现象 发动机抖动、OBD 灯报警，有时伴有发动机异响，严重情况下引起拉缸。

（2）技术背景

① EA211 发动机火花塞拧紧力矩为（20+5）N·m。

② Elsa 保养手册中拧紧力矩错误，过大拧紧力矩会导致火花塞损坏。

③ 从 2017 年 2 月起，Elsa 中相关信息已经更正。

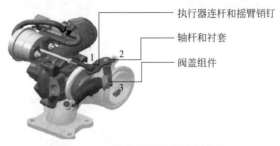

图 2-2-66　涡轮增压器旁通阀机构　　　　图 2-2-67　摇臂及弹簧垫圈

7. EA211 发动机失火

（1）故障现象

① OBD 灯报警。

② 怠速运转时，发动机抖动/运行不平稳。

（2）故障分析　在怠速运转期间，发动机控制单元中记录气缸 1 和气缸 4 和/或气缸 2 和气缸 3 同时出现失火（图 2-2-68）。

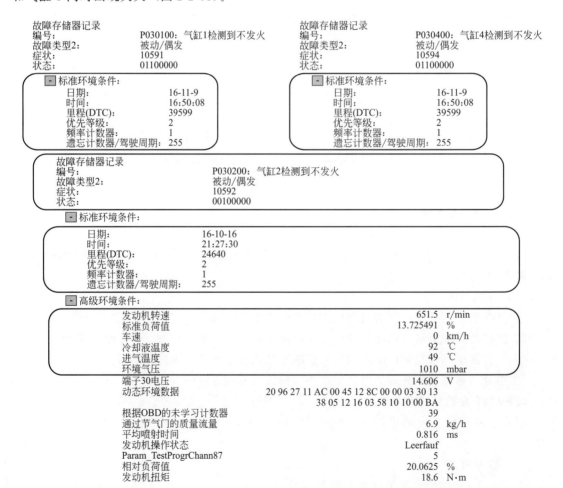

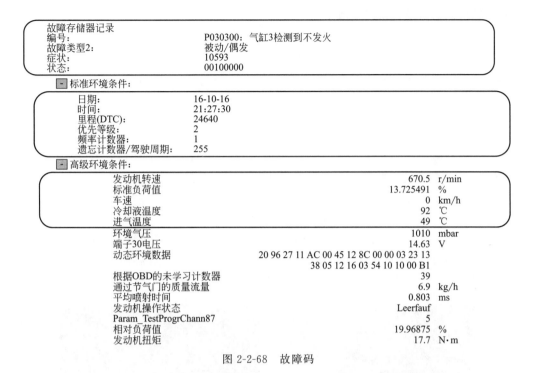

图 2-2-68 故障码

（3）解决措施　用 01A196 升级发动机控制单元，将软件版本号升级到 9265（图 2-2-69）。

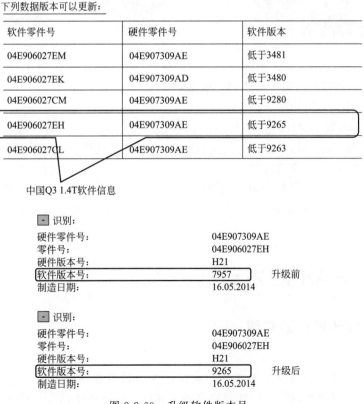

图 2-2-69 升级软件版本号

8. 涡轮增压器区域传来叮当噪声

（1）适用车型　A3 1.4T FBU(EA211)。

（2）故障现象　车辆前部传出金属发出的咯咯声，主要在加速时，在2000～3000r/min的转速范围内出现此噪声。在服务站可以再现用户抱怨的故障。在负载情况下，从涡轮增压器区域传出此噪声。

（3）故障分析　旁通阀连杆区域内轴与轴套之间的公差会使旁通阀连杆在特定转速范围内发生振动，这种振动会导致旁通阀连杆发出叮当噪声。

（4）解决措施　在旁通阀连杆（图2-2-70）上安装零件号为04E 145 220的卡簧。

9. OBD灯报警且存有故障存储器记录P2188或机油量过高

（1）适用车型　A3 1.4T(EA211)。

（2）故障现象　OBD灯报警，机油标尺显示机油量过多。存储故障码P2188000含义为当转速高于怠速转速时，气缸列1燃油计量系统过浓。

（3）故障分析　由于高压泵内部泄漏，导致机油循环回路中有燃油。

（4）解决措施　检查/更换高压泵（图2-2-71），以及更换机油和滤清器。

图2-2-70　旁通阀连杆

图2-2-71　高压泵

10. 起步时，尤其在坡道上起步时，很难起步

（1）适用车型　EA211 1.4TFSI。

（2）年型　MJ13、MJ14、MJ15。

（3）故障现象　起步时，尤其在坡道上起步时，发动机转速偶尔低于怠速转速（<600r/min）。在极端情况下必须重新启动发动机。

（4）故障分析　发动机控制单元内的软件偏差。

（5）解决措施　出现故障时，请升级发动机控制单元的软件，软件版本管理代码为01A184。

第三节　EA888发动机

一、EA888发动机构造原理

1. 缸体

（1）灰铸铁缸体　缸体做了根本性的改动，主要目标是降低重量。壁厚从约35mm减至30mm。另外，机油粗过滤器的功能整合到缸体内。就缸体来讲，与第2代EA88系列发动机相比，总共可降低24kg，内部摩擦所消耗的功率也有所降低。减重所用到的最重要的措施是减小了主轴承直径和改进了平衡轴的轴承（图 2-3-1）。

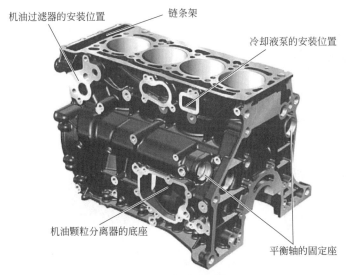

图 2-3-1　发动机缸体

（2）进气侧平衡轴（图 2-3-2）　注意：拆进气侧平衡轴时，需要拆卸后部的水泵驱动轮的固定螺栓（左旋螺纹）。

（3）曲轴连杆　曲轴连杆（图 2-3-3）包括五道钢质主轴支撑、八块平衡块配重、三道螺栓横向连接轴承盖。与第 2 代发动机相比，主轴承直径从 52m 降至 48mm，平衡重块的数量从 8 个降至 4 个。这样的话，可以使质量降低 16kg。主轴承的上轴瓦和下轴瓦都是双层无铅轴承，可保证适用于智能启停的工作模式。

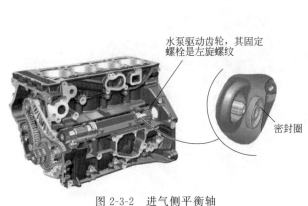

图 2-3-2　进气侧平衡轴

图 2-3-3　曲轴连杆

2. 油底壳

油底壳（图 2-3-4）上部是铝压铸而成的，其中用螺栓固定的有机油泵和蜂窝式件（用于抽取机油和机油回流）。另外，油底壳上部内还有压力机油通道和双级机油泵的控制阀。

油底壳上部与缸体之间的密封，是采用常温固化型密封剂来实现的。螺栓使用的是铝制螺栓。为了进一步改善发动机的声响特性，主轴承盖与油底壳上部是用螺栓连接的。

油底壳下部是采用塑料制成的，这样可以降低约 10kg 的质量。密封是采用橡胶成型密封垫来实现的，采用钢制螺栓连接。

油底壳下部内装有机油液面高度和机油温度传感器G266，放油螺塞也是塑料制的（卡口式连接）。

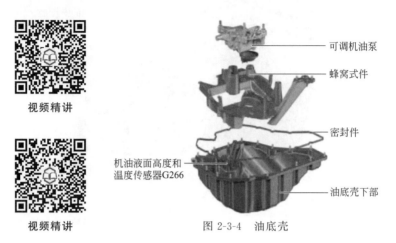

图 2-3-4　油底壳

3. 缸盖

配有直喷系统的涡轮增压发动机上，首次在缸盖（图 2-3-5）内集成了废气冷却系统及废气再循环系统。

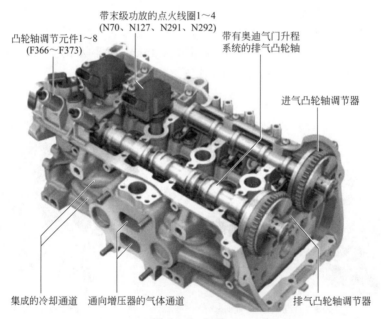

图 2-3-5　缸盖

4. 链条驱动系统

（1）正时链条　链传动机构的基本构造，差不多就是直接取自第2代发动机，但还是有改进的地方（图 2-3-6）。由于摩擦减小了且机油需求量也减少了，所以链传动机构所耗费的驱动功率也就减小了。因此链条张紧器就做了匹配，就是按较低的机油压力进行适配。

这几处改动一方面涉及链条装配的工作步骤；另一方面还要用到一些新的专用工具。另外，在拆装了链条机构后，必须用车辆诊断仪进行适配，这实际上就是为了诊断而要获知链条机构的部件公差并做相应的考虑（图 2-3-7）。

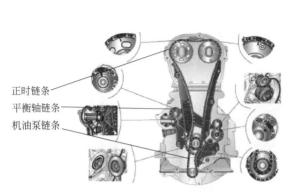

图 2-3-6　正时机构主要组成

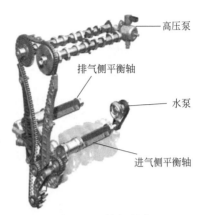

图 2-3-7　链条驱动

（2）平衡轴　平衡轴除了降低了重量外，有几处改成了滚动轴承支承，这样就可以明显降低摩擦，尤其是在机油温度较低时效果更明显。另外，这个措施对于智能启停模式和混合动力模式的可靠性也具有积极意义（图 2-3-8）。

5. 附加装置支架

在发动机的附加装置支架上，集成有机油滤清器支架和机油冷却器支架。该支架内有机油道和冷却液通道（流向机油冷却器），还装有机油压力开关、活塞冷却喷嘴的电控阀以及多楔皮带的张紧装置。

机油滤清器滤芯筒总成易于更换，从上面就可够着。为了在更换滤清器时不淌出机油，在松开时会打开一个锁销，于是机油就流回油底壳。

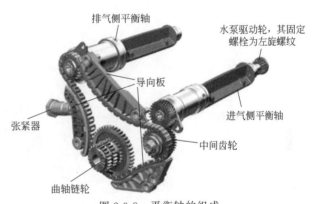

图 2-3-8　平衡轴的组成

机油通道如图 2-3-9 所示。冷却液通道如图 2-3-10 所示。附加装置支架内还集成有冷却液供液管，用于机油冷却器。

6. 奥迪气门升程系统（AVS）

开发奥迪气门升程系统，是为了优化换气过程。该系统首次是在 2.8L-V6-FSI 发动机上应用。

为了改善转矩特性，将第 2 代 2.0L-TFSI 发动机所成功使用过的奥迪气门升程系统（双级气门升程系统）直接"移植"过来。

7. 凸轮轴调节器

另一项重要改进，就是在排气凸轮轴上也有凸轮轴调节器。这样的话，在操控换气过程时，就可以达到最大灵活度。奥迪气门升程系统与排气凸轮轴调节器一起使用，就可满足在全负荷和部分负荷时对于换气的不同需求。

其他改进处：

① 更长的火花塞螺纹；

② 新的棒形点火线圈；

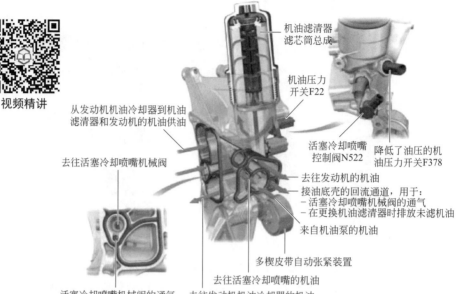

图 2-3-9 机油通道

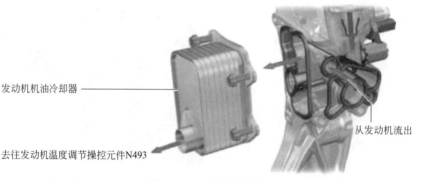

图 2-3-10 冷却液通道

③ 凸轮轴重量经过了优化;

④ 滚子摇臂经过了优化(降低摩擦);

⑤ 气门机构的弹簧力降低;

⑥ 新的机油加油口盖,在上部链条盒内;

⑦ 冷却液温度传感器 G62 转载缸盖内(创新温度管理);

⑧ 高压泵变动了位置,机油细滤器有所改进;

⑨ 废气涡轮增压器的涡轮壳体直接用螺栓固定在缸盖上;

⑩ 进气道经过了优化;

⑪ 喷射部件再次进行了改进(包括隔声方面)。

8. 集成式排气歧管(IAGK)

一个重要改进就是使用了带有点火顺序分隔装置的冷却式排气歧管,该歧管直接集成在缸盖内。

由于使用了这种集成式排气歧管,与普通的歧管相比,涡轮前部的废气温度明显降低。

另外，使用了耐高温涡轮增压器。

通过这种组合，就可以（尤其是在高转速时）基本上取消用于保护涡轮的全荷加浓工况。因此，在正常行驶工况以及以运动方式驾车行驶时，燃油消耗明显降低。另外，集成式排气歧管可以使得冷却液能得到快速预热，因此该歧管是温度管理的重要组件。

排气道（图 2-3-11）的布置原则是：排气气缸的废气气流对任一其他气缸的扫气过程不能有影响。全部的流动能量都供驱动废气涡轮增压器的涡轮使用。1 缸和 4 缸以及 2 缸和 3 缸的排气道，分别在通向涡轮增压器的过渡处是交汇的。

图 2-3-11　排气道

9. 集成式排气歧管的冷却

集成式排气歧管可以使得冷却液能得到快速预热，因此该歧管是温度管理的重要组件。在预热阶段，在很短时间后热量就传入冷却液。这个热量被立即用于去预热发动机以及为车内乘员供暖。由于热量损失很少且路径很短，因此后面的部件（λ 传感器、废气涡轮增压器和催化净化器）就能更快地达到最佳工作温度。

在经过了很短的预热阶段后，就过渡到冷却工况，因为集成式排气歧管附近的冷却液很快就会沸腾。正因为这个原因，冷却液传温度感器 G62 也安装在缸盖的最热点之处（图 2-3-12）。

10. 曲轴箱排气与通风

曲轴箱排气与通风系统也是经过再开发的，因此缸体与大气之间的压力比就可按较大的压降来设计，这对降低发动机机油消耗量很有利（图 2-3-13）。另外，还尽量考虑到减少部件数量，因此在发动机之外，只有一根管子用于导出已净化了的窜气。

该系统包含下述部件：缸体内的机油粗分离器；机油细分离器拧在气缸盖罩上用于导出已净化的窜气的管子；缸体内的机油回流管（带有位于油底壳蜂窝式件的止回阀）。

（1）机油粗分离　机油粗分离器是缸体的组成部分，让窜气气流在一个迷宫式结构中改变方向，就可以分离出一部分机油。分离出的机油经缸体内的回流通道流回到油底壳中，该

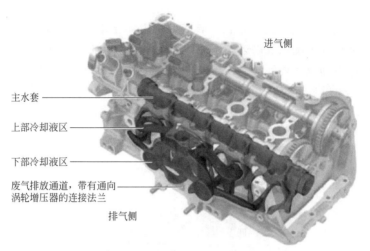

图 2-3-12 集成式排气歧管的冷却

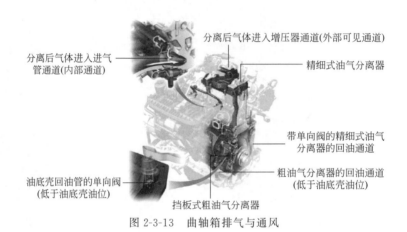

图 2-3-13 曲轴箱排气与通风

通道的末端在机油液面以下。

(2) 机油细分离 经过粗分离后的窜气从缸体内经缸盖内的一个通道被引入机油细分离器模块（图 2-3-14）。窜气先在旋流式分离器中进行净化，旋流式分离器所分离出的机油通过缸体内的一个独立通道流回油底壳，该通道的末端在机油液面以下。止回阀的作用是：在压力比不利的情况下，防止机油被从油底壳中抽出。在以运动风格来驾车行驶时（急加速），机油回流口可能会露出，因为油底壳内的机油被晃到一侧。即使这样，止回阀也会封住机油回流通道，该阀是个惯性阀。

净化后的窜气流经单级燃烧压力调节阀，该阀与外界空气存在压差。在何处引入窜气，是由空气供给系统的压力比决定的。

(3) 将净化后的窜气送去燃烧 在经过机油细分离器和压力调节阀后，被净化了的窜气就被送去燃烧。这个气体控制是通过自动止回阀（集成在机油细分离器模块内）来自动进行的。

发动机停机时，止回阀回到其初始位置，这

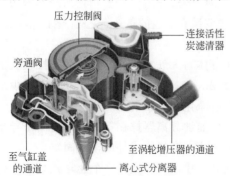

图 2-3-14 机油分离器

时朝废气涡轮增压器方向的止回阀是打开着的；朝进气歧管方向的止回阀是关闭着的。

（4）安装错误识别　在某些市场，比如北美洲，法规要求与排气相关的部件要有安装错误识别功能。

如果模块上的曲轴箱通风管没有安装或者安装错误，那么安装错误识别的接口就会打开。由于该接口是与缸盖进气侧直接相连的，于是发动机会立即吸入过量的空气，λ调节器会识别出这个情况的。

（5）全负荷工况（增压工况）（图 2-3-15）　这时在整个增压空气路径上都产生了过压，于是止回阀就关闭。由于曲轴箱内压与涡轮增压器的吸气侧存在着压差，因此止回阀2就打开，被净化了的窜气由压气机吸入。

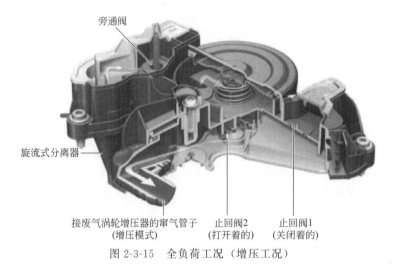

图 2-3-15　全负荷工况（增压工况）

（6）怠速和较低的部分负荷工况（自然吸气模式）（图 2-3-16）　在自然吸气模式情况下，由于进气歧管内有真空，所以止回阀是打开着的，而止回阀2是关闭着的，被净化了的窜气直接经进气歧管被送去燃烧。

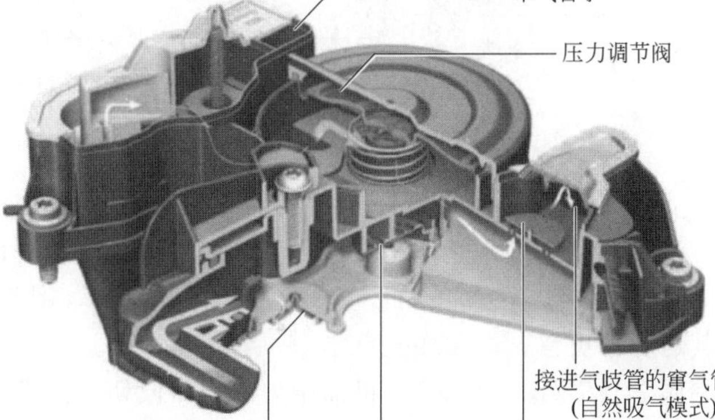

图 2-3-16　怠速和较低的部分负荷工况（自然吸气模式）

（7）曲轴箱通风（PCV）（图 2-3-17）　曲轴箱通风装置与机油细分离器和压力调节阀合

成在一个模块中,安装在气缸盖罩上。曲轴箱通风是通过连接在涡轮前方的通风管和曲轴箱通风阀内的一个计量孔来实现的。因此,该通风系统是这样设计的:只在自然吸气模式时才进行通风。

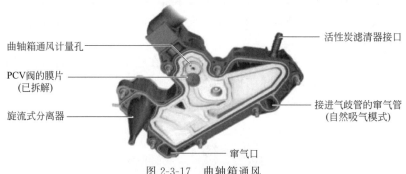

图 2-3-17　曲轴箱通风

11. 机油供给

即使是压力机油回路,也是在不断地优化和改进着(图 2-3-18)。重点改进如下:

① 优化了机油供给系统的压力机油通道,这样在容积增大的同时又减小了压力损失;

② 降低了压力机油段的压力损失;

③ 扩大了较低压力时的转速范围;

④ 较低压力时机油压力下降;

⑤ 可控式活塞冷却喷嘴。

综合来看,这些措施明显降低了发动机的内摩擦,燃油消耗也因此再次降低。

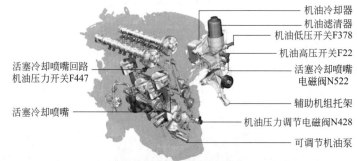

图 2-3-18　机油循环系统

(1)可调机油泵　该机油泵的基本功能与第 2 代发动机用的泵是一样的,但是有如下变化:泵内的液压调节又经过进一步开发,因此对该泵的控制更精确(图 2-3-19)。该泵的传动比有所变化,现在其运行得更慢,$i=0.96$。

(2)机油压力控制阀 N428(图 2-3-20)　机油压力由低压段切换到高压段是由负载和发动机转速决定的。低于限值时,机油泵以 1.5bar 的压力运行。当达到 4500r/min 的转速时,机油泵会产生 3.75bar 的油压。新车行驶前 1000km 范围内,机油泵一直保持高压。如果机油压力控制阀发生故障则闭合,机油泵在高压段运行。

(3)可控式活塞冷却喷嘴(图 2-3-21)　机油压力开关 F447 检测油道中的油压并监控活塞冷却的情况,在 0.3~0.6bar 的油压下关闭。

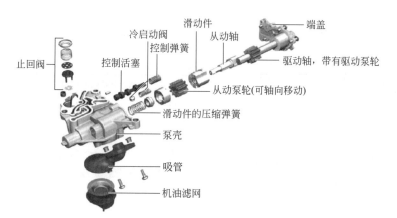

图 2-3-19 机油泵结构

视频精讲

① 可控式活塞冷却喷嘴控制策略。发动机控制单元使用发动机转矩、发动机转速和机油温度来控制喷嘴的开闭。

可控式活塞冷却喷嘴打开（图 2-3-22）：N522 控制阀断电，油压仅施加在一侧上，并沿着回位弹簧移动，当油压超过 0.9bar 时，机械电磁阀打开，连接至活塞冷却喷嘴的通道可用。油液流向活塞冷却喷嘴，由此激活喷嘴。基于机油压力开关 F447 的信号，发动机控制单元确定活塞冷却喷嘴已激活。

② 可控式活塞冷却喷嘴关闭（图 2-3-23）。活塞冷

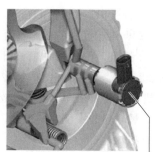

图 2-3-20 机油压力控制阀 N428

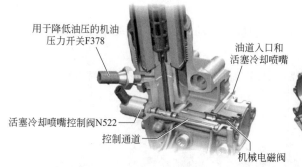

图 2-3-21 可控式活塞冷却喷嘴

却喷嘴控制阀 N522 打开电磁阀的控制口。机械电磁阀受到来自两侧施加的油压，回位弹簧的力更大，机械电磁阀被推回。油道连接管中的油液流动被中断，活塞冷却喷嘴关闭。基于机油压力开关 F447 的信号，发动机控制单元确定活塞冷却喷嘴已关闭。

③ 活塞冷却喷嘴的功能监控。在活塞冷却喷嘴控制阀 N522 的诊断和机油压力开关 F447 的辅助下，可监控到活塞冷却喷嘴是否正常工作以及活塞是否受到充分的冷却。

可发现以下故障：

a. 在需要机油压力的情况下，活塞冷却喷嘴上没有机油压力，机油压力开关 F447 发生故障；

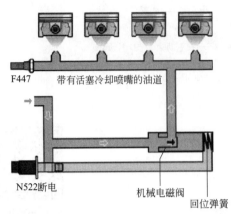 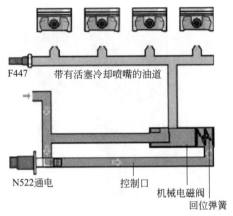

图 2-3-22　可控式活塞冷却喷嘴打开　　　图 2-3-23　可控式活塞冷却喷嘴关闭

b. 在活塞冷却喷嘴关闭的情况下油道内仍有机油压力；

c. N522 断开连接表明活塞冷却喷嘴一直保持开启状态；

d. N522 接地短路表明活塞冷却喷嘴关闭；

e. N522 接正极短路表明活塞冷却喷嘴开启。

如果机油压力开关 F447 发生故障，活塞冷却功能会一直开启：

a. 无活塞冷却的影响；

b. 转矩和转速受限制；

c. 机油没有低油压段；

d. 组合仪表中的 EPC 灯亮起；

e. 仪表上出现发动机转速限制在 4000r/min 的提示。

12. 冷却系统

（1）冷却液循环　以 1.8TFS 纵置发动机、手动变速器且无驻车加热装置为例来进行说明（图 2-3-24 和图 2-3-25）。

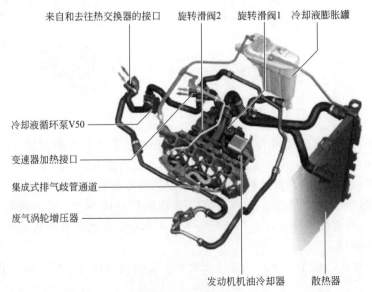

图 2-3-24　冷却液循环

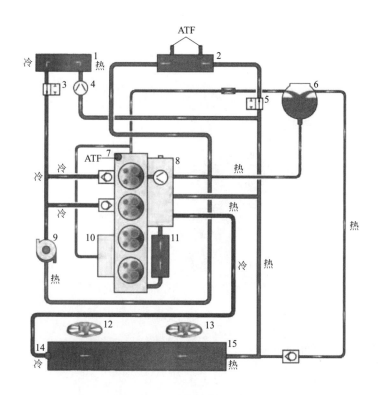

图 2-3-25　冷却液循环原理图

1—暖风热交换器；2—变速器机油冷却器；3—自动空调冷却液截止阀 N422；4—冷却液循环泵 V50；5—变速器冷却液阀 N488；6—冷却液膨胀罐；7—冷却液温度传感器 G62；8—带有发动机温度调节执行元件 N493（旋转滑阀1和2）的冷却水泵；9—废气涡轮增压器；10—集成式排气歧管（IAGK）；11—发动机机油冷却器；12—散热器风扇 V7；13—散热器风扇2（V177）；14—散热器出口冷却液温度传感器 G83；15—散热器

（2）创新温度管理（ITM）　在对发动机进行进一步改进时，对整个冷却循环系统也做了修改（图 2-3-26）。主要有这几项内容：发动机的快速预热，通过快速且经热力学方面优化的发动机温度调节来实现降低油耗，以及在需要时给乘员舱加热。创新温度管理的两个最重要部件是：集成在缸盖内的排气歧管和发动机温度调节执行元件 N493。创新温度管理作为一个模块与水泵一起安装在发动机较冷的一侧。

（3）发动机温度调节执行元件（N493 旋转滑阀）　发动机温度调节执行元件 N493 用在 1.8L 和 2.0L 发动机上，无论纵置和横置都是一样的。采用两个机械连接的旋转滑阀来调节冷却液液流（图 2-3-27）。

旋转滑阀角度位置的调节是按照发动机控制单元内的各种特性曲线来进行的。通过旋转滑阀的相应位置，就可实现不同的切换状态。因此，就可让发动机快速预热，也就使得摩擦变小了（因此燃油消耗减少）。另外，可让发动机温度在 85～107℃ 之间变动。

（4）发动机温度调节执行元件 N493 的功能　一个直流电机驱动旋转滑阀转动，该电机由发动机控制单元通过 PWM 信号（12V）来操控，操控频率为 1000Hz。这里的新内容是操控信号，这是个数字信号，从结构上讲像 CAN 总线信号。这个操控过程一直持续进行着，直至到达发动机控制单元给出的位置。正的操控信号（诊断仪上的测量值）表示旋转滑阀在向打开的方向转动。

电机通过一个很结实的蜗轮蜗杆传动装置来驱动旋转滑阀1，这样就能控制机油冷却

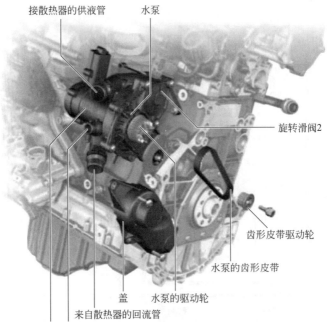

图 2-3-26 冷却循环系统组成

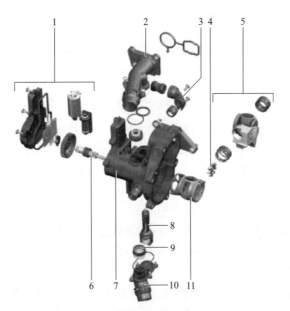

图 2-3-27 冷却泵结构

1—发动机温度调节执行元件 N493 的驱动机构和传感器；2—去往散热器的供液管接头；3—去往发动机机油冷却器的接头；4—中间齿轮；5—旋转滑阀 2；6—旋转滑阀 1 的轴；7—旋转滑阀壳体；8—膨胀式节温器（安全式节温器）；9—密封组件；10—来自散热器的回流管接头；11—旋转滑阀 1

器、缸盖以及主散热器中的冷却液液流（变速器机油冷却器、废气涡轮增压器和暖风回流管不进行调节）。旋转滑阀 2 是通过一个滚销齿联动机构与旋转滑阀相连的。该联动机构的结构是这样的：旋转滑阀 2 在特定角度位置会与旋转滑阀连上和脱开；旋转滑阀的旋转运动

(打开流经缸体的冷却液液流）在旋转滑阀转角约为 145°时开始；在旋转滑阀转角约为 85°时再次脱开，此时旋转滑阀 2 达到其最大转动位置，缸体内的冷却液循环管路就完全打开。旋转滑阀的运动，会受到机械止点限制。

发动机越热，旋转滑阀的转动也就越快，因此不同的横断面也就有不同的流量。为了能准确识别旋转滑阀的位置以及功能故障，在旋转滑阀的控制电路板上装一个旋转角度传感器，该传感器将数字电压信号发送给发动机控制单元。旋转滑阀的位置可用诊断仪在测量值中读出（图 2-3-28）。

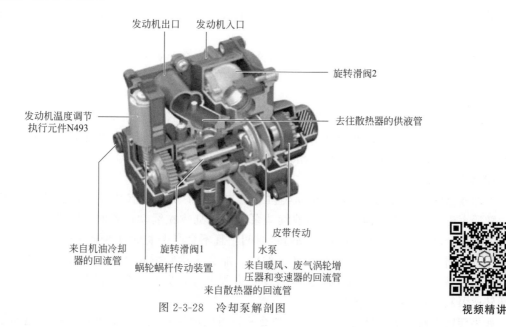

图 2-3-28　冷却泵解剖图

（5）操控策略

① 预热。要想预热发动机，旋转滑阀就需转到 160°的位置。在这个位置处，旋转滑阀 1 会封闭发动机机油冷却器和主散热器回流管开口。旋转滑阀 2 封闭通向缸体的开口。自动空调冷却液截止阀 N422 和变速器冷却液阀 N488 暂时关闭。冷却液续动泵 V51 不通电，于是冷却液不在缸体内循环。不流动的冷却液根据负荷和转速情况，被加热至最高 90℃。

② 自加热。如果有加热请求，那么自动空调冷却液截止阀 N422 和冷却液循环泵 V51 就会被激活，于是冷却液就会流经缸盖、废气涡轮增压器和暖风热交换器。

③ 小流量。该功能用于：在缸体内的冷却液静止时（即不流动时），防止缸盖（集成式排气歧管）和涡轮增压器过热。为此要将旋转滑阀转到约 145°的位置上，从该位置起，滚销齿联动机构就会带动旋转滑阀动作，该阀开始打开。这时，少量冷却液就会流经缸体而进入缸盖，流经涡轮增压器，再经旋转滑阀模块流回水泵。

还有一部分冷却液，在需要时会经冷却液止回阀 N82 流向暖风热交换器。冷却液循环泵 V51 仅在"有加热要求时"，才会激活工作。由于可以快速加热冷却液，那么在发动机预热阶段就可以将摩擦降至很低。

④ 接通发动机机油冷却器的预热运行。在接下来的预热阶段，就只接通发动机机油冷却器。在旋转滑阀到达 120°的位置起，发动机机油冷却器接口就开始打开。与此同时，旋转滑阀 2 一直在继续打开，流经缸体的冷却液流就越来越大。通过这种有针对性地接通发动

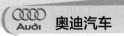

机机油冷却器，可以额外加热发动机机油。

⑤ 变速器机油加热。在发动机热到足够程度后，最后会打开变速器冷却液阀 N488 以便用过剩的热量来加热变速器机油。

变速器机油加热功能在下述情况下接通：不用暖风，冷却液温度达到 80℃ 时；使用暖风，冷却液温度达到 97℃ 时。

⑥ 通过主散热器实施温度调节。在转速和负荷很小时，就把冷却液温度调至 107℃ 以便使得发动机摩擦最小。随着负荷和转速升高，会将冷却液温度调低，最低可至 85℃。为此，旋转滑阀就在 0°～85° 之间根据冷却需要来进行调节。在 0° 这个滑阀位置时，主散热器回流接口完全打开。

⑦ 关闭发动机后的续动功能。为了避免缸盖和涡轮增压器处的冷却液在发动机关机后沸腾，也为了避免对发动机进行不必要的冷却，会按特性曲线启动续动功能。该功能在发动机关闭后，最多可工作 15min。

为此将旋转滑阀转至"续动位置"（160°～255°）。在这个续动工况，也会实现冷却液温度调节。在需要以最大续动能力来工作（255°）且冷却液温度较低时，则主散热器回流接口打开，但是去往缸体的接口却用旋转滑阀 2 封闭。另外，冷却液续动泵 V51 和冷却液止回阀 N82 也都激活。

冷却液这时分成两个分流：一个是经缸盖流向 V51；另一个经涡轮增压器流经旋转滑阀，随后再流经主散热器而流回冷却液续动泵 V51。缸体在续动位置时，则没有冷却液流过。通过这个功能，可以明显降低续动持续时间，且不会产生大量的热能损失。

⑧ 故障情况。如果转角传感器损坏了的话，那么该旋转滑阀就会开至最大位置（发动机冷却能力最强）。如果直流电机损坏或者旋转滑阀卡死，那么根据旋转滑阀位置情况，会激活转速限制和转矩限制功能。

如果旋转滑阀内的温度超过 113℃，那么旋转滑阀内的膨胀式节温器就会打开通向主散热器的一个旁通支路，这样的话冷却液就可以流经主散热器，于是，出现故障时也可以继续行驶。

其他反应：组合仪表上出现信息，提示转速已被限制在 4000r/min，提示音响一次，EPC 灯也被接通，组合仪表上显示真实的冷却液温度。打开冷却液截止阀 N82，激活冷却液续动泵 V51，以保证缸盖的冷却。

13. 空气供给和增压

说明：需要松开拉杆上的锁紧螺母，才能更换增压压力调节器 V465。完成更换后，需要使用诊断仪来对增压压力调节器进行设置（图 2-3-29）。

（1）横置发动机进气系统　如图 2-3-30 所示。

（2）纵置发动机进气系统　如图 2-3-31 所示。

（3）进气歧管（图 2-3-32 和图 2-3-33）　由于增压压力较高，所以对集成的进气歧管翻板系统进行了彻底的修改。弯曲的单体式不锈钢轴，可以为进气道内的凹形翻板提供很大的抗扭性。通过进气歧管翻板电位计（非接触式转角传感器）来识别翻板位置。

凹形翻板在打开状态时是绷紧在基体上的，这样就可以将气流的冲击降至很小。

该轴由发动机控制单元借助真空单元（双位控制）经进气歧管翻板阀 N316 并以电控气动方式操控。

（4）废气涡轮增压器　增压系统使用的是全新开发的单进气口式废气涡轮增压器（图 2-3-34）。

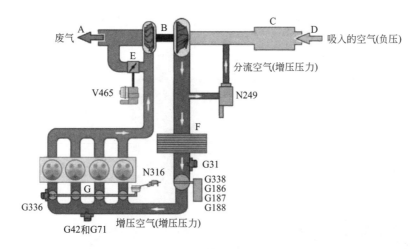

图 2-3-29 空气供给和增压系统图

A—废气气流；B—废气涡轮增压器；C—空气滤清器；D—新鲜空气气流；E—废气泄放阀；F—增压空气冷却器；G—进气歧管翻板；G31—增压压力传感器；G42,G71—进气温度传感器；G186—电子油门的节气门驱动器；G187—电子油门的节气门驱动器的角度传感器1；G188—电子油门的节气门驱动器的角度传感器2；G336—进气歧管翻板电位计；G338—节气门控制单元；N249—涡轮增压器循环空气阀；N316—进气歧管翻板阀；V465—增压压力调节器

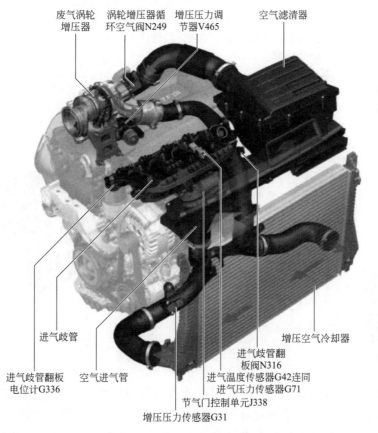

图 2-3-30 横置发动机进气系统

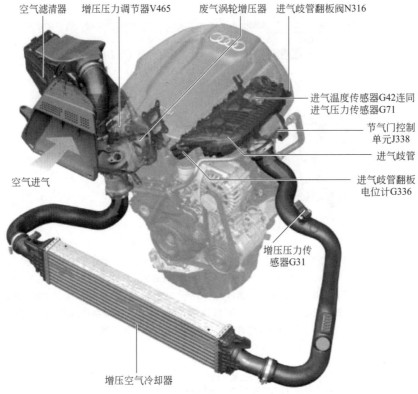

图 2-3-31 纵置发动机进气系统

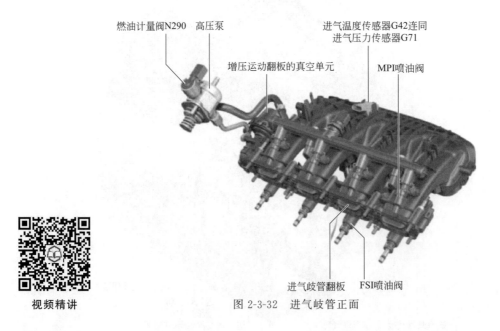

图 2-3-32 进气歧管正面

采用单进气口式废气涡轮增压器，可以改善全负荷特性（尤其是在较高转速区域时）。气缸盖上废气出口采用双流式通道布置，在废气涡轮增压器中一直延伸到紧靠涡轮的前面，这样总体上可以实现尽可能好的点火顺序分开（四个分成两个一组）。这种废气涡轮增压器有如下特点：

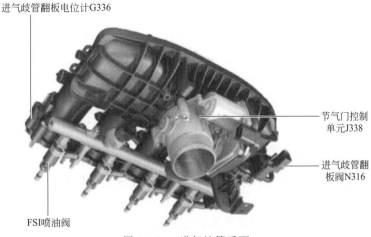

图 2-3-33 进气歧管反面

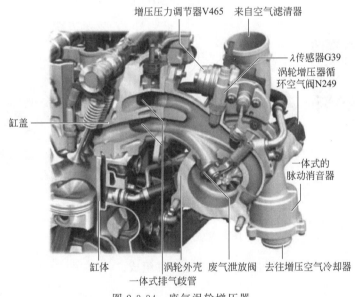

图 2-3-34 废气涡轮增压器

① 电控泄放阀调节器带有增压压力调节器 V46 和增压压力调节器的位置传感器 G581）；
② λ 传感器在涡轮前面（λ 传感器 G39）；
③ 小巧的铸钢涡轮壳体，带有双流式入口，直接用法兰固定在缸盖上；
④ 压气机壳体带有一体式的脉动消声器和电控循环空气阀（涡轮增压器循环空气阀 N249）；
⑤ 抗高温（Inconel 为涡轮，最高可承受 980℃的高温）；
⑥ 壳体带有机油和冷却液通用接口；
⑦ 铣削的压气机转子使得转速更稳、噪声更小；
⑧ 涡轮是混流式的。

（5）用于获知空气质量和空气温度的传感器　增压压力传感器 G31 安装在增压空气冷却器和节气门之间的空气管中，该传感器信号用于控制增压压力。

故障维修要点难点解析

进气温度传感器 G42 连同进气压力传感器 G71，使用压力和温度信号来确定出空气质量。

(6) 增压压力调节器 V465（图 2-3-35） 奥迪四缸涡轮增压发动机，首次使用了电控泄放阀调节器。这种技术与以前使用的高压单元相比，有如下优点。

① 响应速度和精度更高。

② 能不依赖当前的增压压力来实施控制。

③ 因为卡止力较大，所以即使在发动机转速低至 1500r/min 时，也能保证发动机输出 320N·m 的最大转矩。

④ 在部分负荷时主动打开泄放阀，可以降低基本增压压力。

⑤ 在催化净化器预热时主动打开泄放阀，可以使得催化净化器前的废气温度增高 10℃，这样可使得冷启动排放降低。

⑥ 由于电控泄放阀调节器的调节速度快，在负荷往降低方向变化时（怠速滑行），可以让增压压力立即下降，这对改善涡轮增压器的声响特性尤其有利（排气的呼啸声）。

图 2-3-35 增压压力调节器 V465

这个增压压力调节驱动伺服机构，由下述部件组成。

① 壳体。

② 直流电机增压压力调节器 V465。

③ 减速机构。

④ 集成的非接触式位置传感器（增压压力调节器位置传感器 G58I）。

⑤ 减速机构内的机械式上、下内止点挡铁。

⑥ 推杆上的间隙和公差补偿元件。

增压压力调节器的工作原理：直流电机借助减速机构和推杆来让泄放阀翻板运动。在下机械止点时，由泄放阀翻板座上的外止点限制这个运动；在上机械止点时由壳体上的减速机构内挡铁来限制运动。直流电机的操控由发动机控制单元来执行，操控频率为 1000Hz。推杆在其长度方向可以调节，因此在更换了调节器后可以调节泄放阀翻板位置。

(7) 增压压力调节器位置传感器 G581 增压压力调节器位置传感器 G58 安装在增压压力调节器减速机构的壳体端盖上。在这个端盖上，还有一个磁铁架，带有两块永久磁铁。磁铁架在壳体端盖中导向并压在减速机构内的弹簧座上。如果移动了推杆，那么它就会经过霍尔传感器的磁铁（该磁铁也在壳体端盖上），并获知调节行程的实际值。调节行程用模拟的线性电压信号来输出。

14. 燃油系统

燃油系统工作原理如图 2-3-36 所示。

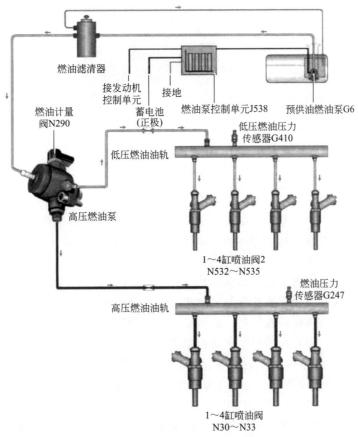

图 2-3-36　燃油系统工作原理

（1）混合气形成/双喷射系统　直喷汽油发动机所排出的细微炭烟颗粒比当前的柴油发动机最多能高出 10 倍，这个问题的讨论越来越多，这促使研究人员开发了双喷射系统（图 2-3-37）。可实现下述目标：

① 将系统压力从 150bar 提高到 200bar；

② 改善噪声。

③ 达到 EU-6 关于颗粒质量和数量的要求（能将炭烟排放降低 10 倍），降低废气排放（尤其是 CQ），使之符合当前和将来的排放要求；

④ 适应另加的进气歧管喷射系统要求。

⑤ 降低部分负荷时的燃油消耗（这时使用 MPI 喷射比较有利）。

（2）MPI 喷射系统　MPI 系统通过高压泵的冲洗接口来获得燃油供给，这样的话，在以 MPI 工况工作时，高压泵就可继续由燃油来冲洗并冷却。

为了尽量减小脉动（高压泵会把这个脉动引入到油轨的），在高压泵的冲洗接口中集成有一个节流阀。

MPI 系统配有自己的压力传感器，就是低压燃油压力传感器 G410 按需要的压力供油，

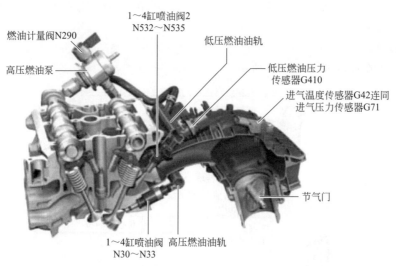

图 2-3-37 双喷射系统

由燃油箱内的预供油燃油泵 G6 来提供。预供油燃油泵 G6 由燃油泵控制单元 J538 经发动机控制单元来操控。MPI 油轨由塑料制成。MPI 喷油阀（N532～N535）安装在塑料进气歧管中，按最佳射束方向布置。

（3）高压喷射系统　为了应对系统压力高达 200bar 的情况，高压区的所有部件都做了改进。于是，喷油阀经钢质弹簧片就与缸盖断开（指声响方面）。同样，高压油轨与进气歧管也断开，且与缸盖是用螺栓连接的。高压喷油阀的位置略微向后移了一些，因此混合气的均匀程度得到了改善，而且阀的温度负荷也降低。

为了使发动机在将来都采用相同的调节方式，这个调节方式也再次做了改变。现在的调节方式的基本原则是：在拔下燃油压力调节阀 N276 的插头时，高压区就不再形成压力（建压）。

（4）工作模式　发动机是用 MPI 模式工作还是用 FSI 模式来工作，是通过特性曲线内的计算来决定。为了使得炭烟排放很少、机油稀释很轻以及爆震趋势很小，喷射（MP 或者 FSD）的数量和种类在热力学方面均经过优化，这就改变了混合气形成的状态。为此，就需要针对喷油时刻和喷油持续时间进行适配。

在发动机冷机时（冷却液温度低于 45 度且取决于机油温度情况），那么就一直使用直喷方式来工作，在每次发动机启动时使用的也是直喷方式。

在长时间使用 MPI 模式工作时，为了防止高压喷油阀内的燃油烧焦，则使用了冲洗功能，即短时激活 FSI 模式。

15. 发动机管理系统

发动机管理系统原理如图 2-3-38 所示。

二、EA888 发动机主要特点

1. 可变排气升程

通过排气凸轮轴上的电子气门升程切换系统以及进气和排气凸轮轴上的可变气门正时，实现对每个气缸气体交换的优化控制。较小的凸轮轮廓仅用于低转速，此功能有以下好处：

① 优化气体交换；

② 防止废气回流到之前的 180°排气缸；

第二章 发动机故障维修

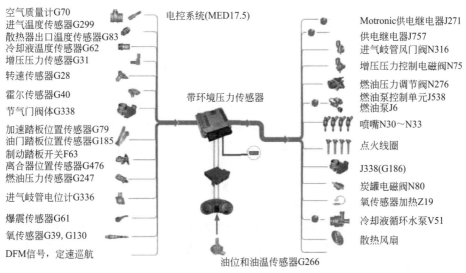

图 2-3-38 发动机管理系统原理

③ 入口打开时间更早，填充程度更佳；

④ 通过燃烧室内的正压差减少余气；

⑤ 提升响应性；

⑥ 在较低转速和较高增压压力下达到更高的转矩。

为了使排气凸轮轴上两个不同的气门升程之间能相互切换，排气凸轮轴上有4个可移动的凸轮件（带有内花键）。每个凸轮件上都装有两对凸轮，通过两个电动执行器对两种升程进行切换。电动执行器接合每个凸轮件上的滑动槽，并移动凸轮轴上的凸轮件（图2-3-39）。

图 2-3-39 可变排气升程组件

2. 智能热管理系统

其冷却回路的主要特点是：在原来传统节温器控制大、小循环的基础上全新开发出运用电控旋转阀组件的创新型热量管理系统。创新型热量管理系统是针对发动机和变速器的一项智能冷启动和暖机程序，它可实现全可变发动机温度调节，对冷却液液流进行目标控制。

3. 进排气相位可调

凸轮轴前端的两个电磁阀分别控制进气侧和排气侧凸轮轴的角度，其中进气凸轮轴调节范围为60°，排气侧为34°，无论1.8T还是2.0T发动机，其调节角度并没有不同。

4. 气缸盖集成排气歧管

集成式缸盖：结构紧凑，冷却水升温更快，制造工艺比传统缸盖更复杂。

与1.8T发动机相比，2.0T发动机只是将原本"属于"涡轮废气端外壳的歧管纳入缸盖内，尽管这能降低涡轮自身的重量，但对于缸盖来说其制造工艺变得复杂很多。将排气歧管纳入缸盖内之后，交错歧管周围的冷却水道能够将歧管内的排气温度迅速带热，不仅能让水温以更快的速度达到最佳工作温度（90℃左右），对于乘客的体感来说，天冷的时候座舱内的暖风也会来得更早。

为了配合冷却系统的变化，并能更精准地调节冷却系统的温度，灵敏度更高、调节也更灵活的电子节温器取代了传统的石蜡型节温器。1.8T发动机也使用了电子节温器，不过由于没有采用集成缸盖式设计，冷启动时冷却水的升温速度自然赶不上2.0T发动机。

5. 双喷射系统

燃油喷射系统：由缸内直喷与歧管喷射相结合的混合喷射系统。

双喷射系统用的高压油轨（直喷部分）和低压油轨（歧管喷射），都是从高压油泵接出来的，而1.8T发动机的油泵只提供用于缸内直喷的出油口。由于缸内直喷的喷油压力可达20MPa，而歧管喷射对于油压的要求并不高，所以两根油轨采用了不同的材质，缸内直喷油轨为金属材质，而歧管喷射为塑料材质。

在发动机处于低负荷状态时，发动机只有歧管喷射一组喷油嘴工作，相比仅有直喷功能的发动机而言产生的污染物更少，同时也减少进气门背面产生积炭的可能。而当发动机转速逐渐提高之后，直喷和歧管喷射两组喷油嘴同时工作保证发动机的动力输出。

至于直喷系统在发动机达到多少转速时介入工作，工程师并未给出一个明确的转速值，而是给了一个较为宽泛的转速范围，在2000～3000r/min之间。

6. 可控活塞冷却喷射管

活塞顶并不是在任何工况下都需要冷却的。

有针对性地关闭活塞冷却喷嘴，可进一步降低燃油消耗。取消了弹簧加载的活塞冷却喷嘴另一个原因是总体机油压力级是很小的。

7. 全新涡轮增压器及电控废弃旁通

第三代EA888发动机的涡轮增压组件同样经过了创新的优化设计。除了采用可耐980℃新合金材料的增压器涡轮叶片之外，在结构上也做了大胆的改进。

其中一个显著的特点，就是采用了电动的废气旁通控制阀和电动泄压阀。相对于之前被动的真空旁通阀，对于阀门的开启和关闭控制得更为快速、更为精准。此外，第三代EA888发动机还在涡轮处安装了氧传感器，可以第一时间了解到废气中的氧气成分，及时调整喷油量以及气门开闭的时刻，进一步提升发动机的效率。

三、EA888发动机维修要点和难点

1. 检查正时链条伸长度

带检查窗的链条张紧器，用于诊断链伸长度（图2-3-40）。

可看到2圈表示链条正常（图2-3-41）。

可看到7圈表示更换链条（图2-3-42）。

注意：要求不超过6个凹槽即7个螺纹。

诊断程序通过凸轮轴与曲轴的相对位置检测链条伸长度，如果位置多次超过凸轮轴特定的限值，则故障存储器中会生成故障记录。在故障存储器中存储故障记录

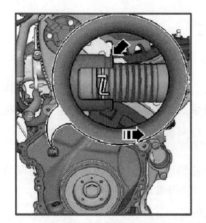

图2-3-40 检查链条张紧器

后，可以对链条张紧器进行目检来检查链条的伸长度。

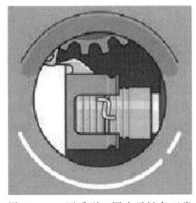 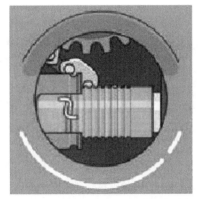

图 2-3-41　可看到 2 圈表示链条正常　　图 2-3-42　可看到 7 圈表示更换链条

对发动机进行以下操作之后，必须对诊断程序进行更新，以便在维修之后诊断程序能够正常运行：

① 更换了发动机控制单元；
② 更换了连接至链条传动装置的发动机组件；
③ 更换了正时链或整个发动机。

链条的正时标记与上一代发动机一致（图 2-3-43）。

图 2-3-43　正时标记

2. 电子排气门升程可变系统

（1）凸轮轴执行器　通电后电磁线圈使金属销向外移动插入凸轮件调节槽进行调节（图 2-3-44）。

（2）凸轮件调整及锁止　每个凸轮段使用两个执行器：一个执行器使凸轮件从大凸轮调节到小凸轮；另一个执行器以相反方向调节（图 2-3-45）。

执行器由发动机控制单元 J623 的接地信号启动，通过主继电器 J271 供电。调节槽的轮廓迫使凸轮段移动到另一个位置，通过弹簧加压球进行锁紧（图 2-3-46）。

在低转速范围内，气门升程切换至更小的排气凸轮轮廓，右侧执行器移动金属销，它接合滑动槽，将凸轮件移至小凸轮轮廓（图 2-3-47）。

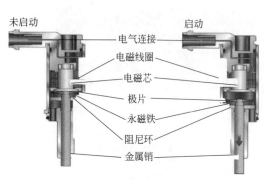

图 2-3-44 凸轮轴执行器工作状态

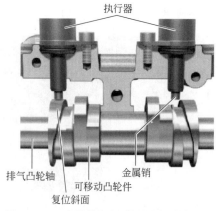

图 2-3-45 电子排气门升程可变系统组成

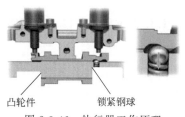

图 2-3-46 执行器工作原理

部分负载和全负载下，为达到最佳的气缸填充性能，排气门需要最大的气门升程。为了达到此目的，左执行器被启动，由左执行器移动其金属销（图 2-3-48）。

发动机控制单元根据重置信号得知金属销的当前位置。当复位斜面推动执行器的金属销回位时，生成一个复位信号。发动机管理系统可根据哪个执行器发出复位信号来确定相关滑动装置的当前位置（图 2-3-49）。

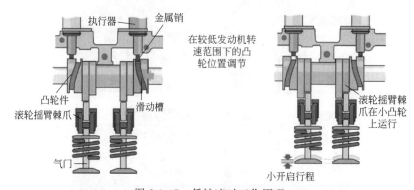

图 2-3-47 低转速时工作原理

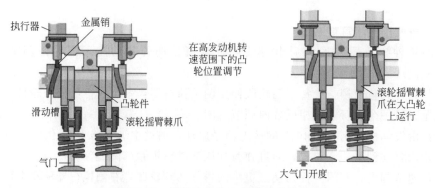

图 2-3-48 部分负载和全负载时工作原理

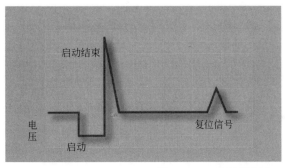 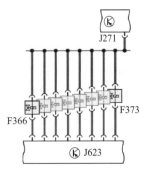

图 2-3-49 执行器启动

（3）系统故障的影响 如果一个执行器发生故障，则无法再执行气门升程切换功能。在这种情况下，发动机管理系统会尝试将所有气缸切换为最近成功的一次气门升程切换。如图 2-3-50 所示，如果不成功：

① 所有气缸会切换至更小的气门升程位置。

② 发动机转速限制在 4000r/min，故障存储器中记录下故障。

③ EPC 警告灯亮起。如果可切换到较大的气门升程位置，故障存储器中也会存储故障。在这种情况下，不限制发动机转速，且 EPC 灯亮。

3. 排气侧平衡轴管的安装

检查平衡轴管的安装位置。开口（图 2-3-51 中箭头）必须朝向链侧。轴管必须向内安装到底，否则可能在发动机运转的时候会产生噪声。

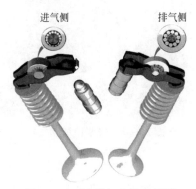 

图 2-3-50 进排气凸轮的区别　　　图 2-3-51 排气侧平衡轴管的安装

4. 拆卸和安装正时链及平衡轴链条

（1）拆卸正时链及平衡轴链条

① 先拆下正时链盖，按图 2-3-52 中箭头所示方向旋拧装配工具 T10352/2，将两个正时调节阀拆下。

注意：两个正时调节阀都是左旋螺纹。

② 拆下如图 2-3-53 中箭头所示螺栓。

③ 取下轴承座。

④ 用止动工具 T10355 旋拧皮带盘到上止点位置。

⑤ 凸轮轴链轮上的标记 1 必须与标记点 2 和 3 对齐（图 2-3-54）。

⑥ 皮带盘上的槽口必须对准下部正时链盖上的标记（箭头）。

视频精讲

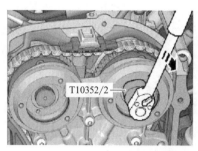

图 2-3-52 拆卸正时调节阀

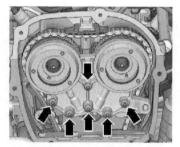

图 2-3-53 拆卸轴承座

⑦ 拆下下部正时链盖。

⑧ 沿图 2-3-55 所示箭头方向按下机油泵链条张紧装置的张紧杆，然后用锁销 T40011 将其锁定。

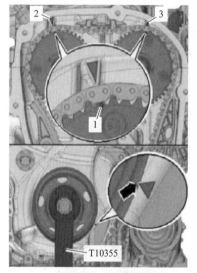

图 2-3-54 对齐正时标记

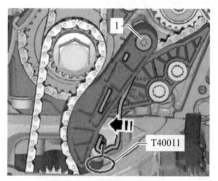

图 2-3-55 安装锁销 T40011

⑨ 拧下螺栓 1，然后拆下链条张紧装置。

⑩ 拧入杆 T40243（图 2-3-56 中上部箭头），一起按下链条张紧装置的弹簧挡圈 1，然后保持其不动。

⑪ 按图 2-3-56 中下部箭头方向缓慢推动杆 T40243，然后保持其不动。

⑫ 使用锁销 CT80014 固定链条张紧器（图 2-3-57）。

a. 拆下杆 T40243。

b. 拧上将凸轮轴锁紧工具 T40271/2 固定到气缸盖的螺栓（图 2-3-58），然后按箭头 2 方向将其插入链轮的花键之间。若必要，用装配工具和转接器 T40266 按箭头 1 方向旋拧进气凸轮轴。

⑬ 拧下螺栓 2，然后拆下凸轮轴正时链张紧轨 1（图 2-3-59）。

a. 将凸轮轴夹 T40271/1 用螺栓固定至气缸盖。

b. 如图 2-3-60 所示，用装配工具 T40266 按箭头 1 方向旋拧排气凸轮轴，直到凸轮轴锁紧工具 T40271/1 可以按箭头 2 方向插入链轮花键为止。

c. 用螺丝刀释放卡扣，然后向前压下顶部导轨（图 2-3-61 中箭头）。

视频精讲

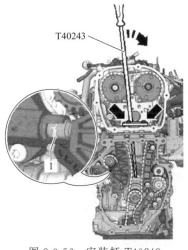

图 2-3-56　安装杆 T40243

图 2-3-57　使用锁销 CT80014 固定链条张紧器

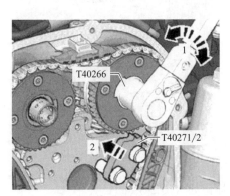

图 2-3-58　安装专用工具

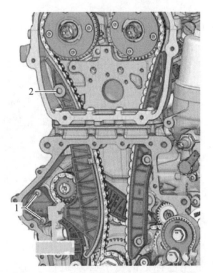

图 2-3-59　拆下凸轮轴正时链张紧轨

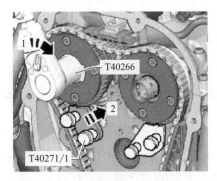

图 2-3-60　安装专用工具

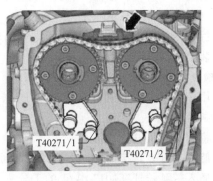

图 2-3-61　向前压下顶部导轨

⑭ 取下其余导轨和链条。

（2）安装正时链及平衡轴链条

① 检查曲轴是否位于上止点位置：曲轴平面部分（图 2-3-62 中箭头）必须水平。

② 用永久性记号笔在气缸体 1 上做标记。

③ 用防水笔标记与标记 2 邻近的三链链轮咬牙 1（图 2-3-63）。

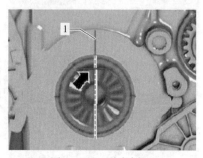

图 2-3-62　对齐标记　　　　　　图 2-3-63　做标记

④ 如图 2-3-64 所示，旋转惰轮和平衡轴，使标记箭头按图中所示对齐，切勿松开螺栓 1。

⑤ 用皮带盘螺栓（图 2-3-65 中箭头）将压块 T10368 拧入。

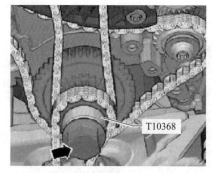

图 2-3-64　对齐标记　　　　　　图 2-3-65　安装压块 T10368

⑥ 带颜色标记的链节必须定位于链轮上的标记处（图 2-3-66）。

⑦ 将正时链安装到进排气凸轮轴和曲轴链轮上（图 2-3-67）。注意对准标记点。

⑧ 用装配工具和转接器 T40266 旋拧排气凸轮轴，从链轮花键之间拆下凸轮轴锁紧工具 T40271/1，然后消除凸轮轴张力。

⑨ 拆下凸轮轴夹板 T40271/1，进气凸轮轴旋拧的方法同上。

⑩ 装上机油泵链条及各个导轨。

5. 检查发动机正时

① 用 24mm 套筒，通过皮带盘以正常转向旋转曲轴，直到标记（图 2-3-68 中箭头）几乎位于顶部为止。

② 将火花塞从气缸拆下。

③ 旋拧千分表转接器 T10170/A，直到其将要进入火花塞孔时为止（图 2-3-69）。

④ 插入带延长杆 T10170A/1 的千分表 VAS 6341，直到其将要到位且可通过自锁螺母锁紧时为止（图 2-3-69 中箭头）。

⑤ 缓慢旋转发动机的曲轴，直至指针到最大值。

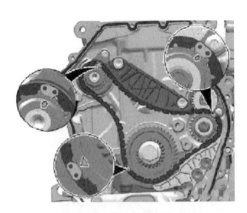

图 2-3-66　对齐链条标记

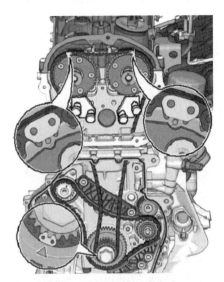

图 2-3-67　安装正时链

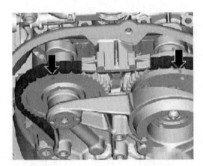

图 2-3-68　对准正时标记

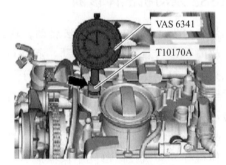

图 2-3-69　安装测量工具

6. 燃油系统卸压

燃油供给方式为缸内直喷，高压燃油泵由排气凸轮轴后端的方形凸轮带动。高压燃油压力最高为200bar。

出于安全考虑，在打开高压部件之前，例如拆卸高压泵、燃油分配器、喷嘴、燃油管或燃油压力传感器 G247 之前，必须将高压范围内的燃油压力降低到 4~7bar，消除燃油高压，以防发生危险。

卸压的具体步骤如下。

① 拆卸燃油压力调节阀 N276 插头。

② 拔下 SB10 燃油泵控制单元熔丝。

③ 启动发动机。

④ 用诊断仪进入 01-10-140 组观察到燃油压力下降到 4~7bar。

⑤ 关闭点火开关并立即打开高压管路，如果不马上打开高压管路，燃油压力可能会再度稍稍升高。

⑥ 完成修理后要清除故障存储器。

四、EA888 发动机易出故障的装置

1. 适用于第 1、2 代 EA888 发动机

① 凸轮轴位置传感器漏油。

② 水泵漏水。

③ 油气分离器问题。

④ 正时链张紧器自动泄压。

⑤ 进气歧管流道位置传感器问题。

⑥ 曲轴位置/凸轮轴位置相关性故障。

2. 适用于第 3 代 EA888 发动机

① 高压燃油泵异响。

② 油底壳下体放油螺栓。

③ 点火线圈故障。

④ 机油加注口盖泄漏。

⑤ 发动机轴承桥磨损。

五、EA888 发动机故障诊断

1. 奥迪 EA888 Gen3 发动机无法启动，转速表显示 380r/min

（1）故障现象　发动机无法启动，起动机不转动。

在点火开关打开状态下，转速表不处于零位，例如会显示 380r/min 的转速。

在发动机控制单元中记录有关于"转速急速控制低于额定值"或者"点火开关关闭时间间隔信号不可信"的故障码。

（2）故障分析　如果在关闭发动机后立即通过启动/停止来关闭点火开关，那么在个别情况下会使得在发动机控制单元中保存最后一次识别的转速，所存储的转速信息会妨碍发动机启动。

（3）解决措施　通过复位发动机控制单元（断开接线）可以删除所保存的转速。然后重新启动发动机，用 SVM01A149 可以更新发动机控制单元并排除故障。

2. A3 EA888 Gen3 发动机电动燃油泵异响

（1）故障现象　怠速或行驶时，电动燃油泵发出呜呜异响。

（2）技术背景　电动燃油泵泄压阀开启压力为 6.2bar，在油压达到 6bar 时间歇性开启/闭合，不规律振动引起噪声。

（3）生产线解决方案

措施1：改进电动燃油泵泄压阀，开启压力调整到 6.5bar。

措施2：改进发动机电脑对燃油泵控制策略（升级发动机电脑）

（4）售后解决方案

① 对于措施 1 之前的车辆，即 LF2A28VXF5047817 之前的车辆，先更换电动燃油泵，然后使用 01A129 升级发动机电脑。

② 对于措施 1 之后、措施 2 之前的车辆，即底盘号在 LF2A28VXF5047817 与 LFV3A28V7H5005550 之间的车辆，使用 01A129 升级发动机电脑。

注意：维修时请查询维修历史；该方案仅适用于 A3 1.8T CUF 车辆。

3. Q3 EA888 Gen3 发动机轴承桥磨损

（1）故障现象　车辆抖动，OBD 灯报警。

（2）故障分析　01 中有故障码存储（图 2-3-70），内容为凸轮轴位置/曲轴位置传感器分配不正确。拆下凸轮轴轴承桥，可见明显磨损（图 2-3-71）。

事件存储器条目	
编号：	气缸列1，凸轮轴位置/曲轴位置传感器分配不正确
故障类型2：	被动/偶发
症状：	14868
状态：	01101000
标准环境条件：　日期：	16-10-24
时间：	10:44:39
行驶里程：	1911
优先等级：	2
频率计数器：	7
忘记计数器/驾驶周期：	255

图 2-3-70　故障码存储

图 2-3-71　凸轮轴轴承桥有明显磨损

轴承桥磨损判定：

① 该故障是由凸轮轴轴向窜动引起的；

② 凸轮轴轴向窜动引起轴承桥端面磨损，可见明显台阶；

③ 轴承桥内部及轴颈磨痕属于正常现象，不能作为故障判定依据（图 2-3-72）。

（3）解决措施　更换总成。

注意事项：

① 故障车行驶里程均很短，一般都在 5000km 以内。

② 所有条件均满足才能执行上述方案（故障码、凸轮轴轴承桥磨损）。

总结：如果只有 P0016 故障存储而凸轮轴轴承桥未磨损，建议检查以下零件：凸轮轴相位传感器；凸轮轴相位调节器；三位四通阀。

不作为轴承桥磨损判定依据

图 2-3-72　凸轮轴轴承桥磨损情况

4. 油底壳下体放油螺栓漏油

（1）故障现象　由于错误的维修，导致油底壳下体放油螺栓处漏油。

（2）涉及范围　EA888 Gen3 1.8L/2.0L。

(3) 故障原因　维修保养后，由于使用了过大的拧紧力矩，导致油底壳下体和放油螺栓连接的壳体处出现变形，导致不密封泄漏。

(4) 解决方案

① 针对该部位维修保养时，需更换新的螺栓和垫片。

② 使用规定的 30N·m 的力矩进行拧紧。

新旧状态油底壳放油螺栓处对比（首台号 CUFB57575，ZP4：2017.09.24）。

5. 点火线圈断裂

(1) 故障现象　发动机抖动，失火，点火线圈故障。拆解发现点火线圈橡胶断裂，更换火花塞时，点火线圈橡胶断裂导致损坏。故障车大多行驶里程较长，在 15000km 以上。

(2) 问题原因

① Gen3 点火线圈设计特点，导致在拆卸时图 2-3-73 中圆圈部位会承受拉伸力和剪切力，此位置为断裂薄弱点。

② 未使用正确的拆卸工具和拆卸方法，会增加点火线圈断裂风险。

(3) 保养操作

① 严格按照保养手册中的相关规定拆卸和安装点火线圈，并使用保养手册中规定的专用工具 T10530。

图 2-3-73　损坏位置

② 安装火花塞时，用硅基润滑脂润滑点火线圈，在与火花塞接触的橡胶管口四周涂抹薄薄一层，用量为（0.13±0.05）g。

③ 使用工具 T10530 拆卸点火线圈时，应匀速缓慢，垂直向上拔出，切不可过快或拔歪（图 2-3-74）。

④ 尽量等发动机冷却下来后，再对点火线圈进行拆卸。

⑤ 安装点火线圈装配螺栓时，应使用力矩扳手，拧紧力矩不得超过 10N·m。

6. Q5 EA888 发动机故障灯亮

(1) 故障现象　2.0L EA888 发动机故障灯亮时，发动机部位产生啸叫声。

(2) 故障分析　发动机故障灯报警同时伴随啸叫声，用 6150B 诊断显示油压调节阀断路，频率达 216 次，属于高频率多发。让故障重现时测量 N276 阀电压为零，检查线路及插头，一切正常。查看线路图发现，N276 由 J757 发动机部件供电继电器供电。查看 J757 供电继电器控制线路及电源，正常。拆检 J757 发现继电器触点烧毁（图 2-3-75），更换 J757 后车辆故障排除。

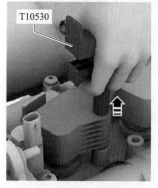

图 2-3-74　使用工具 T10530 拆卸点火线圈

图 2-3-75　J757 继电器触点烧毁

（3）解决措施　更换J757供电继电器。

7. Q5 EA888发动机，车辆加速无力

（1）故障现象　2.0L EA888发动机，车辆加速无力，发动机出现异常的噪声。

（2）故障分析　该车废气灯报警，有时加速无力，发动机出现异常的噪声。诊断仪提示有发动机存储故障码P229400，内容为燃油压力调节阀断路。检测供电线路，正常。

检查高压泵燃油压力调节阀线束和燃油压力调节阀供电继电器，最终断定是继电器故障，更换后故障排除（图2-3-76）。

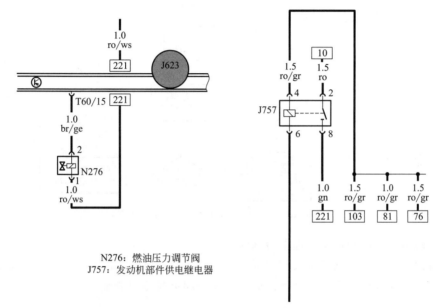

图2-3-76　J757、N276电路图

8. EA888 2.0T发动机疑似高压泵故障排除步骤（图2-3-77）

9. A7 MIL亮起，故障存储器中存有故障码P2279

（1）车型　A7。

（2）年型　MJ13。

（3）故障现象　废气故障指示灯（MIL）亮起，发动机控制单元内存有故障码P2279，内容为进气系统漏气。

（4）故障分析　由于链条箱盖上机油加注管接头中的锁止凸耳断裂，因此导致机油加注盖无法完全密封。发动机吸入泄漏的空气，故障存储器中存有故障码P2279，废气故障指示灯（MIL）亮起。

（5）解决措施　更换链条箱盖（原装备件库仅提供优化型部件）。

提示：生成故障码P2279的原因除了机油加注管接头密封不严之外，还可能在于其他方面。本TPI仅针对锁止凸耳断裂这一情况。如果锁止凸耳正常，则必须通过引导型故障查询继续进行。

10. 冷却模块区域泄漏冷却液

（1）车型　A3、A1、A4、A5、Q5。

（2）年型　MJ12、MJ13、MJ14、MJ15。

（3）故障现象　组合仪表上显示冷却液液位过低，车辆下方有泄漏的冷却液。

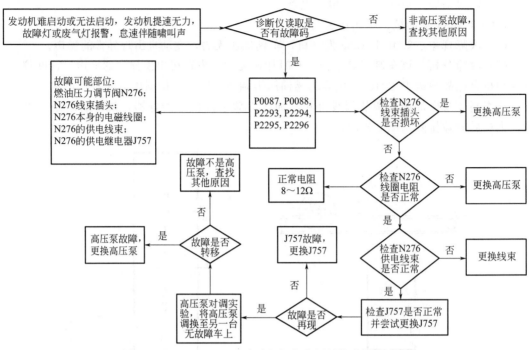

图 2-3-77　EA888 2.0T 发动机疑似高压泵故障排除步骤

（4）故障分析　冷却模块上泄漏冷却液。

（5）解决措施　请尝试精确找到泄漏位置，只更换造成泄漏的部件。注意规定的冷却模块维修深度。当明确确定壳体发生泄漏时，不得一起更换冷却液泵。

第四节　发动机电器

一、传感器和执行器

1. 空气质量计 G70（图 2-4-1）

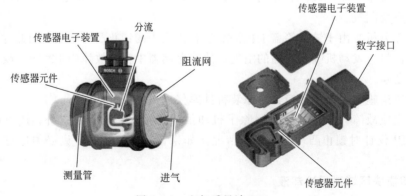

图 2-4-1　空气质量计 G70

G70 标准波形如图 2-4-2 所示。

2. 发动机转速传感器 G28（图 2-4-3）

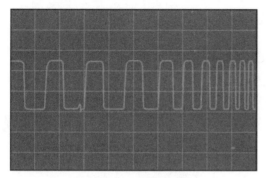

图 2-4-2　G70 标准波形

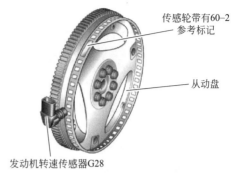

图 2-4-3　发动机转速传感 G28

G28 标准波形如图 2-4-4 所示。

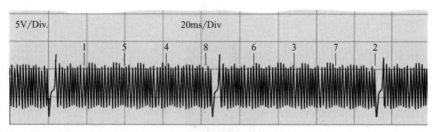

图 2-4-4　G28 标准波形

集成发动机转速传感器 G28 的曲轴密封法兰如图 2-4-5 所示。

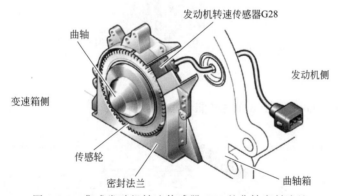

图 2-4-5　集成发动机转速传感器 G28 的曲轴密封法兰

3. 霍尔传感器（用于凸轮轴调节装置）G40、G163（图 2-4-6 所示）

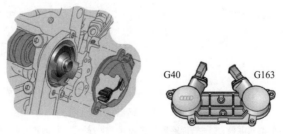

图 2-4-6　霍尔传感器

故障维修要点难点解析

标准波形如图 2-4-7 所示。

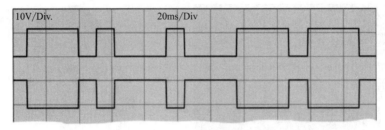

图 2-4-7 标准波形

4. 氧传感器

氧浓差型传感器 G130、G131（尾气催化净化器后）如图 2-4-8 所示。

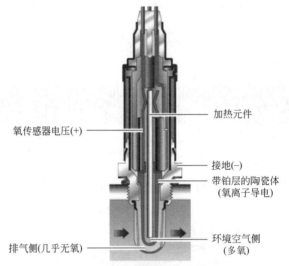

图 2-4-8 氧传感器结构图

宽频带氧传感器 G39、G108（尾气催化净化器前）如图 2-4-9 所示。

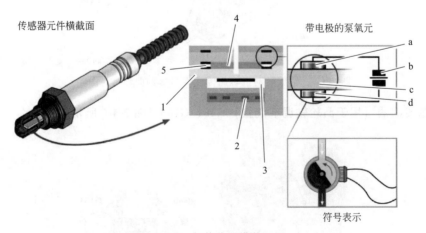

图 2-4-9 氧传感器横截面图

1—能斯特电池和电极；2—氧传感器加热装置；3—外部空气通道；4—扩散通道；
5—测量范围；a—电极（阳极）；b—电源；c—陶瓷；d—电极（阴极）

5. 节气门控制单元 J338（图 2-4-10）

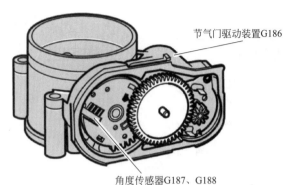

图 2-4-10　节气门控制单元 J338

角度传感器 G187 和 G188（图 2-4-11）作为磁阻传感器。

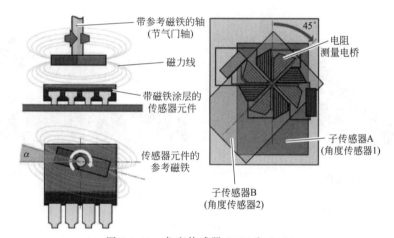

图 2-4-11　角度传感器 G187 和 G188

6. 冷却液温度传感器

冷却液温度显示传感器 G2 和冷却液温度传感器 G62 安装在发动机上冷却液出口处，如图 2-4-12 所示。

散热器口上的冷却液温度传感器 G83 如图 2-4-13 所示。

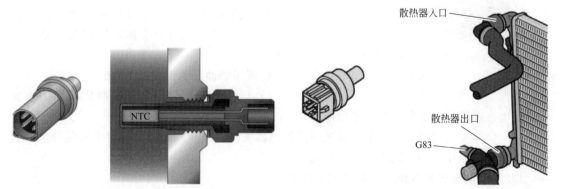

图 2-4-12　冷却液温度传感器 G2、G62　　　　图 2-4-13　冷却液温度传感器 G83

7. 爆震传感器 G61、G66、G198、G199（图2-4-14）

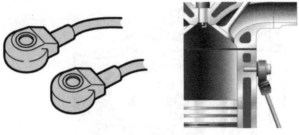

图 2-4-14　爆震传感器

8. 踏板值传感器/油门踏板传模块

带油门踏板位置传感器 G79 和油门踏板位置传感器 G185 如图 2-4-15 所示。

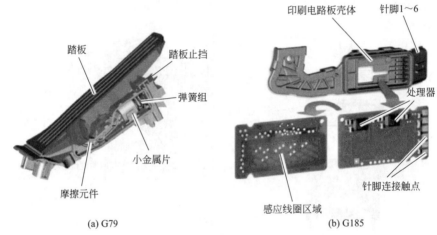

(a) G79　　　(b) G185

图 2-4-15　油门踏板位置传感器

9. 制动灯开关 F 和制动踏板开关 F47（图 2-4-16）

图 2-4-16　制动灯开关 F 和制动踏板开关 F47

10. 燃油压力传感器 G247（图 2-4-17）

（1）信号应用　发动机控制单元分析信号，并通过燃油压力调节阀来调节燃油分配器内的压力。

（2）失灵时的影响　如果燃油压力传感器失灵，发动机控制单元以一个固定值控制燃油压力调节阀。

11. 低压燃油压力传感器 G410

（1）信号应用　根据信号控制低压燃油系统中的压力。根据不同的发动机，燃油压力在 0.5～5bar 之间。

（2）信号失灵时的影响　如果燃油压力传感器失灵，将用固定脉冲宽度调制信号来控制电子燃油泵，低压燃油系统中的压力升高。

12. 凸轮轴调节阀 N205/N208（图 2-4-18）

13. 二次空气进气阀 N112（图 2-4-19）

14. 二次空气泵 V101（图 2-4-20）

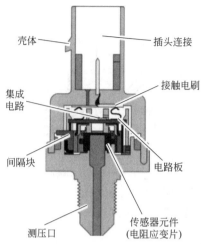

图 2-4-17 燃油压力传感器 G247

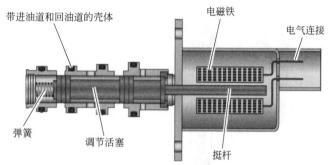

图 2-4-18 凸轮轴调节阀 N205/N208

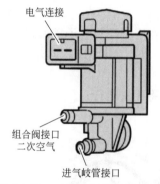

图 2-4-19 二次空气进气阀 N112

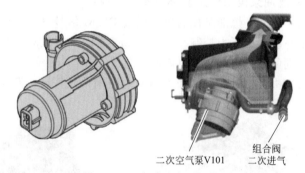

图 2-4-20 二次空气泵 V101

15. 喷油器（图 2-4-21）
16. 燃油计量阀 N290（图 2-4-22）

出于安全原因，调节阀设计为一个不通电时打开的电磁阀。这意味着，高压泵会通过打开的阀座将总供油量泵回到低压循环回路中。

失灵时的影响：发动机控制单元切换至应急运行模式。

17. 进气歧管翻板（图 2-4-23）

（1）功能 在 1000～5000r/min 转速范围内的低负荷情况下，翻板关闭。其主要功能如下。

① 改善发动机冷机时的怠速运行质量。

② 加强进气，进而改善发动机的运行平稳性，在断油滑行模式下防止发动机抖动。

③ 在其他转速范围内，增压运动翻板会保持打开状态，以免产生流动阻力并导致功率降低。

（2）失灵时的影响 无法调节进气歧管翻板，进气歧管翻板将处于打开位置，从而无法再获得调节进气歧管所带来的优点。

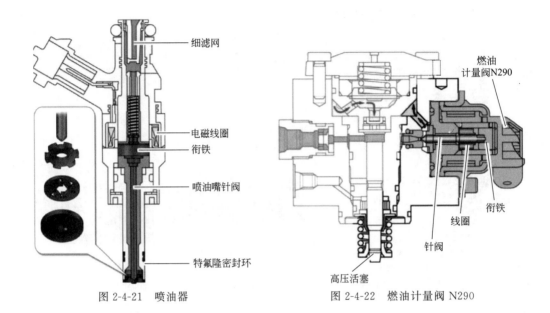

图 2-4-21　喷油器　　　　　　　图 2-4-22　燃油计量阀 N290

18. 燃油泵控制单元 J538（图 2-4-24）

（1）功能　燃油泵控制单元通过 PWM 信号（脉冲调制宽度）控制电子燃油泵。它将低压燃油系统中的压力控制在 0.5～5bar 之间，暖机和冷机启动时，压力最高可升至 6.5bar。根据不同的系统，该数值可能有所差异。

（2）失灵时的影响　如果燃油泵控制单元失灵，发动机将无法运行。

图 2-4-23　进气歧管翻板　　　　　图 2-4-24　燃油泵控制单元 J538

二、OBD（On-Board Diagnostics 车载自动诊断系统）报警

1. OBD 装置监测多个系统和部件

包括发动机、催化转化器、颗粒捕集器、氧传感器、排放控制系统、燃油系统、EGR 等。

2. OBD 故障码（SAE-J2012）

第一位是字母，它表示系统类型：

① P×××表示动力系统；

② B×××表示车身；

③ C××××表示底盘；

④ U××××表示网路连接相关的系统。

OBD Ⅱ上只使用 P 代码。

第二位表示标准代码：

① P0×××表示由 SAE 统一制定的故障码；

② P1×××表示各汽车生产厂家自己制定的与废气排放有关的故障码，这些故障码必须报送给立法者。

第三位表示出现故障的部件信息：

① P×1××和 P×2××表示燃油计量和空气计量；

② P×3××表示点火系统；

③ P×4××表示辅助废气调节；

④ P×5××表示车速调节（GAR）和怠速调节；

⑤ P×6××表示计算机信号和输出信号；

⑥ P×7××表示变速器。

第四和第五位表示部件/系统的标识代码。

3. OBD 故障码的分类

① 根据故障是否对排放有影响及其严重程度，故障码有以下分类。

A 类：发生一次就会点亮 EOBD 故障指示灯和记录故障码。

B 类：两个连续行程中各发生一次，才会点亮 OBD 故障指示灯和记录故障码。

E 类：三个连续行程中各发生一次，才会点亮 OBD 故障指示灯和记录故障码。EOBD 要求任何影响排放的故障都必须在三个连续行程中诊断出，且点亮 EOBD 故障指示灯，记录故障码和故障发生时的实时数据。注意：一个行程是指 EOBD 测试都能得以完成的驱动循环，对 EOBD 可以欧 3 排放的测试程序（ECE＋EUDC）为基准。

② 不影响排放故障码如下。

C 类：故障发生时记录故障码，但不点亮 EOBD 故障指示灯。汽车生产厂家可根据需要点亮另外一个报警灯。

D 类：故障发生时记录故障码，但不点亮任何警告灯。

三、发动机控制单元 5V 供电传感器

发动机控制单元 5V 供电传感器见表 2-4-1。

表 2-4-1　发动机控制单元 5V 供电传感器

传感器名称	代号	正极	接地	信号
发动机转速传感器	G28	T105a/35	T105a/77	T105a/70
霍尔传感器	G40	T105a/69	T105a/44	T105a/30
霍尔传感器 3	G300	T105a/38	T105a/29	T105a/28
进气管风门电位计	G336	T105a/48	T105a/27	T105a/36
燃油压力传感器	G247	T105a/68	T105a/11	T105a/49
节气门驱动装置角度传感器 1	G187	T105a/54	T105a/56	T105a/34
节气门驱动装置角度传感器 2	G188	T105a/54	T105a/56	T105a/55
进气温度传感器 1	G42	T105a/42	T105a/33	T105a/51

续表

传感器名称	代号	正极	接地	信号
进气管压力传感器	G71	T105a/42	T105a/33	T105a/52
进气温度传感器 2	G299	T91a/32	T91a/35	T91a/54
增压压力传感器	G31	T91a/32	T91a/35	T91a/55
油门踏板位置传感器 1	G79	T91a/33	T91a/34	T91a/52
油门踏板位置传感器 2	G185	T91a/16	T91a/51	T91a/69

四、传感器各针脚故障码及标准波形

1. 发动机转速传感器 G28

① 发动机转速传感器电路如图 2-4-25 所示。
② 发动机转速传感器 G28 针脚故障码见表 2-4-2。

表 2-4-2　发动机转速传感器 G28 针脚故障码

传感器名称	代号	针脚号	故障类型	故障码	故障内容
发动机转速传感器	G28	T105a/35	正极断路	P033500	发动机转速传感器,功能失效
		T105a/77	接地断路	P033500	发动机转速传感器,功能失效
		T105a/70	信号断路	P033500	发动机转速传感器,功能失效
		T105a/70	信号短地	P033500	发动机转速传感器,功能失效

2. 霍尔传感器 G40

① 霍尔传感器 G40 电路如图 2-4-26 所示。
② 霍尔传感器 G40 针脚故障码见表 2-4-3。

表 2-4-3　霍尔传感器 G40 针脚故障码

传感器名称	代号	针脚号	故障类型	故障代码	故障内容
霍尔传感器	G40	T105a/69	正极断路	P034000	凸轮轴位置传感器,功能失效
		T105a/44	接地断路	P034000	凸轮轴位置传感器,功能失效
		T105a/30	信号断路	P034000	凸轮轴位置传感器,功能失效
		T105a/30	信号短地	P034000	凸轮轴位置传感器,功能失效

3. 霍尔传感器 G300（第三代 EA888 发动机新增）

① 霍尔传感器 G300 电路如图 2-4-27 所示。
② 霍尔传感器 G300 针脚故障码见表 2-4-4。

表 2-4-4　霍尔传感器 G300 针脚故障码

传感器名称	代号	针脚号	故障类型	故障码	故障内容
霍尔传感器 3	G300	T105a/38	正极断路	P036500	凸轮轴位置传感器,功能失效
		T105a/29	接地断路	P036500	凸轮轴位置传感器,功能失效
		T105a/28	信号断路	P036500	凸轮轴位置传感器,功能失效
		T105a/28	信号短地	P036500	凸轮轴位置传感器,功能失效

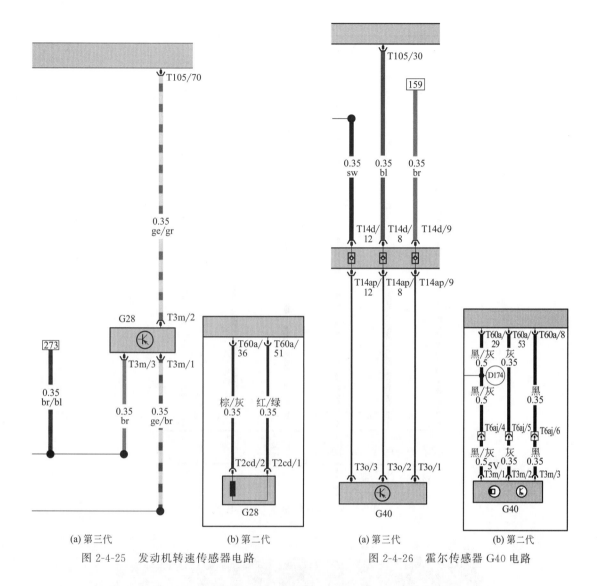

图 2-4-25 发动机转速传感器电路 图 2-4-26 霍尔传感器 G40 电路

③ 霍尔传感器 G300 标准波形如图 2-4-28 所示。

4. 燃油压力传感器 G247

① 燃油压力传感器 G247 电路如图 2-4-29 所示。

② 燃油压力传感器 G247 标准波形（急速时）如图 2-4-30 所示。

③ 燃油压力传感器 G247 针脚故障码见表 2-4-5。

表 2-4-5　燃油压力传感器 G247 针脚故障码

传感器名称	代号	针脚号	故障类型	故障码	故障内容
燃油压力传感器	G247	T105a/68	正极断路	P109000	燃油压力传感器，电路电气故障
		T105a/11	接地断路	P109000	燃油压力传感器，电路电气故障
		T105a/49	信号断路	P109000	燃油压力传感器，电路电气故障
		T105a/49	信号短地	P019200	燃油压力传感器，对地短路

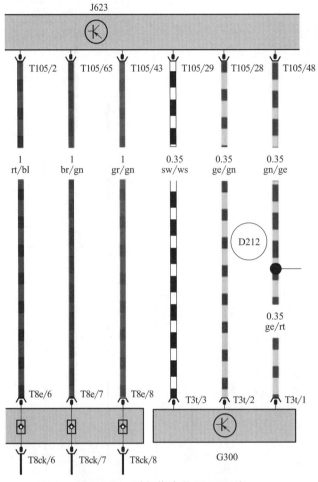

图 2-4-27　霍尔传感器 G300 电路

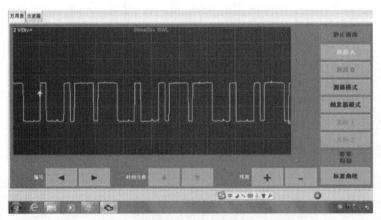

图 2-4-28　霍尔传感器 G300 标准波形

5. 进气温度传感器 G42 及进气管压力传感器 G71

① 进气温度传感器 G42 及进气管压力传感器 G71 电路如图 2-4-31 所示。

② 进气管压力传感器 G71 标准波形如图 2-4-32 所示。

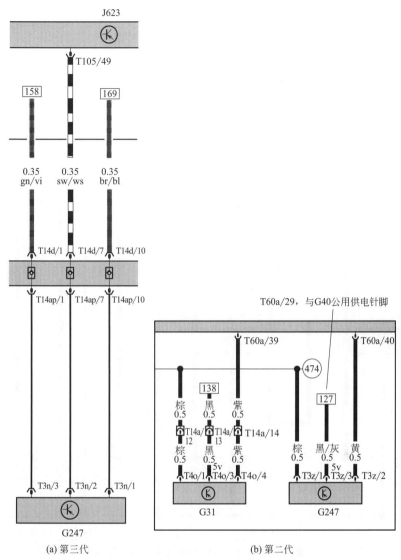

图 2-4-29 燃油压力传感器 G247 电路

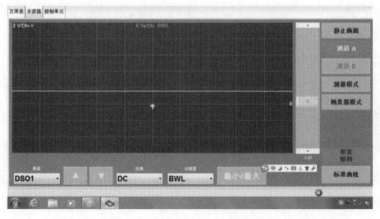

图 2-4-30 燃油压力传感器 G247 标准波形（怠速时）

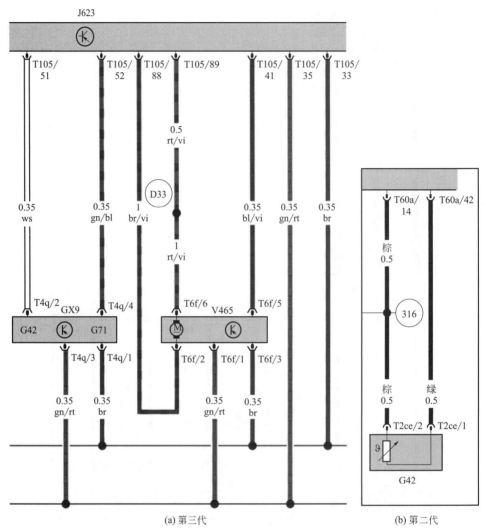

(a) 第三代　　　　　　　　　　　　　　　　(b) 第二代

图 2-4-31　进气温度传感器 G42 和进气管压力传感器 G71 电路

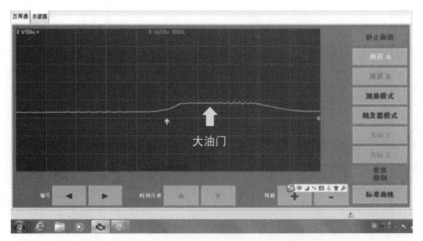

图 2-4-32　进气管压力传感器 G71 标准波形

③ 进气温度传感器 G42 针脚故障码见表 2-4-6。

表 2-4-6　进气温度传感器 G42 针脚故障码

传感器名称	代号	针脚号	故障类型	故障码	故障内容
进气温度传感器	G42	T105a/42	正极断路	P010700	进气管压力/空气压力,信号太小
		T105a/33	接地断路	P011300	进气温度传感器1,过大信号
				P010800	进气管压力/空气压力,过大信号
		T105a/51	信号断路	P011300	进气温度传感器1,过大信号
		T105a/51	信号短地	P011200	进气温度传感器1,信号太小

④ 进气管压力传感器 G71 针脚故障码见表 2-4-7。

表 2-4-7　进气管压力传感器 G71 针脚故障码

传感器名称	代号	针脚号	故障类型	故障码	故障内容
进气管压力传感器	G71	T105a/42	正极断路	P010700	进气管压力/空气压力,信号太小
		T105a/33	接地断路	P011300	进气温度传感器1,过大信号
				P010800	进气管压力/空气压力,过大信号
		T105a/52	信号断路	P010800	进气管压力/空气压力,过大信号
		T105a/52	信号短地	P010700	进气管压力/空气压力,信号太小

6. 节气门驱动装置角度传感器 G187、G188

① 节气门驱动装置角度传感器 G187、G188 电路如图 2-4-33 所示。

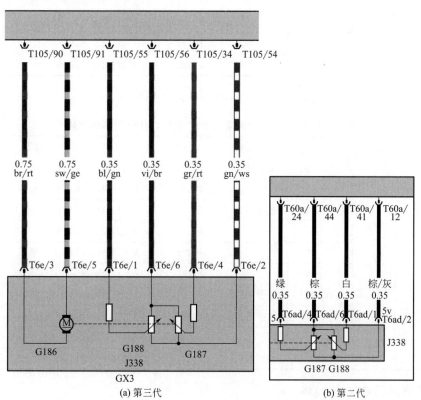

图 2-4-33　节气门驱动装置角度传感器 G187、G188 电路

② 节气门驱动装置角度传感器 G187、G188 标准波形如图 2-4-34 所示。

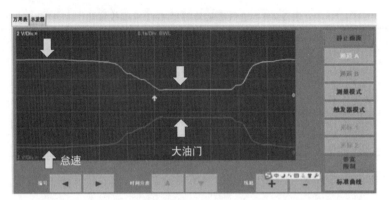

图 2-4-34　节气门驱动装置角度传感器 G187、G188 标准波形

③ 节气门驱动装置角度传感器 1 G187 针脚故障码见表 2-4-8。

表 2-4-8　节气门驱动装置角度传感器 1 G187 针脚故障码

传感器名称	代号	针脚号	故障类型	故障码	故障内容
节气门驱动装置角度传感器 1	G187	T105a/54	正极断路	P012200	节气门电位计,信号太小
				P022200	节气门驱动器的角度传感器 2,信号太小
		T105a/56	接地断路	P012100	节气门电位计,不可信信号
				P154500	节气门控制,功能失效
				P022100	节气门驱动器的角度传感器 2,不可信信号
				P063800	节气门控制单元,不可信信号
		T105a/34	信号断路	P012200	节气门电位计,信号太小
		T105a/34	信号短地	P012200	节气门电位计,信号太小

④ 节气门驱动装置角度传感器 2 G188 针脚故障代码见表 2-4-9。

表 2-4-9　节气门驱动装置角度传感器 2 G188 针脚故障码

传感器名称	代号	针脚号	故障类型	故障码	故障内容
节气门驱动装置角度传感器 2	G188	T105a/54	正极断路	P012200	节气门电位计,信号太小
				P022200	节气门驱动器的角度传感器 2,信号太小
		T105a/56	接地断路	P012100	节气门电位计,不可信信号
				P154500	节气门控制,功能失效
				P022100	节气门驱动器的角度传感器 2,不可信信号
				P063800	节气门控制单元,不可信信号
		T105a/55	信号断路	P022100	节气门驱动器的角度传感器 2,不可信信号
				P012100	节气门电位计,不可信信号
				P022200	节气门驱动器的角度传感器 2,信号太小
		T105a/55	信号短地	P022200	节气门驱动器的角度传感器 2,信号太小

7. 进气管风门电位计 G336

① 进气管风门电位计 G336 电路如图 2-4-35 所示。

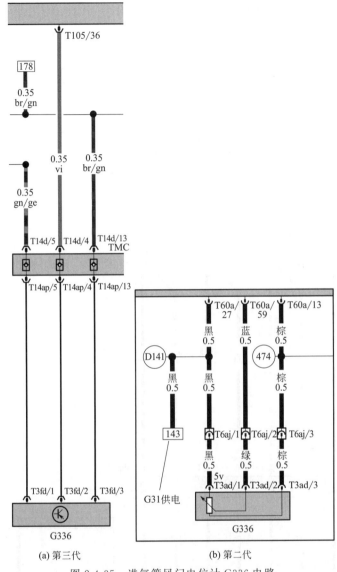

(a) 第三代 (b) 第二代

图 2-4-35 进气管风门电位计 G336 电路

② 进气管风门电位计 G336 标准波形如图 2-4-36 所示。

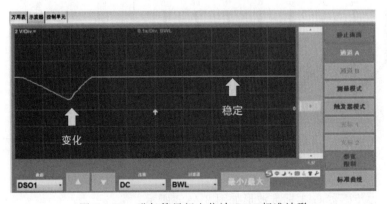

图 2-4-36 进气管风门电位计 G336 标准波形

③ 进气管风门电位计 G336 针脚故障码见表 2-4-10。

表 2-4-10 进气管风门电位计 G336 针脚故障码

传感器名称	代号	针脚号	故障类型	故障码	故障内容
进气管风门电位计	G336	T105a/48	正极断路	P201400	进气管风门位置传感器,电路电气故障
		T105a/27	接地断路	P201700	进气管风门位置/运行控制传感器,对正极短路
		T105a/36	信号断路	P201400	进气管风门位置传感器,电路电气故障
		T105a/36	信号短地	P201400	进气管风门位置传感器,电路电气故障

8. 增压压力传感器 G31

① 增压压力传感器 G31 电路如图 2-4-37 所示。

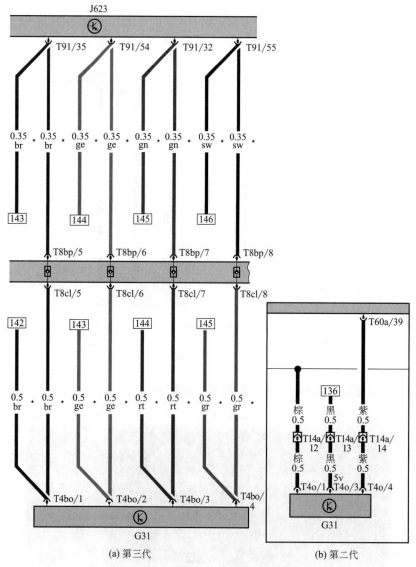

(a) 第三代　　(b) 第二代

图 2-4-37 增压压力传感器 G31 电路

② 增压压力传感器 G31 标准波形如图 2-4-38 所示。

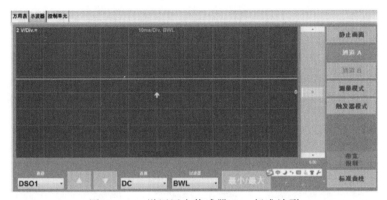

图 2-4-38 增压压力传感器 G31 标准波形

③ 增压压力传感器 G31 针脚故障码见表 2-4-11。

表 2-4-11 增压压力传感器 G31 针脚故障码

传感器名称	代号	针脚号	故障类型	故障码	故障内容
增压压力传感器	G31	T91a/32	正极断路	P023700	增压压力传感器,信号太小
		T91a/35	接地断路	P023800	增压压力传感器,过大信号
		T91a/55	信号断路	P023800	增压压力传感器,过大信号
		T91a/55	信号短地	P023700	增压压力传感器,信号太小

9. 进气温度传感器 2 G229（第三代 EA888 发动机新增）

① 进气温度传感器 2 G229 电路如图 2-4-39 所示。

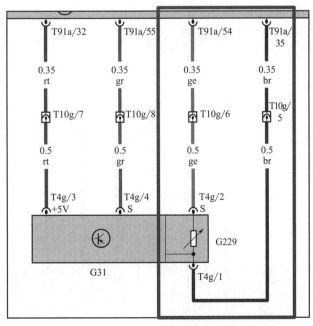

图 2-4-39 进气温度传感器 2 G229 电路

与 G31 共用供电和搭铁。

② 进气温度传感器 G229、G42 标准波形如图 2-4-40 所示。

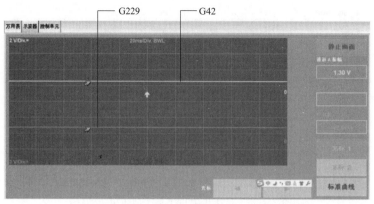

图 2-4-40　进气温度传感器 G299、G42 标准波形

③ 进气温度传感器 2 G229 针脚故障码见表 2-4-12。

表 2-4-12　进气温度传感器 2 G229 针脚故障码

传感器名称	代号	针脚号	故障类型	故障码	故障内容
进气温度传感器 2	G299	T91a/32	正极断路	P023700	增压压力传感器,信号太小
		T91a/35	接地断路	P023800	增压压力传感器,过大信号
		T91a/54	信号断路		
		T91a/54	信号短地		

10. 油门踏板位置传感器 1 和 2（G79 和 G185）

① 油门踏板位置传感器 1 和 2（G79 和 G185）电路如图 2-4-41 所示。

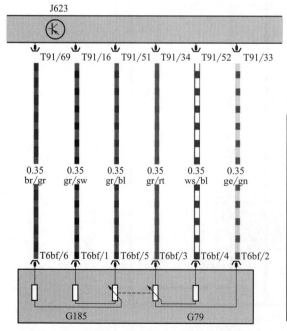

(a) 第三代　　　　　　　　　　　　　　(b) 第二代

图 2-4-41　油门踏板位置传感器 1 和 2（G79 和 G185）电路

② 油门踏板位置传感器 1 和 2（G79 和 G185）标准波形如图 2-4-42 所示。

图 2-4-42　油门踏板位置传感器 1 和 2（G79 和 G185）标准波形

③ 油门踏板位置传感器 1 G79 针脚故障码见表 2-4-13。

表 2-4-13　油门踏板位置传感器 1 G79 针脚故障码

传感器名称	代号	针脚号	故障类型	故障码	故障内容
油门踏板位置传感器 1	G79	T91a/33	正极断路	P212200	油门踏板位置传感器 1，信号太小
		T91a/34	接地断路	P212200	油门踏板位置传感器 1，信号太小
		T91a/52	信号断路	P212200	油门踏板位置传感器 1，信号太小
		T91a/52	信号短地	P212200	油门踏板位置传感器 1，信号太小

④ 油门踏板位置传感器 2 G185 针脚故障码见表 2-4-14。

表 2-4-14　油门踏板位置传感器 2 G185 针脚故障码

传感器名称	代号	针脚号	故障类型	故障码	故障内容
油门踏板位置传感器 2	G185	T91a/16	正极断路	P212700	油门踏板位置传感器 2，信号太小
		T91a/51	接地断路	P212700	油门踏板位置传感器 2，信号太小
		T91a/69	信号断路	P212700	油门踏板位置传感器 2，信号太小
		T91a/69	信号短地	P212700	油门踏板位置传感器 2，信号太小

视频精讲

视频精讲

视频精讲

第三章

底盘故障维修

第一节 前桥和后桥

1. 前桥

在奥迪 A6 上也使用了大家都很熟悉的四连杆式前桥总成（图 3-1-1）。与前代车型相比，几何尺寸和运动特性都有改变，所以除了上控制臂和轮毂外，前桥上所有其他都是重新设计的新件。

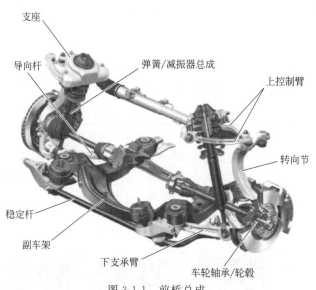

视频精讲　　　　图 3-1-1　前桥总成

除了改进了螺旋弹簧和减振器的配合特性外，弹簧的回弹行程也增大了 30mm，因此车辆的舒适性和驾驶稳定性都得到明显提高。

前桥相对于驾驶室向前移动了 83m，这样可以改善车桥的负荷分配和行驶动力特性。

2. 后桥

奥迪 A6 的后桥是从 A4 车的梯形杆式后桥发展而来的，与前代车型相比，几何尺寸和运动学特性都有改动，且使用了梯形杆式后桥，所以后桥上的所有部件都是新设计的（图 3-1-2）。

奥迪 A6 加长了控制臂，这是为了满足增大轮距的要求。

对于装有 V8 TD 发动机的四轮驱动车来说，后桥上的轮距减小了，以便可以使用宽轮胎,这需要使用另一种不同的轮毂来实现。

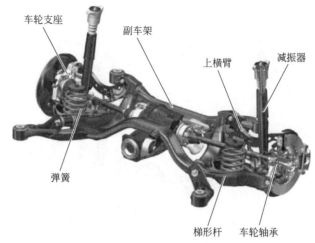

图 3-1-2 后桥总成

3. 可调空气悬架

可调空气悬架如图 3-1-3 所示。

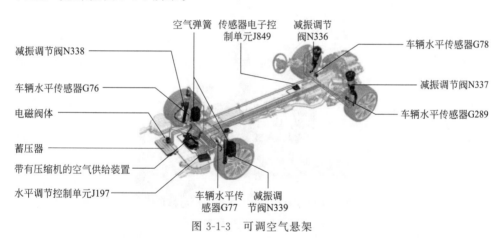

图 3-1-3 可调空气悬架

(1) 送车 用弹簧卡块支起车辆,限制转向运动(方向盘最大转半圈)。

(2) 举升模式 车辆高度升高 20mm,车速超过 100km/h 时自动解除。

(3) 装载模式(比基本高度高 50mm) 车速超过 100km/h 或行驶距离超过 50km 时自动脱离该模式。

(4) 运输模式 控制单元处于休眠状态,发动机启动时自动脱离该模式,装载模式总是先于运输模式激活。

4. 测量与调整

(1) 前桥调整 测量和调整的方法仍然未变(图 3-1-4)。对于四连杆式前桥来说,在弹簧张紧松开(即前束曲线)时,可以调节单个前束值和前束改变形式,方法未变。

前轮外倾角值可在车桥的左、右侧之间得到平衡,为此需向侧面移动副车架和发动机支架。

(2) 后桥调整 后轮外倾角通过横臂与车轮支座之间的偏心连接螺栓来进行调整

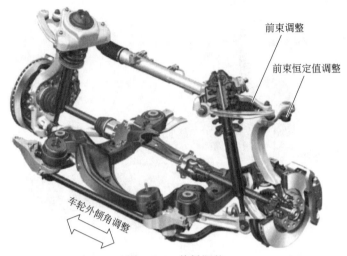

图 3-1-4 前桥调整

(图 3-1-5)。前束通过梯形控制臂与副车架之间的前部连接螺栓来进行调整。

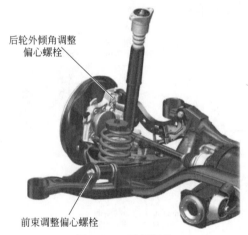

图 3-1-5 后桥调整

第二节 制动系统

1. 制动系统主要部件

(1) 制动总泵　使用的是 8/9in 的串联式制动总泵 (图 3-2-1)。活塞直径增大，该制动总泵的结构形式与 S 和 R56 是一样的。

由于优化了内部的结构形式，所以改善了制动压力的传递特性和将当前压力反馈给司机的能力。

(2) 制动助力器　该制动助力器是采用双级原理来工作的。该制动助力器由进气管提供真空作用。

对于带有自动变速器的 V8 发动机来说，为了改善冷机运行时的真空供给，使用了大家熟悉的电动真空泵 UP-28；对于 V8 发动机和柴油发动机来说，使用的是机械式真空泵。

2. 机电式驻车制动器 EPB（图 3-2-2）

这种电动驻车制动器首次是在奥迪 A8 上使用的，现在也用于奥迪 A6 上，其基本机械结构、增力比和工作原理都未改变。

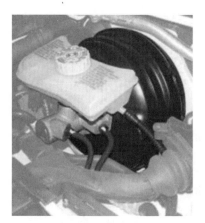

图 3-2-1　制动总泵　　　图 3-2-2　机电式驻车制动器 EPB　　　视频精讲

这种电动驻车制动器由于与奥迪 A6 重新做了匹配，相应也就有如下改动（图 3-2-3）。

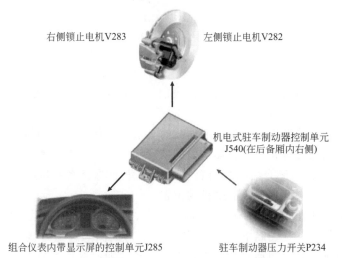

图 3-2-3　控制系统　　　视频精讲

（1）锁止电机（图 3-2-4）V282/V283　发动机和变速器是单独装在两个减振元件上的，因此它们与壳体是分开的。发动机和变速器是通过一个定位板准确定位在减振元件的。

用于驱动变速器的齿形皮带上的齿是斜齿，这样可以在发动机和变速器运转过程中有效降低噪声。

电线连接采用直接插在锁止电机上的方式，这就相应地简化了装配过程。不再记录电机的转速和转子的位置，当制动器关闭时，控制单元主要根据电机所消耗的电流大小来决定电机的断开点。

在电机已启动时，制动衬块和制动盘之间的正确间隙通过估评电流和电压的变化过程来确定。控制单元内存储有用于调节的所有复杂算法。如果长时间没有使用过 EPB，那么由于脚制动器经常工作造成制动衬块磨损，所以间隙变大。车辆每行驶约 1000km EPB 控制单元自动校正一次间隙。自动间隙校正的前提条件是：关闭点火开关、转向锁止、未使用驻车制动器及变速杆在挡（指自动变速器的车）。

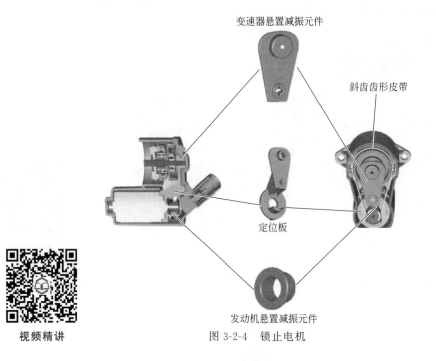

图3-2-4 锁止电机

（2）EPB故障显示屏 EPB故障在仪表板上的显示以及声音信号（锣声）由CAN总线来启动。由于省去了单独的启动，所以组合仪表内带显示屏的控制单元J285的末级前置放大器也就省去不用了。

（3）起步辅助 起步辅助现在在手动变速器的车上也可使用。制动器的开启时刻取决于车辆的倾斜度、油门踏板的位置、离合器踏板的位置和离合器接合的速度。离合器接合的速度由EPB控制单元通过评估离合器踏板位置在时间变化上的变化来判定。为此新开发了一种非接触式的踏板传感器来记录离合器踏板的位置。

EPB控制单元还要考虑停在坡上的车辆起步时是向前动还是向后动。EPB控制单元通过评估一个来自中央舒适系统控制单元J393的信号来判定倒车灯是否接通。当识别出沿坡路的向前或向后运动倾向时，制动器就会松开以便起步（即使发动机的转矩很小）。

一般来说，只有在系上安全带后才能实现上述这些功能。在售后服务过程中，无法关闭起步辅助功能。

第三节 行驶系统

由于电子部件的进一步小型化，液压单元和控制单元的质量降低了16kg，体积也相应减小，同时液压系统的效率也得到明显提高。由于使用了新型的微控制器和高效处理器，因此计算能力得到明显提高，该控制单元是可擦写的（闪存式的）。

ESP压力传感器集成在液压单元中，这种集成结构可以减少电缆的使用并可提高安全性。传感器在液压控制单元输入端的初级电路中测量出制动压力（图3-3-1）。

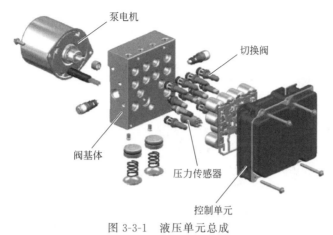

图 3-3-1 液压单元总成　　　　视频精讲

传感器单元 G419 内包含横向加速度传感器 G200 和车身摆动传感器 G202，安装在中央副仪表板的通道内，该传感器单元通过一根专门的 CAN 总线与控制单元（图 3-3-2）进行通信。

这根 CAN 总线是高速 CAN 总线（CAN-H），它具有实时功能。虽然这根专用的 CAN 总线在名义上与 CAN 驱动总线的数据传输速率是相同的，但前者的传输速率接近恒定的值，因此可保证传感器单元与 ESP 控制单元之间的数据传输得更快。

在雨天或雪天行车时，前轮制动器的制动衬块会定期（每隔 185s）以最低压力（0.5～1.5bar）进行短时（约 25s）制动，这是为了清洁制动衬块和制动盘，以改善制动响应特性。这个功能起作用的前提条件是：接通前风挡刮水器且车速 >70km/h 时。ESP 换向阀的孔口截面可以通过改变相应的控制信号来改变，这样就可以更精细地调节制动压力，同时噪声减小且制动踏板上的波动也明显降低。

装备有 Multitronic 变速器的车上使用了"坡路驻车防滑机构"（Hill Holder）。当车辆停在坡路上时，如果司机将脚从制动踏板上移开，那么 ABS 出液阀就会关闭，于是就可保持住当时的制动压力。如果在不到 1s 内司机将脚又放回到制动踏板上，那么若此时发动机的可用转矩增大到足以制止车轮滚

图 3-3-2　控制单元

动，那么制动器就会松开。如果在松开制动踏板后没有马上踏动油门踏板，那么 1s 后制动器会再次松开。该功能用来帮助司机在车辆短时停在坡路上后再次启车。

与"传统的"自动变速器不同，Multitronic 变速器在车辆静止和挂入挡位时无"爬行"功能。

第四节　转向系统

使用的是传统的液压式齿条齿轮助力转向系统。但对前代转向系统进行了改进，这使得运动转向精度达到了非常好的状态。随速助力转向系统成为标准装备（图 3-4-1）。

车上使用的是第二代随速助力转向系统，在基本型上使用的是机械可调式转向柱，电动可调式转向柱是选装的。

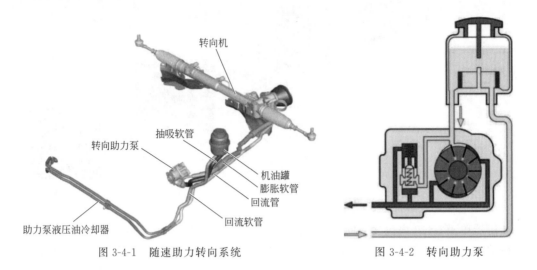

图 3-4-1 随速助力转向系统　　　　　图 3-4-2 转向助力泵

一、转向系统部件

1. 转向助力泵（图 3-4-2）

使用的是叶片泵 FP4 和 FP6。

2. 转向机（图 3-4-3）

转向机分为四种型号，左置方向盘车和右置方向盘车所用转向机的几何尺寸是不一样的。另外对于大功率的八缸发动机来说，其转向机采用了更直接的传动比，且其转向横拉杆球头的尺寸也增大。基本可以实现方向盘转动与齿条的往复直线运动之间的恒定比转换。转向机上活塞直径为 44mm。转动滑阀是单独一个件，它是通过螺栓安装在铝制转向机壳体上的。转向机通过三个螺栓固定在散热器水箱的底板上。

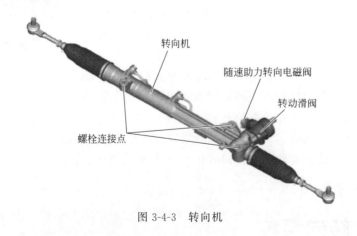

图 3-4-3 转向机

3. Servotronic（随速助力转向装置，如图 3-4-4 所示）

随速助力转向电磁阀是由供电控制单元 J520 来控制的，该控制单元的输入信号是来自 ESP 控制单元 J104 的速度信号。

A6 车上使用的随速助力转向电磁阀还可以降低助力泵的热负荷。助力泵最大热负荷出现在方向盘保持止点位置时，这时转向机的活塞已经达到终点位置，但是助力泵还在供油。于是油压就会升高，直至泵内的压力限制阀打开。这时泵就通过一个短路径来供油，也就是说，所供的机油经过压力限制阀到达泵的吸油一侧，因而机油温度短时间内明显升高（图3-4-5）。

在这种情况下，控制单元增大了供给电磁阀的电流，于是该阀的孔口截面就增大了，比实际车速所要求的还大，通过打开的电磁阀就会多流出一些机油（流入机油罐），机油在流动过程中可将热量释放到环境中，这样就可以降低机油的温度。

根据转向角传感器G85通过CAN总线传来的信息，控制单元决定电磁阀的控制时间长短和控制电流的大小，这个调节过程只有在车速不超过10km/h时才能工作（图3-4-6）。

图3-4-4　随速助力转向装置

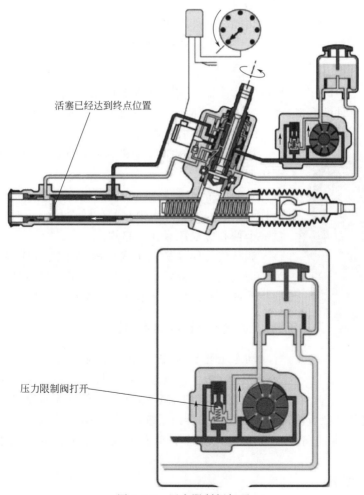

图3-4-5　压力限制阀打开

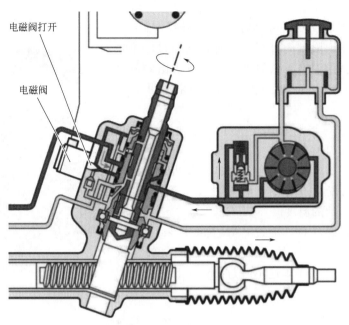

← 随速助力转向电磁阀打开时多流出的机油

图 3-4-6 电磁阀打开

4. 机油罐

机油罐（图 3-4-7）内装有精细滤清器，它可以有效地滤掉液压系统内的污物和磨屑，因此可大大减轻部件的磨损，尤其是泵、转向阀和活塞油封的磨损。

5. 机械可调式转向柱

机械可调式转向柱（图 3-4-8）在轴向和高度方向上可进行无级调节。

轴向调节范围为 50mm，高度方向调节范围为 40mm。转向柱是通过一组盘片来锁止的，转向柱锁止时，这些盘片是通过一个偏心螺栓压靠在一起的。

调整用的操纵杆位于发生前部碰撞时膝部冲击区域之外，为了满足这个位置要求，重新匹配了开启特性。只有向司机方向拉动这个操纵杆，才能开启这个锁止机构。

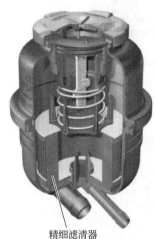

图 3-4-7 机油罐

二、动态全轮转向系统

动态全轮转向是一个新系统，它首次是用在了奥迪 A8（车型 4N）上，是选装系统（图 3-4-9）。该系统是在首次应用于奥迪 Q7（车型 4M）上的全轮转向系统基础上进一步开发而来的。其新颖之处是把后轮转向系统与动态转向系统结合在一起，这样的话，司机可独立将后轮和前轮转向一定的角度，这就大大改善了车辆主观和客观方面的行驶动力学性能，比如：

① 转弯半径更小；

② 转向更省力；

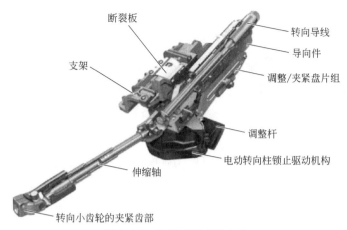

图 3-4-8　机械可调式转向柱

③ 明显改善了灵活性（尤其在低车速和中等车速时）；
④ 改善了行驶稳定性（尤其在变换车道和规避时）；
⑤ 改善了响应特性，车辆反应时间降低。

这个动态转向系统的硬件和结构，与奥迪 A4（车型 8W）上使用的第 2 代动态转向系统是相同的。主动转向控制单元 J792 通过 FlexRay 总线的通道 A 来进行通信。

后轮转向系统的硬件和结构与奥迪 Q7（车型 4M）上的后轮转向系统基本相同。与奥迪 Q7（车型 4M）上的后轮转向系统相比，执行装置的安装位置扭转了，尺寸也小了一些（图 3-4-10）。后轮转向控制单元 J1019 也是通过 FlexRay 总线的通道 A 来进行通信。

图 3-4-9　动态全轮转向系统

图 3-4-10　动态转向的执行装置

在装备有普通转向系统的车上，后桥转向单元如图 3-4-11 所示。一般而言，较小的转向传动比再加上较小的司机施加的转向力，可以让司机获得一个非常直接的"转向感"。司机在改变行驶方向时能明显清楚地感觉到转向运动，车辆表现为具有运动性和灵活性。

就行驶稳定性方面来讲，无动态全轮转向系统的车辆反应非常直接，在某些行驶情形时表现得"很灵敏"。比如：在车辆高速直行时，方向盘上的很小转动，就可能引起车辆明显失稳。

轴距对行驶稳定性的影响也非常大。轴距较大的车辆，行驶稳定性更好；轴距较小的车辆，则反应灵敏甚至不稳定。

转向传动比/直接性和轴距是转向系统设计中要考虑的两个标准，它们是相互作用的

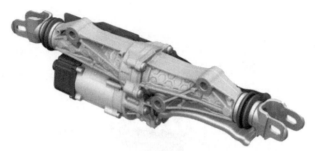

图 3-4-11 后桥转向单元

(图 3-4-12)。如果把直接转向传动比与短轴距结合在一起，那么车辆将会是转向非常灵敏乃至不稳的。在驶入和驶出停车位时以及以低速行驶在多弯道的路段时，车辆灵活是个优点；但在车辆高速行驶时，车辆会马上变得不稳定了，一般的司机会很难或者根本无法控制车辆。

在需要时通过动态全轮转向系统可以平衡直接转向传动比与行驶稳定性之间的冲突了。

在图 3-4-12 中，转弯半径保持不变，就是说车辆的直接性保持不变。通过虚拟增大轴距，明显提高了行驶稳定性。

图 3-4-13 展示的就是这种关系的示例。车轮轮廓是传统转向过程的，通过动态转向在前轮上实现了一个更大的转向角（比司机输入的要大），与此同时，后轮也朝同一方向转动。

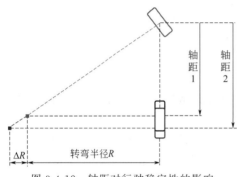

图 3-4-12 轴距对行驶稳定性的影响

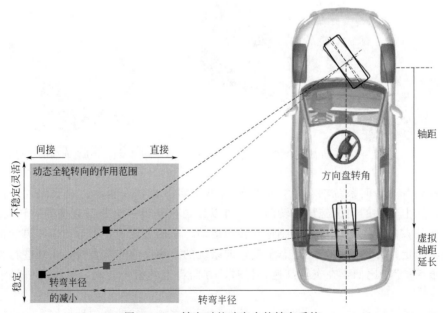

图 3-4-13 转向时的动态全轮转向系统

所谓动态全轮转向系统，就是在基本转向系统（电动机械式转向系统 EPS）中增加了动态转向系统和后轮转向系统（图 3-4-14）。前轮和后轮所需要的转向角都由底盘控制单元

J775（图 3-4-15）进行中央控制。

图 3-4-14　动态全轮转向系统的组成

把规定转向角转换成前轮和后轮执行装置所要求的电流值，这个工作是由转向助力控制单元 J500、后轮转向控制单元 J1019 以及动态转向（主动转向）控制单元 J792 分别完成的。

这些控制单元都是通过 FlexRay 通道 A 来传递数据的。在奥迪 A8（车型 4N）上，动态转向系统和后轮转向系统不是单独提供的，只能作为动态全轮转向包的一部分来提供。

图 3-4-15　底盘控制单元 J775

底盘控制单元内包含有调节软件。规定转向角值的确定，主要是基于下面这些内容：相应的行驶状态（车辆动力学状况）、司机的操作以及"Audi Drive Select"中所选的驾驶程序。另外，还会考虑到相应的驾驶员辅助系统是否正在工作中（图 3-4-15）。

通过分析下面这些重要参数来获知车辆动力学状况。

① 车速。底盘控制单元根据车轮转速来计算出当前车速。

② 方向盘转角/计算出的转向角。通过分析转向角传感器 G85 的测量数据或者通过电动机械式转向机构的计算而得出。

③ 横向加速度和横摆率。由安全气囊控制单元内的传感器测得并经 FlexRay 总线传给底盘控制单元。

④ 发动机扭矩。内燃机实时转矩由发动机控制单元通过 FlexRay 总线来传送。司机所施加的转向运动和司机对油门踏板的操纵也是调节的重要输入量。通过选择行驶程序（运动、均衡、舒适），可以改变动态全轮转向的调节特性。在带挂车运行时（由挂车识别控制单元 J345 来识别），不允许使用动态模式。

在调节开始时，底盘控制单元 J775 先判断方向盘是否处在倾斜状态，也就是在车辆直行时，转向角传感器的偏离量有多大。这个偏离量会在随后的所有转向角测量值中予以考虑，但并不用于校正方向盘位置。调节的一个主要任务，就是在前轮和后轮上同步转向角，这就保证了前轮和后轮对转向做出同步响应。后轮最大转向角可达 5°。

图 3-4-16 列出了重要的输入和输出信息以及底盘控制单元实施调节时所涉及的控制单元。底盘控制单元内包含有各系统的调节软件，这些系统之间内部也相互交换信息。因此，

动态全轮转向的调节软件也接收来自自适应空气悬架的车辆高度信息。

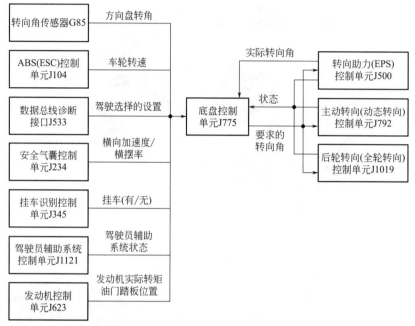

图 3-4-16　工作时参与工作的控制单元

接通点火开关（端子 15 接通）时，就会进行例行的可靠性检测。

在发动机启动后且车处于静止状态时，如果司机转动方向盘，那么后轮会反向转动，最大可达 0.5°。如果车辆开始行进，那么就会计算后轮转向角（会考虑到虚拟路缘）。后轮的转角只能转到不撞击到路缘的程度。

在车辆行驶过程中，计算后轮转角以及设置前轮转向传动比还要考虑到车速。具体计算由底盘控制单元基于一个复杂的计算模型来完成，要考虑到路面摩擦系数、轮胎特性和动态转向以及后轮转向的调节能力。

比如：若需要的话，后轮的转向角会减小，以避免后轮转向造成的超过后轮的最大摩擦系数的情况发生。动态转向系统和后轮转向系统持续不断地将其负荷信息传给底盘控制单元，因此调节软件就能够只将能执行的转向角调节要求发送给前轮和后轮。规定的转向角既可由底盘控制单元来监控，也可由动态转向和后轮转向控制单元来监控。在车辆静止且点火开关关闭（端子 15 关闭）时，后轮会转至中间位置且保持在这个位置上（图 3-4-17）。

1. 特殊行驶状态时的功能

在特殊行驶状态时，还会激活专为此而开发的功能，比如在转向不足和过度转向的情况就是这样的。如果司机在过度转向时实施反向转向动作，那么根据车速范围会把后轮转至中间位置并保持在这个位置上，直至过度转向结束。同样，在转向不足时，后轮转向角也会发生相应变化，以便将车辆保持在车道上。

在到达行驶动力学极限范围时，后轮转向角就受限了。在左、右车轮处于摩擦系数不同的路面时（比如右侧车轮在干路面上，左侧车轮在湿路面上），若实施制动，那么就会有稳定的转向介入，这会明显降低车辆误转向或者偏向一边。

前轮和后轮上确定下来的转向角由动态转向和后轮转向经 FlexRay 数据总线传给 ESC。ESC 在随后的调节中会考虑到这些信息。

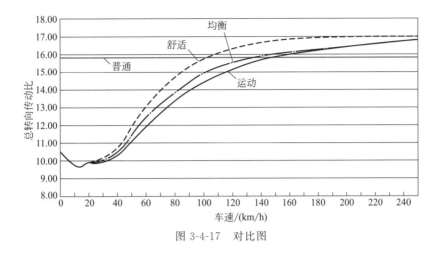

图 3-4-17 对比图

2. 操纵和显示（图 3-4-18）

驾驶员可以使用"Audi drive select"来调节转向系统的特性。具体来说，有三种不同的转向特性曲线可供使用（舒适、均衡、运动）。如果激活了 efficiency（高效）模式，激活的就是"舒适"这个转向特性曲线。如果选择了 individual（个性化）这个模式，那么可按需要来选择这三种特性曲线的任一种。与转向系统相关的显示，只有在有故障时才会出现。

图 3-4-18 转向系统相关的显示

3. 故障时的系统特性

参与动态全轮转向的系统和部件都有自诊断功能。底盘控制单元总在不断地接收到有关 EPS、动态转向和后轮转向可用性或者状态信息。

根据当前出现的故障的严重程度，会激活相应的应急程序，系统的全部功能也会尽可能长时间地保持正常工作状态。表 3-4-1 列出了重要的故障情形以及司机能看到的显示或者文字提示。

表 3-4-1 重要的故障情形以及司机能看到的显示或者文字提示

系统： 功能失常/故障		系统反应	激活警报灯	中间显示屏的文字提示
EPS	未适配转向止点位置或者某些输入信号不可靠	转向助力≤61%，直至排除故障源	黄色	—

续表

系统： 功能失常/故障		系统反应	激活警报灯	中间显示屏的文字提示
EPS	在一个端子15循环中出现某些故障	转向助力≤61%，直至关闭端子15	黄色	转向系统：故障！可以继续行驶
	可能导致危险情形的故障	转向助力＝20%还能保持约1min，以便让司机有机会将车辆停住，后轮转向系统摆至中间位置并关闭	红色	转向系统：故障！请停住车辆
动态转向：全部		不再有可变转动比（应急运行：固定传动比），后轮摆至中间位置且后轮转向关闭	黄色	转向系统：故障！改变驾驶方式，转弯半径增大
后轮转向	非全部损坏，车轮仍能调节	后轮摆至中间位置且后轮转向关闭	黄色	转向系统：故障！改变驾驶方式，转弯半径增大
	全部损坏，车轮无法调节	后轮保持在相应位置处；如果车轮并不在直行位置，那么车辆就会向一侧"斜行"，另一侧转弯半径减小	Rot	转向系统：故障！请停住车辆，注意侧面车距

第五节　常见故障诊断与排除

1. 转向柱下部异响

（1）车型　进口A4/A5/A6/A7/Q5。

（2）年型　2010～2015年。

（3）故障现象　在转弯或慢速转弯时，用户能听见转向柱传来嘎嘎/咯吱声。有时随着温度升高和/或行驶时间延长，噪声加剧。噪声源在前围板上的密封圈/转向柱套管区域内。当缓慢回转动方向盘时，可以听到嘎嘎/咯吱声。

（4）技术背景　密封圈区域内的转向中间轴润滑不足。

（5）售后方案　首先检查前围板上的密封圈是否安装正确，接着检查密封防尘套内白色或蓝色泡沫环的位置。

为了消除嘎嘎/咯吱音，应首先脱开连接至转向柱的上部螺栓连接。接着拉出转向中间轴（LZW）约10cm，然后给轴承环以及黑色塑料套区域内的转向中间轴喷涂专用润滑喷剂。

反复推入和拉出，接着专用润滑喷剂分配到转向中间轴上。然后用一个新螺栓将转向中间轴与转向柱拧到一起。

接着进行试车，如果噪声故障仍然出现，则更换转向中间轴。

2. 转向时前桥减振器盖罩发出咔擦声、弹簧跳动

（1）车型　A3/S3/RS3。

（2）年型　2013～2017年。

（3）故障现象　转向或调头时发出咔擦声/弹簧跳动。一旦车上乘坐2人以上且方向盘正向右/向左转到底之前，就可以再现这些噪声。

（4）技术背景　减振器的缓冲块在碰到前桥减振器的盖罩时，就会发出噪声。

（5）售后方案　如图3-5-1所示，用硅酮（聚硅氧烷）油脂G 000 405 A2润滑减振器的缓冲块 1 和前桥 2 减振器盖罩之间的接触面（虚线）。

注：检查前桥减振器的保护套是否在正确位置上，此时应可以轻松转动推力球轴承/滑动轴承内的保护套。

3. C7/B8/Q5 稳定杆连接杆异响

（1）故障现象　转弯或行驶在不平路面时车辆前部有异响，经检查发现异响由稳定杆连接杆处发出。

（2）更改　采用新的装配液，提高内衬压出力。

（3）售后方案　更换连接杆（图 3-5-2）。

图 3-5-1　减振器

图 3-5-2　连接杆

（4）首车底盘号　C7：H3092154（2017 年 9 月 14 日）。Q5：H3091924（2017 年 9 月 10 日）。

4. A6/A7/A8/Q7 行驶期间车辆前部发出隆隆声或咯吱声

（1）故障现象　在不平路面上行驶时，车辆前部发出隆隆声、尖锐的噪声、嘎嘎声或类似的噪声。同时可能在脚部空间或仪表板后方也感觉和听到这些噪声。

（2）技术背景　在下部导向臂液压轴承区域可能发出噪声。维修人员有时会换错连接杆（4M0 411 317）、车桥部件和减振器/空气弹簧减振支柱这些部件。

（3）生产线措施　在导向臂中使用改良款液压轴承。

A6/A7：4G4HN011283，2016 年 6 月 21 日，零件号 4G0407183B（适用国产 C7）。

A8：4H7HN000731，2016 年 6 月 1 日，零件号 4H0407183C。

Q7：4M2GD063812，2016 年 4 月 29 日，零件号 4M0407183B。

（4）售后措施　确定噪声源，只能更换液压支座。

5. 组合仪表上显示"TPMS 轮胎压力：系统故障！"

（1）车型　A1/A3/Q3。

（2）年型　2013～2018 年。

（3）故障现象　"TPMS 轮胎压力：系统故障！"持续显示。在制动器控制单元的故障存储器中存有以下记录："C1146F0 间接式胎压监测不可用"。

（4）技术背景

① 当本车在非常不平整的道路上行驶时，ABS 转速传感器的信号会因为车轮不断松弛又压紧而稍稍失真，导致间接式胎压监测暂时不工作，并随后在组合仪表上显示"TPMS 轮胎压力：系统故障！"。

② 当某个 ABS 转速传感器区域或是车轮轴承的感应齿圈上堆积了污物、异物或油脂时，就会导致 ABS 转速传感器的信号失真，间接式胎压监测可能因此不工作。

（5）售后方案

① 对于（4）中第①点：如果是因为行驶在非常不平整的路面上而临时显示"TPMS 轮

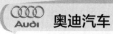

胎压力：系统故障！"则不存在系统故障。制动器控制单元中的故障记录"C1146F0 间接式胎压监测不可用"在点火开关关闭且重新启动后变成偶发，并随后可以删除。在这种情况下尝试维修并不能排除故障。

② 对于（4）中第②点：如果即使在状况良好的路面上行驶时也显示"TPMS 轮胎压力：系统故障！"，并在制动器控制单元中存有故障记录"C1146F0 间接式胎压监测不可用"，且反复出现，应检查 ABS 转速传感器和车轮轴承上的感应齿圈是否完全没有异物、油脂或污物，并清洁所有脏污的部件，随后清除故障存储器中存储的故障信息。

6. 防抱死系统（ABS）指示灯亮起（转速传感器信号不可信）

(1) 车型　A1/A3/Q3。

(2) 年型　2013～2018 年。

(3) 故障现象　防抱死系统（ABS）指示灯亮起。防抱死系统（ABS）控制单元的故障存储器中存有下列其中一条记录：

① 00283 左前转速传感器-G 47 信号不可信；

② 00285 右前转速传感器-G 48 信号不可信；

③ 00287 右后转速传感器-G 44 信号不可信；

④ 00290 左后转速传感器-G 45 信号不可信。

(4) 技术背景　当出现"信号不可信"的故障存储器记录时，最常见原因是被污物弄脏或转速传感器以及车轮轴承传感器环上有异物，由此导致转速信号受到干扰。

(5) 售后方案　请检查转速传感器以及车轮轴承传感器环周边区域是否有污物或异物，必要时清洁相应的部件。此时，不得使用磁力工具，否则会损坏传感器环。

7. 制动时后部制动装置发出哞哞声

(1) 车型　S3。

(2) 年型　2013～2017 年。

(3) 故障现象　制动时，车辆后部区域发出哞哞声。

(4) 技术背景　后部制动装置的制动摩擦片存在部件偏差。

(5) 售后方案　更换后部制动摩擦片。

这里涉及的是一个噪声故障，不影响制动装置的功能。

8. 制动助力器，松开制动踏板后，脚部空间发出砰砰声

(1) 车型　Q2/A3/S3/RS3。

(2) 年型　2013～2017 年。

(3) 故障现象　松开制动踏板后，可以听到脚部空间发出噪声，并且可以归为制动助力器。除了松开制动踏板时的噪声故障，制动系统无其他异常。

(4) 技术背景　这里涉及的是松开制动踏板时制动助力器发出的工作噪声。

(5) 售后方案　更换零件不会有任何改善，因此不允许更换制动助力器，这种工作噪声符合最新技术水平。

9. 主动式转向系控制单元无基本设置

(1) 车型　A4/A5（进口）。

(2) 年型　2016～2017 年。

(3) 故障现象　驾驶员辅助系统（FIS）上亮起黄色转向指示灯，且在主动式转向系控制单元（J792）内的地址码 001B-主动式转向系中存有以下故障存储器记录。

编号：C115C54，主动式转向系控制单元无基本设置。

故障类别 2：被动/偶发。

症状：18432。

状态：00001001。

和/或编号：C110EF0，转向电机中的初始化传感器偏差过大。

故障类别 2：被动/偶发。

症状：28416。

状态：00001000。

（4）技术背景　软件功能故障。

（5）生产线措施　自 2017 年 2 月 13 日起，使用经过调整的软件，起始车辆识别号：A4 为 WAUZZZF44HA124335，A5 为 WAUZZZF5XHA018514。

（6）售后方案　用软件版本管理代码 1BA007 升级至软件版本 0706。

10. 转向中间轴的密封防尘套发出尖锐的噪声

（1）车型　A4/A5。

（2）年型　2016～2017 年。

（3）故障现象　用户陈述：

① 在转弯或慢速转弯时，用户听见转向柱传来嘎嘎/咯吱声。

② 有时随着温度升高和/或行驶时间延长，噪声加剧。

特约维修站诊断结论：

① 噪声源在前围板上的密封圈/转向柱套管区域内；

② 方向盘/转向柱调节装置调至"下部"区域；

③ 转向轴碰到密封套锥面（图 3-5-3）。

（4）技术背景　密封套在前围板内的位置错误，且部件公差不合理。

（5）售后方案

① 松开转向轴与转向柱的连接/螺栓连接。

② 松开螺栓连接上的密封套，接着最大限度地（向上）推向 Z 轴，然后重新用螺栓拧上。

③ 最大限度地插上转向轴与转向柱的连接（保持连接状态），随后用螺栓拧上。

11. 与转向系控制单元 J500 无通信

（1）车型　B8/C7/D4/Q5/Q7（进口）。

（2）年型　2015～2017 年。

（3）故障现象

① 助力转向系统转动困难或失灵，组合仪表上亮起助力转向符号。

② 在启动发动机后，组合仪表上亮起各种监控/提示/警告/故障显示，例如：轮胎压力监控显示、电子稳定程序（ESP）、ADR/ACC、防抱死制动系统（ABS）、助力转向器、启动/停止系统等。

特约维修站诊断结论：可以再现用户陈述的内容，且无法通过测试仪访问电控机械式转向系控制单元（J500），或是故障存储器中不显示地址码 0044。

此外，在地址码 0009 中可能一同存储了以下故障存储器记录。

地址码：09-车载电网及大灯照明距离调节系统和驻车辅助系统。

图 3-5-3　转向轴碰到密封套锥面

故障维修要点难点解析

故障存储器记录如下。

代码：VAG01309，驻车辅助系统控制单元。

故障类型1：无信号/通信。

（4）技术背景　转向系统和车上各种不同的故障记录/维修/操作都可能导致转向系统失去通信。例如：因为取下了转向系统插头，或是因为电气连接（正极线和接地线）损坏，可能导致转向系统与总线系统失去通信且无法自行重新建立通信。

（5）售后方案　请检查转向系统的所有电气连接是否损坏以及功能是否正常。

① 转向器（控制单元和防尘罩的外部损坏）。

② 接线端15断开时的插头连接（是否正确卡止、触点是否有水迹或腐蚀痕迹）。

③ 电气连接（是否被小动物咬坏、接地点是否牢固、功能是否正常以及是否通电）。

如果上述所有检测工作均未发现异常且无法借助测试仪访问控制单元J500，则随后应执行下列工作。

① 请执行一次接线端30复位并让转向系统至少断电30min。

② 在此期间重新启动所使用的测试仪（必要时使用另外一个测试仪）。

③ 取消复位蓄电池，接着重新连接测试仪和车辆。

④ 重新读取故障存储器并清除故障存储器中的信息。若完成所有工作后仍不能访问转向系统，则随后按照电子备件目录更换转向器。

视频精讲

第四章

自动变速器故障维修

第一节 CVT 变速箱概述

Multitronic 代表奥迪公司推出的自动变速箱,通常称其为 CVT 变速箱。变速箱用于匹配汽车与内燃机的转矩特性。一般来说,多挡变速器结构用于手动变速箱、自动手动一体式变速箱和多挡自动变速箱变速机构。

多挡变速机构通常兼顾动力性、燃油经济性和驾驶舒适性。内燃机的转矩传递不是间歇的,而是连续的,因此,变化的变速比总是理想的发动机功率利用方式。目前市场上的 CVT 理论都是在"链式传动理论"基础上发展起来的,但因其动力能力传递有限,只适用于超小型汽车和小功率发动机的中低档汽车。测试结果表明,这些 CVT 理论仍以行驶性能为主。

奥迪公司之所以在其 CVT 自动变速箱上仍采用带/链传动理论,是因为到目前为止,它是最先进的传动模式。奥迪公司的目标是生产一种适合于高档汽车的高效率 CVT 自动变速箱,并且制定一个在行驶性能和动力性及舒适性方面的新标准(图 4-1-1)。

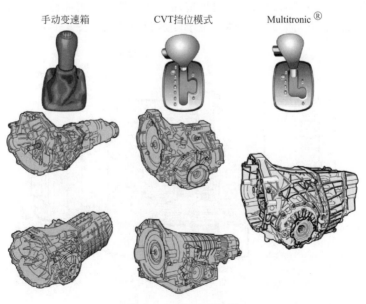

图 4-1-1 自动变速箱

Multitronic的关键部件是变速器,可允许变速比在最小变速比和最大变速比之间无级调节。于是,Multitronic始终可提供一个合适的变速比。发动机总是工作在最佳转速范围内,而不必考虑如何使动力性或燃油经济性最优化。

变速器由两个带锥面的盘组[主链轮装置(链轮装置1)和副链轮装置(链轮装置2)]以及工作于两个锥形链轮组之间V形槽内的专用传动链组成。传动链式动力传递装置如图4-1-2所示。

链轮装置1由发动机通过辅助减速挡齿轮驱动,发动机转矩通过传动链传递到链轮装置2并由此传给主减速器。每组链轮装置中的一个链轮可延轴向移动,调整传动链的跨度尺寸和改变传动比。每组链轮装置必须同时进行调整,保证传动链始终处于张紧状态和有足够的盘接触传动压力(图4-1-3)。

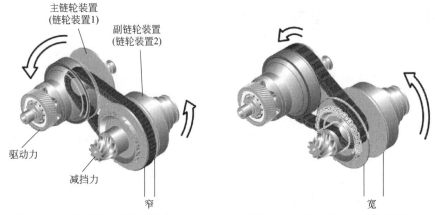

图4-1-2 传动链式动力传递装置　　图4-1-3 传动链式动力传递装置

根据发动机输出功率,发动机转矩通过飞轮减振装置或双质量飞轮传递给变速箱。前进挡和倒挡各有一个"湿式"刚片离合器。两者均为起动离合器。倒挡旋转方向通过行星齿轮系统改变。发动机转矩通过辅助减速齿轮挡传递到变速器,并由此传到主减速器。电子液压控制单元和变速箱控制单元集成为一体,位于变速箱壳体内(图4-1-4)。

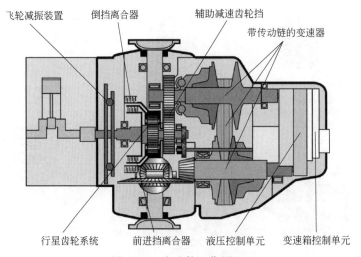

图4-1-4 变速箱工作原理

第二节　变速箱组件

一、飞轮减振装置

往复式内燃机中,不均匀的燃烧会引起曲轴扭振。扭振被传递到变速箱,引起共振、产生噪声,变速飞轮减振装置(图 4-2-1)和双质量飞轮可减缓扭振并保证变速箱无噪声运转。

发动机转矩通过飞轮减振装置传递到变速箱。4 缸发动机运转不及 6 缸发动机平稳,因此 4 缸发动机使用双质量飞轮。

变速箱剖视图如图 4-2-2 所示。

图 4-2-1　飞轮减振装置

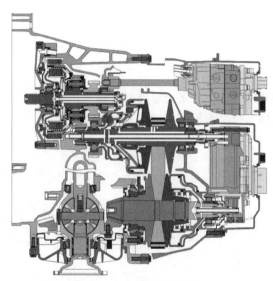

图 4-2-2　变速箱剖视图

二、前进挡离合器/倒挡离合器及行星齿轮装置

与多级自动变速箱使用变矩器传递转矩不同,奥迪 CVT 设计原理中,前进挡和倒挡采用不同的离合器(图 4-2-3)。这些离合器称为"湿式钢片离合器",在多挡自动变速箱中用来实现换挡功能。在 Moltitronic 变速箱中,"湿式钢片离合器"用于起步和将转矩传递给辅助减速齿轮挡。起步和转矩传递过程中由电子-液压单元监控和调整。电子-液压单元控制钢片离合器与变矩器相比有如下优点:

① 重量轻;
② 安装空间小;
③ 使启动特性适应驾驶状态;
④ 使爬坡转矩适应驾驶状态;
⑤ 在过载或非正常使用的情况下具有保护功能。

1. 行星齿轮系统（图 4-2-4）

行星齿轮架被制造成行星反向齿轮装置,唯一的功能是倒挡时改变变速箱输出轴旋转方向。倒挡时,行星齿轮系统的变速比为 1∶1。太阳轮(输入)与变速箱输入轴和前进挡离

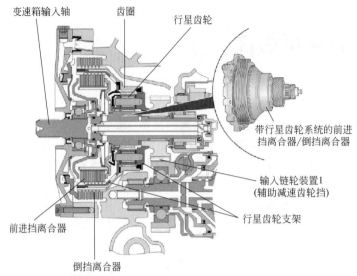

图 4-2-3 前进挡离合器/倒挡离合器及行星齿轮装置

合器钢片相连接。行星齿轮支架（输出）与辅助变速齿轮挡主动齿轮和倒挡离合器钢片相连接。齿圈与行星齿轮和倒挡离合器钢片相连接。

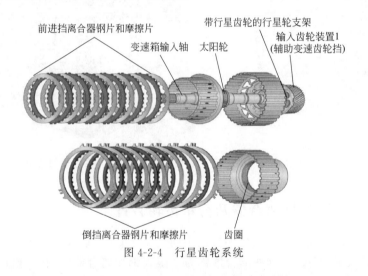

图 4-2-4 行星齿轮系统

2. 行星齿轮系统传动路径（图 4-2-5）

转矩通过与输入轴相连接的太阳轮传递到行星齿轮架并且驱动行星齿轮1。行星齿轮1驱动行星齿轮2，行星齿轮2与齿圈啮合。车辆尚未行驶时，作为辅助减速挡输入部分的行星齿轮架（行星齿轮系数出部分）是静止的。齿圈以发动机转速一半的速率怠速运转，旋转方向与发动机相同。

3. 车辆前进时的传动路径（图 4-2-6）

前进挡离合器钢片与太阳轮连接，摩擦片与行星齿轮架相连接。当前进挡离合器动作（啮合）时，变速箱输入轴与行星齿轮架（输出）连接，行星齿

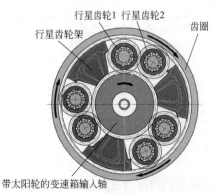

图 4-2-5 行星齿轮系统传动路径

轮系统被锁死,并与发动机转向相同,转矩传动率为1∶1。

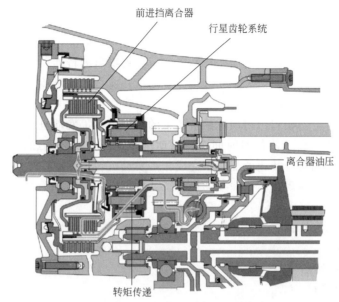

图 4-2-6 车辆前进时的传动路径

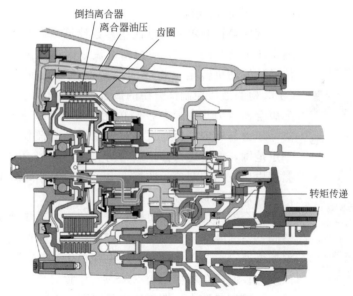

图 4-2-7 倒挡时传动路径

4. 倒挡时传动路径（图 4-2-7）

倒挡离合器摩擦片与齿圈相连接,钢片与变速箱壳体相连接。

当倒挡离合器动作（啮合）时,齿圈被固定。启动时,齿圈与壳体固定在一起不能转动。

转矩被传递到行星齿轮架,行星齿轮架开始以与发动机相反的方向运转,车辆向后行驶。

注意：

① 倒车时,车速由电子装置限制；

② 变速器保持启动时的变速比。

三、离合器控制

1. 启动过程

启动过程中，发动机转速主要用于控制离合器。根据启动特性，变速箱控制单元识别出发动机标定转速，并通过离合器转矩功能调整发动机转速。驾驶员输入信号和变速箱控制单元内部要求是决定启动特性的参数。

经济驾驶模式下，例如起步时加速踏板踏下的角度很小，发动机怠速运转到起步转速的变化在低转速下完成；离合器打滑时间短，发动机转速低，使燃油经济性很高。运动模式下，发动机怠速转速到起步转速的变化下完成，高发动机转矩相应产生高汽车加速性。发动机不同（汽油/柴油），转矩和转矩曲线的起步特性也不同。

2. 电子控制部分

下列参数用于离合器控制：

① 发动机转速；

② 变速箱输入转速；

③ 加速踏板位置；

④ 发动机转矩；

⑤ 制动力；

⑥ 变速箱油温。

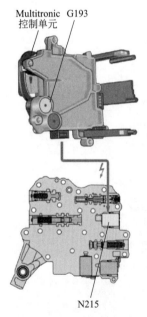

图 4-2-8 电子控制部分

变速箱控制单元通过这些参数计算出离合器额定压力，并且确定压力调节阀 N215 的控制电流，因此，离合器压力和离合器传递的发动机转矩也相应随控制电流变化而变化。液压传感器 G193 检测液压控制部分中的离合器压力（实际离合器压力），实际离合器压力与变速箱控制单元计算的额定压力不断进行比较。实际压力与额定压力通过模糊理论被持续监控。若两者差值超过一定范围，便会进行修正。为防止过热，离合器被冷却，离合器温度由变速箱控制单元监控。电子控制部分如图 4-2-8 所示。

3. 液压控制部分

离合器压力与发动机转矩成正比，与系统压力无关。压力调整阀 N215 和输导压力阀（VSTV）提供一个约为 5bar 的常压。根据变速箱控制单元计算的控电流值，N215 产生一个控制压力，该压力控制离合器控制阀（KSV）位置。

4. 控制电流大、控制压力高（图 4-2-9）

离合器控制阀（KSV）控制离合器压力，同时也调整待传递的发动机转矩。离合器控制阀（KSV）的压力由系统压力提供，KSV 根据 N215 的触发信号产生离合器控制压力。高控制压力产生高离合器压力。离合器压力通过安全阀（SIV）传到手动换挡阀（HS），手动换挡阀将转矩传到前进挡离合器（位置 D）或倒挡离合器（位置 R）。根据换挡杆位置控制离合器与油底壳相通。换挡杆位置位于 N 和 P 时，手动换挡阀切断供油，两组离合器都与油底壳相通。

5. 安全切断（图 4-2-10）

若实际离合器压力明显高于离合器额定压力，则会进入安全紧急故障状态。此情况下，

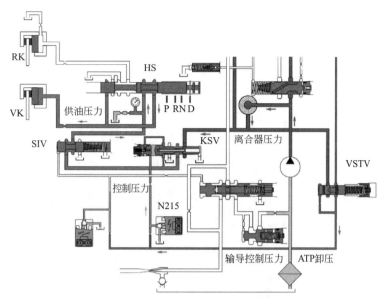

图 4-2-9 控制电流大、控制压力高

无论手动换挡阀处于何位置以及它系统状态如何，离合器压力都要卸掉。安全切断由安全控制阀（SIV）来实现，确保离合快速分离。

6. SIV 由电磁阀 N88 激活

当控制压力上升到 4bar 时，到离合器控制阀（KSV）的供油被切断，油底壳与手动换挡阀的连接通道打开。

7. 过载保护

利用模型计算，变速箱控制单元计算出离合器打滑温度、待传递的发动机转矩以及变速箱油温。若测得的离合器温度因离合器过载而超出标定界限，则发动机转矩将减小。

发动机转矩被减小到发动机怠速转速上限时，短时间内，发动机对加速踏板信号可能无反应，离合器冷却系统确保短时间内降温，此后又迅速重新提供发动机最大转矩。离合器过载几乎是不可能的。

8. 车辆静止时离合器控制（爬坡控制）

选择前进挡，发动机怠速运转时，爬坡控制功能将离合器设定到一个额定的打滑转矩（离合器转矩）。

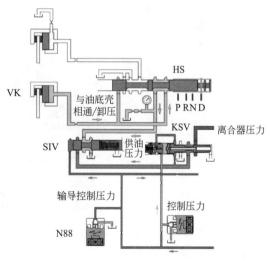

图 4-2-10 安全切断后开关位置

汽车运行状态与带有变矩器的自动变速箱汽车相同。选择的离合器压力与输入转矩互相协调，使汽车处于"爬坡"功能。根据车辆行驶状态和车速，输入转矩在额定范围内变化。链轮锥面提供的接触压力由 G194 控制，用于精确控制离合器转矩。

注意：

① 爬坡控制允许不踩加速踏板（驻车时）也可调节离合器转矩，因此增强了驾驶舒

适性；

② 接触压力与链轮装置 1 处的发动机输入转矩成正比，利用 G194 可以精确计算和控制离合器转矩（图 4-2-11）。

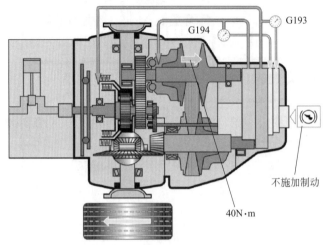

图 4-2-11 车辆静止时离合器控制（爬坡控制）

9. 爬坡控制特点

爬坡控制特点为当车辆静止，制动器作用时，减小爬坡转矩；于是，发动机不必产生如此大的转矩（离合器片间隙也增加）（图 4-2-12）。

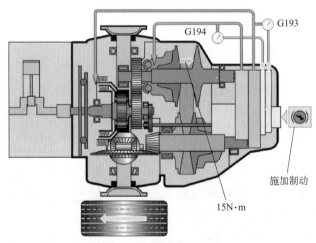

图 4-2-12 爬坡控制特点

注意：

① 若汽车停于坡道上，制动压力不足，车辆回溜时，离合器压力将增大，使汽车停住；

② 由于降低了汽车的运转噪声（车辆静止，发动机怠速运转时产生的嗡嗡声），并且只需稍加制动即可停住汽车，因而改善了燃油经济性和舒适性；

③ 通过两个变速箱输出速度传感器 G195 和 G196 可以区分汽车是向前行驶还是向后行驶，使坡道停住功能可以实现。

10. 微量打滑控制

微量打滑控制（图 4-2-13）适应离合器控制和减缓发动机产生的转矩振动。在部分负荷状态下，离合器特性被调整到 160N·m 发动机转矩状态。当发动机转速上升到约 1800r/min，转矩约达 220N·m 时，离合器在所谓的"微量打滑"模式下工作。在此工作模式下，变速箱输入轴和链轮装置 1 之间的打滑率（速度差别）保持在 5～20r/min 之间。为此，变速箱控制单元将变速箱输入转速传感器 G182 提供的信号与发动机转速信号相比较（考虑辅助减速齿轮挡）。传感器 G182 监测链轮装置 1 的转速。

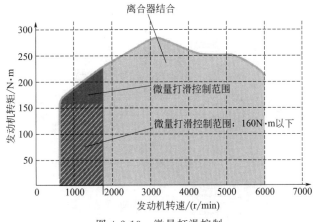

图 4-2-13 微量打滑控制

11. 离合器控制匹配

为了能在任何工作状态下和其寿命内使离合器控制舒适性能不变，控制电流及离合器转矩之间的关系必须不断优化。因离合器的摩擦系数经常变化，所以这一点很重要。摩擦系数取决于下列因素。

① 变速箱油（质量、老化、损耗）。

② 变速箱油温。

③ 离合器温度。

④ 离合器打滑。

为补偿这些影响和优化离合器控制，在爬坡控制模式和部分负荷状态下，控制电流和离合器转矩要相匹配。

爬坡模式下匹配（施加制动）如下。

① 如前所述，在爬坡模式中有一个额定的离合器转矩，变速箱控制单元检测控制电流（来自 N215）和来自压力传感器 G194 的数据（接触压力）间的关系，并且将这些数据存储起来。实际数据用于计算新的特性参数。

② 匹配功能用于保持恒定离合器控制质量。

③ 传递大转矩时，匹配数据也影响离合器压力的计算（离合器完全接合）。

④ 离合器压力不需要很高，适合的离合器压力有助于提高效率。

12. 离合器冷却系统（图 4-2-14）

为了保护离合器不暴露在高温之下，离合器由单独的油流来冷却（特别是在苛刻条件下行驶）。为减少因离合器冷却时的动力损失，冷却油流由集成在阀体上的冷却油控制单元在需要时接通。冷却油量可通过吸气喷射泵来增加（吸气泵）而不必对油泵容量有过高的要求。

为优化离合器冷却性能，冷却油仅传递到动力传递离合器链轮装置。前进挡离合器的冷却油和压力油通过变速箱输入轴的孔道流通。两油路由钢管彼此分开，钢管被称为"内部件"。变速箱输入轴出油口上安有"润滑油分配器",将润滑油引导到前进挡离合器或倒挡离合器。

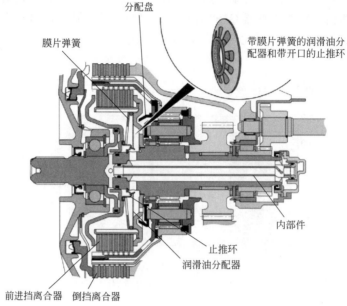

图 4-2-14 离合器冷却系统

（1）冷却前进挡离合器［图 4-2-15(a)］
① 若前进挡离合器接合,离合器缸筒（压盘）将润滑油分配器压回。
② 在此位置,冷却油流经润滑油分配器前端面流过前进挡离合器。
（2）冷却倒挡离合器［图 4-2-15(b)］
① 若前进挡离合器不工作（发动机怠速运转或倒挡离合器工作时）,则润滑油分配器回到其初始位置。
② 这种情况下,冷却油流到润滑油分配器,然后通过分配盘流回到倒挡离合器。分配器带轮油道内的部分润滑油流到行星齿轮系统,提供必要的润滑。

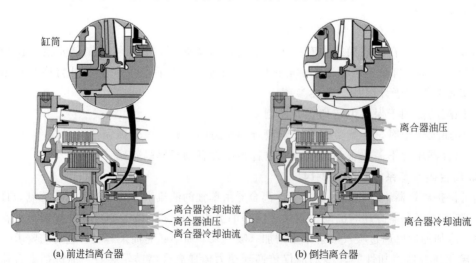

图 4-2-15 冷却离合器

13. 液压离合器冷却控制（图 4-2-16）

在离合器控制单元动作的同时，离合器冷却系统接通。变速箱控制单元向电磁阀 N88 提供额定电流，该电流产生控制压力控制离合器冷却阀（KKV）。离合器冷却阀（KKV）将压力从冷却油回油管传到吸气喷射泵（吸气泵）。压力油用于操纵吸气喷射泵（吸气泵）。

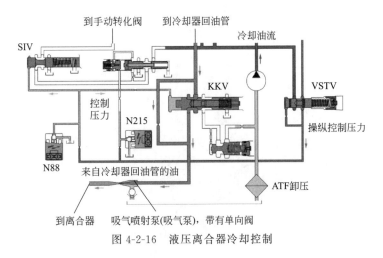

图 4-2-16　液压离合器冷却控制

14. 辅助变速齿轮挡（图 4-2-17）

由于受空间的限制，转矩通过辅助变速齿轮传递到变速器。辅助变速齿轮有不同的速比以适应发动机到变速箱的变化。于是，变速器在其最佳转矩范围内工作。

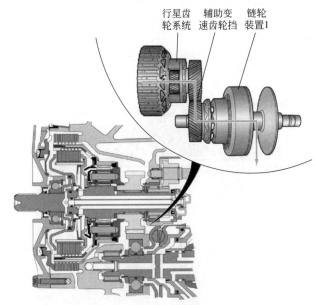

图 4-2-17　辅助变速齿轮挡

15. 变速器（图 4-2-18）

Multitronic 应用的变速器原理及变速器工作模式基于双活塞原理。此变速器的新特点为转矩传感器集成在链轮装置 1 上。链轮装置 1 和 2 个有一个将锥面链轮压回位的分离缸（压力缸）和用于调整变速比的分离缸（变速器分离缸）。双活塞原理是指利用少量压力油就可以很快地进行换挡，这可保证在相对低压时，锥面链轮有足够的接触压力。

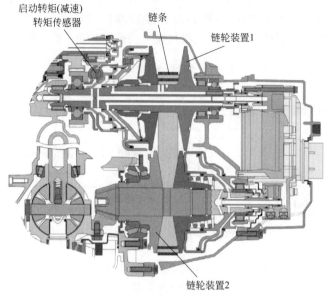

图 4-2-18　变速器

（1）调整　由于调整动态特性的要求，供给的压力油必须合适。为减少油量，分离缸的表面积要比压力缸小（图 4-2-19），因此调整所需油量相对较少。尽管油泵供油率低，仍然可获得很高的调整动力特性和较高效率。液压系统卸压时，链轮 1 的膜片弹簧和链轮 2 的螺旋弹簧产生额定的传动链条基础张紧力（接触压力）。在卸压状态下，变速器启动转矩变速比由链轮 2 的螺旋弹簧的弹力调整。

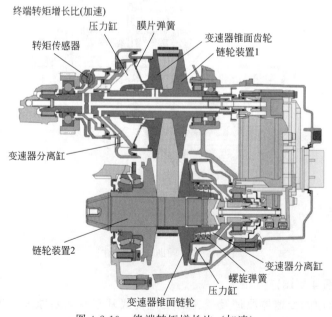

图 4-2-19　终端转矩增长比（加速）

（2）接触压力　为了发动机产生的转矩，锥面链轮和传动链之间需要很高的接触压力，接触压力通过调节压力缸内的油压产生。根据液压原理，压力（接触压力）因压强和有效面积不同而不同。压力缸表面积很大，能够在低压油时提供所需的接触压力，相对低的油压对效率也有积极影响。

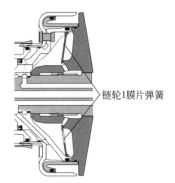

图 4-2-20 链轮 1 膜片弹簧

(3) 牵引 当汽车被牵引时，连轮 2 驱动链轮 1。链轮分离缸和压力缸产生动态压力。系统设计时，通过变速器建立的动态压力将变速比调整到约 1∶1。链轮 1 和行星齿轮系统避免因发动机转速超差而受到保护。链轮 1 的膜片弹簧（图 4-2-20）协助完成此过程。

16. 换挡控制

(1) 电子控制部分（图 4-2-21） Multitronic 控制单元有一个动态控制程序（DRP）用于计算额定的变速箱输入转速。它是应用于多挡自动换挡中的动态换挡程序（DSP）的升级版本。为了在每个驾驶状态下获得最佳齿轮传动比，驾驶员输入信息和车辆工作状态要被计算在内。根据边界条件，动态控制程序计算出变速箱额定输入转速。传感器 G182 监测链轮 1 处的变速箱实际输入转速。变速箱控制单元根据实际值与设定值间的比较，计算出乎压力调节阀 N216 的控制电流。N216 产生液压换挡阀的控制压力，该压力与控制电流几成正比。通过检查来自 G182（变速箱输入转速传感器）和 G195（变速箱输出转速传感器）及发动机转速信号来实现对换挡的监控。

(2) 液力换挡控制

输导控制阀（VSTV）向压力调节阀 N216 提供一个约 5bar 的常压。N216 根据变速箱控制单元计算的控制电流产生控制压力，该压力影响减压阀的位置。控制电流大，则控制压力高。根据控制压力，减压阀将调节压力传递到链轮 1 或 2 的分离缸（图 4-2-22）。

控制压力在 1.8~2.2bar 之间时，阀关闭。控制压力低于 1.8bar 时，调整压力传递到链轮 1 的分离缸。同时，链轮 2 的分离缸与油底壳相通。变速器朝"超速"变速比方向换挡。

若控制压力大于 2.2bar，则调整压力传递到链轮 2 的分离缸 2，同时链轮 1 的分离缸与油底壳相通，变速器朝"启动转矩"变速比方向换挡（图 4-2-23）。

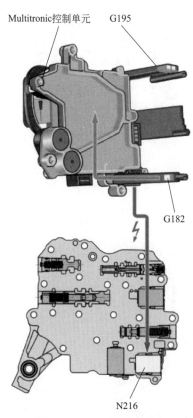

图 4-2-21 电子控制部分

17. 转矩传感器（接触压力控制）

如前所述，压力缸中合适的油压最终产生锥面链轮接触压力，若接触压力过低，传动链会打滑，这将损坏传动链和链轮；相反，若接触压力过高，会降低效率。因此，转矩传感器的目的是根据要求建立起尽可能精确、安全的接触压力。液力-机械式转矩传感器集成于链轮 1 内，静态和动态高精确度地监控传递到压力缸的实际转矩并建立压力缸的正确油压。

注意：

① 发动机转矩仅通过转矩传感器传递给变速器。

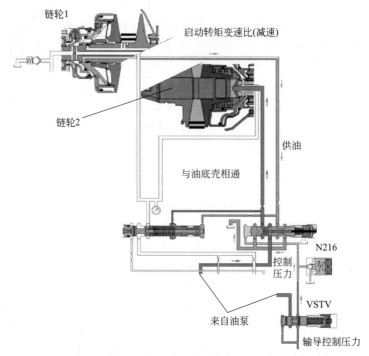

图 4-2-22　液力换挡控制（一）

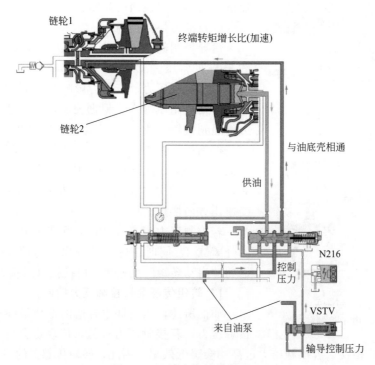

图 4-2-23　液力换挡控制（二）

② 转矩传感器通过液力-机械方式控制接触应力。

(1) 结构和功能　如图 4-2-24 所示，转矩传感器主要部件为 2 个滑轨架，每个支架有 7

个滑轨，滑轨中装有滚子，滑轨架 1 装于链轮装置 1 的输出齿轮中（辅助变速齿轮挡输出齿轮）。滑轨架 2 通过花键与链轮 1 连接，可以轴向移动并由转矩传感器活塞支撑。转矩传感器活塞调整接触压力并形成转矩传感器腔 1 和 2。

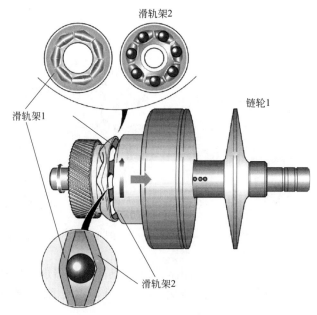

图 4-2-24　滑轨架

支架彼此间可径向旋转，将转矩转化为轴向力（因滚子和滑轨几何关系），此轴向力施加于滑轨架 2 并移动转矩传感器活塞，活塞与支架接触。转矩传感器活塞控制凸缘关闭或打开转矩传感器腔输出端（图 4-2-25）。

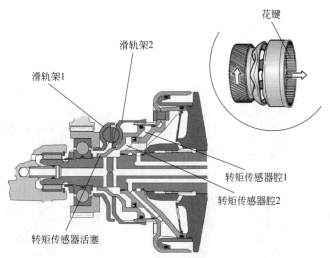

图 4-2-25　接触压力控制（一）

转矩传感器腔 1 直接与压力缸相通。按系统设计，发动机转矩产生的轴向力与压力缸内的压力达到平衡。汽车稳定运行的情况下，出油孔只部分关闭，打开排油孔（扭矩传感器）后压力下降，调节压力缸内的压力（图 4-2-26）。

若输入转矩提高,控制凸缘进一步关闭出油孔,压力缸内的压力升高,直到建立起新的平衡。若输入转矩下降,出油孔进一步打开,压力缸内的压力降低,直到恢复力平衡(图4-2-27)。

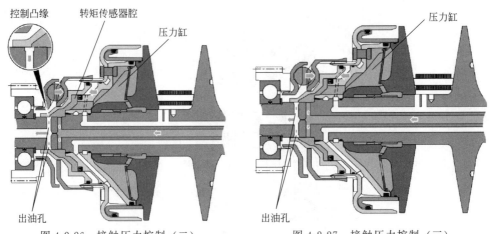

图 4-2-26　接触压力控制(二)　　　　图 4-2-27　接触压力控制(三)

转矩达到峰值时,控制凸缘完全关闭出油孔,若转矩传感器进一步移动,将会起到油泵作用,此时被排挤的油使压力缸内的压力迅速上升,这样就毫无延迟地调整接触压力(图4-2-28)。

注意:汽车驶过凹坑或路面摩擦系数发生变化(例如从结了一层薄冰的路面到沥青路面时),会出现相当高的转矩峰值。

(2) 功能和工作模式　与变速比有关的接触压力在转矩传感器腔2内被调整。提高或降低转矩传感器腔2内的压力,压力缸内的压力也发生变化。转矩传感器腔2内的压力受链轮1轴上的两个横向控制孔,该孔通过变速器锥面链轮的轴向位移关闭或打开。当变速器位于启动转矩挡时,横向孔打开(转矩传感器腔2泄压)(图4-2-29)。

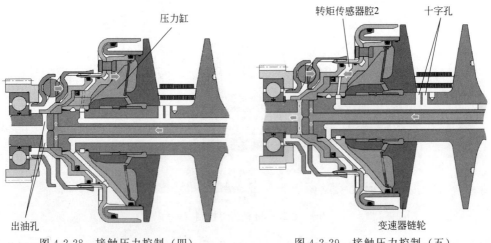

图 4-2-28　接触压力控制(四)　　　　图 4-2-29　接触压力控制(五)

变速器换到"高转速"挡时,横向孔立即关闭。若为一个标定的转速比,则左侧横向孔打开,此时通过相关的可变锥面链轮孔与压力缸相通(图4-2-30)。油压从压力缸传入转矩传感器腔 2，该压力克服转矩传感器的轴向力并将转矩传感器活塞向左移动。控制凸缘进一步打开出油孔，减小压力缸内的油压。双级压力适配的主要优点为，中间挡位范围可利用低接触压力提高效率。

四、飞溅式润滑油罩盖

位于链轮装置 2 上的"飞溅润滑油盖"是变速器又一个独特的结构，它可阻止压力缸建立起动态压力。

在发动机转速很高时，压力缸内变速箱承受很高的旋转离心力，使其压力上升，此过程称为

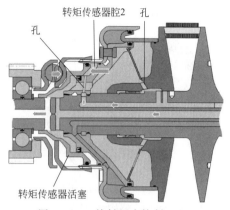

图 4-2-30　接触压力控制（六）

"动态压力建立"。动态压力建立不是所希望的，因其不恰当地提高接触压力并对传动控制产生有害影响。封闭在飞溅润滑油罩盖内的油承受与压力缸内油相同的动态压力，这样，压力缸内的动态压力得到补偿。飞溅润滑油腔通过燃油喷射孔直接从液压单元处获得润滑油，通过此孔，润滑油连续喷入飞溅润滑油腔入口。飞溅润滑油腔容积减小（当改变传动比时），使润滑油从供油口排出（图 4-2-31）。

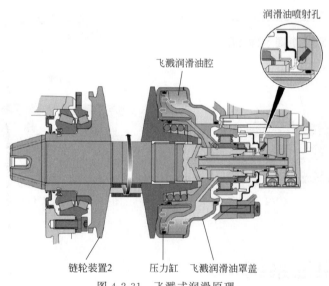

图 4-2-31　飞溅式润滑原理

五、传动链

传动链是 Multitronic 变速器的关键部件。这是首次将传动链作为 CVT 变速箱的传动方式。传动链是新开发的，与以前传统的滑动带或 V 形带相比有如下优点：

① 尽管变速器尺寸小，但很小的跨度半径却可产生很大的"扩展范围"；

② 传递转矩高；

③ 高效率。

注意：扩展范围被描述为速比。启动转矩速比除以扩展值就得到最终转矩增长比。概括

图 4-2-32 传动链与链轮装置

来讲,大的扩展范围是一项优点,因其既可提供很高的启动转矩速比(好的动力性),又可提供低的最终转矩增长(低油耗)。特别是在 CVT 原理中,可获得任意中间挡位并且没有哪一个挡位不合适(图 4-2-32)。

对于传统的传动链,传动链节通过链节接销非刚性连接,为传递转矩,齿轮与链节间的销子啮合。CVT 传动链应用不同的技术,相邻传动链链节通过转动压块连成一排(每个销子连接 2 个链节)。对于 CVT 传动链,转动压块在变速器锥面链轮间"跳动",即锥面链轮互相挤压(图 4-2-33)。

转矩只靠转动压块正面和锥面链轮接触面间的摩擦力来传递。转动压块相互滚动,当其在锥面链轮跨度半径范围内"驱动"传动链时,几乎没有摩擦。这种情况下,尽管转矩高、弯曲角度大,但动力损失和磨损却降到非常低的水平。使其寿命延长并且提高了效率(图 4-2-34)。

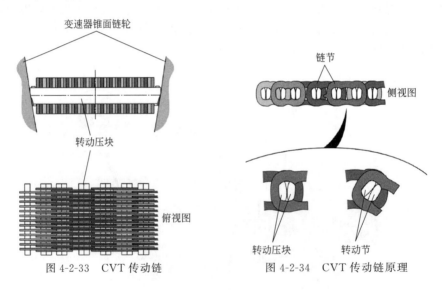

图 4-2-33 CVT 传动链　　　图 4-2-34 CVT 传动链原理

第三节　供油系统

在 Mulitronic 中,动力传递由动力供应和液压部分决定。为正常工作,必须要求有电流和足够的润滑油供应。油泵是变速箱中消耗动力的主要部件,因此其容量对于总效率是很重要的。因此,上述系统被设计为在最小油量下工作,并且已经研制出一种改良过的供油系统。

1. 油泵

油泵(图 4-3-1)直接安装在液压控制单元上,以免不必要的连接。油泵和控制单元形成一个整体,减少了压力损失并节约了成本。

Multitronic 装有高效率的月牙形油泵。尽管该泵所需的润滑油量相对少,但却可产生需要的压力。吸气式喷射泵（吸气泵）还要额外供给离合器冷却所需的低压油，月牙形油泵，作为一个小部件集成在液压控制单元上，并直接由输入轴通过直齿轮和泵轮驱动。

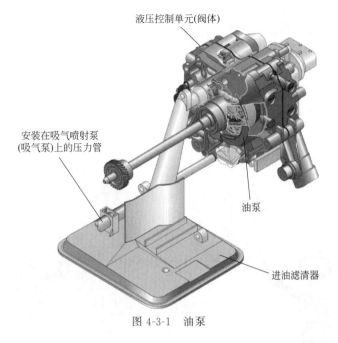

图 4-3-1　油泵

作为一项特点，油泵有径向和轴向的调整间隙。油泵结构如图 4-3-2 所示。油泵要求"内部密封"良好，以便在发动机低转速下产生高压。因部件公差，传统油泵达不到上述要求（图 4-3-2）。

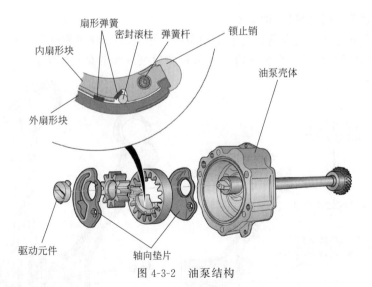

图 4-3-2　油泵结构

2. 轴向间隙的调整（图 4-3-3）

两个轴向垫片封住油泵部分并在油泵内形成一个单独的泄油腔，垫片纵向（轴向）密封住压力腔。垫片上有特殊的密封材料，垫片由油泵壳体或液压控制单元的泵垫支撑。轴向垫片可使泵的压力在轴向垫片上和壳体间起作用。密封件防止压力泄出。油泵压力增加时，轴向垫片被更紧地压到月牙密封和油泵齿轮上，补偿了轴向间隙。

得益于径向和轴向间隙的调整，尽管油泵体积小但却能产生所需的高压，同时获得很高效率。

3. 径向间隙的调整（图 4-3-4）

径向间隙调整功能是补偿月牙形密封和齿轮副（齿轮和齿圈）之间的径向间隙。因此，月牙形密封在内扇形块和外扇形块之间滑动。内扇形将压力腔与齿轮密封隔开，同时也抑制外扇形径向移动，外扇形将压力腔与齿圈密封隔开。

泵压力在两扇形件间流动。油泵压力增加时，扇形件被更紧地压向齿轮和齿圈，补偿径向间隙。当油泵泄压时，扇形件弹簧向扇形件和密封滚柱提供基本接触压力，并提高了油泵的吸油特性，同时保证油泵压力可在扇形件间动作，同时作用于密封滚柱。

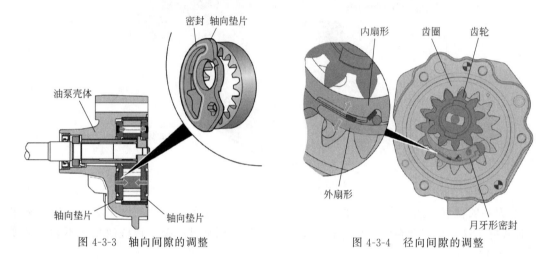

图 4-3-3　轴向间隙的调整　　　　图 4-3-4　径向间隙的调整

4. 吸气喷射泵（吸气泵）（图 4-3-5）

为了保证充分冷却两离合器，对润滑油量有一定要求，特别是被牵引时（因打滑产生很高温度），润滑油量超出了内齿轮泵容量。吸气喷射泵（吸气泵）集成在离合器冷却系统中，

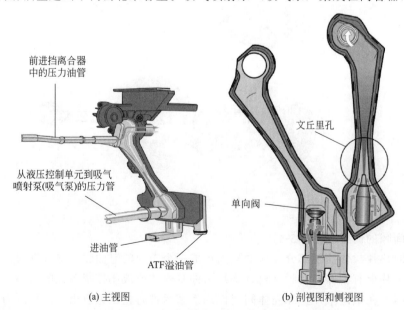

(a) 主视图　　　　(b) 剖视图和侧视图

图 4-3-5　吸气喷射泵（吸气泵）

以供应冷却离合器所需的润滑油量。吸气喷射泵（吸气泵）为塑料结构并且凹向油底壳深处。

工作过程：吸气喷射泵（吸气泵）根据文丘里管原理工作，当离合器需要冷却时，冷却（压力油）油由油泵出来通过吸气喷射泵（吸气泵）进行导流并形成动力喷射流，润滑油流经泵的真空部分产生一定真空，将油从油底壳吸出，并与动力喷射流一起形成一股大量的、几乎御压的油流。在不增加油泵容量的情况下，冷却油油量几乎加倍。

单向阀阻止吸气喷射泵（吸气泵）空运转并且有助于对冷却油供应做出迅速的反应。

第四节 电子液压控制

注意：
① 油泵、液压控制单元（阀体）和变速箱控制单元集成为一个小型的不可分单元。
② 液压控制单元由手动换挡阀、9个液压阀和3个电磁压力控制阀组成。
③ 液压控制单元和变速箱控制单元直接插在一起（图4-4-1）。

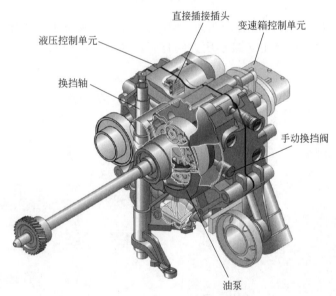

图4-4-1 液压控制单元和变速箱控制单元

液压控制单元完成下述功能：
① 前进挡-倒挡离合器控制；
② 调节离合器压力；
③ 冷却离合器；
④ 为接触压力控制提供压力；
⑤ 传动控制；
⑥ 为飞溅润滑油罩盖供油。

液压控制单元（图4-4-2）通过"旋入螺钉"的零件直接与链轮装置1或链轮装置2相连接。

为保护部件，限压阀DBV1（图4-4-3）将最高压力限制在82bar。通过VSTV，向压力

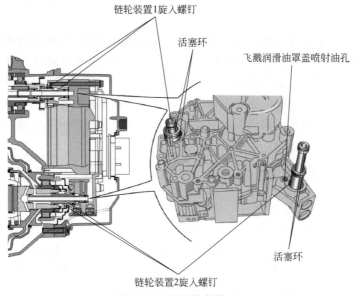

图 4-4-2 液压控制单元

控制阀提供一个恒定的 5bar 输导控制压力。MDV 最小压力阀防止启动时油泵吸入发动机进气。当油泵输出功率高时，MDV 最小压力阀打开，允许润滑油从回油管流到油泵吸入侧，提高油泵效率。

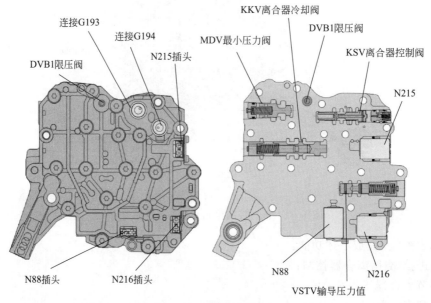

图 4-4-3 限压阀 DBV1

VSPV 施压阀（图 4-4-4）控制系统压力，在特定功能下，始终提供足够油压（应用接触压力或调节压力）。电磁阀 N88、N215 和 N216 在设计上称为"压力控制阀"，它们将控制电流转变成相应的液压控制压力。N88（电磁阀 1）包括两个阀门：控制离合器冷却阀（KKV）和安全阀（SIV）。电磁阀 N215（自动变速器，压力调节阀 1）激活离合器控制阀（KSV）。电磁阀 N216（自动变速器，压力调节阀 2）激活减压阀。

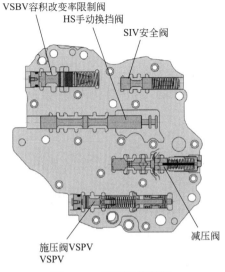

图 4-4-4　VSPV 施压阀

第五节　换挡轴和停车锁

换挡杆位置 P、R、N 和 D 传输机械连接（拉索）仍存在于换挡杆通道和变速箱之间。通过换挡杆，可完成下述功能。

① 触发液压控制单元手动换挡阀，即通过液压机械方式控制（前进挡/倒挡/空挡）。

② 控制停车锁。

③ 触发多功能开关，电子识别换挡杆位置。

在换挡杆处于位置 P 时，与锁止齿相连的连杆轴向移动，停车锁架被压向停车锁齿轮，停车锁啮合（图 4-5-1）。停车锁齿轮与驱动齿轮永久性连接。

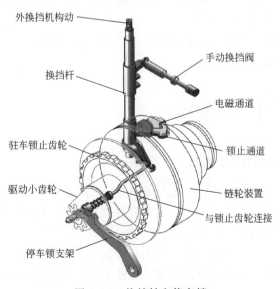

图 4-5-1　换挡轴和停车锁

第六节　ATF 冷却系统

如图 4-6-1 所示，来自链轮装置的 ATF 最初流经 ATF 冷却器。ATF 在流回液压控制单元前流经 ATF 滤清器。

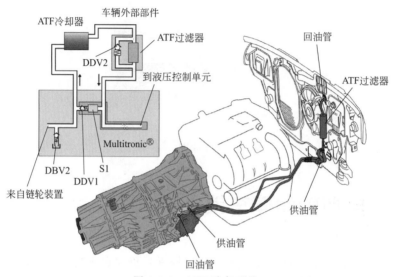

图 4-6-1　ATF 冷却系统

在 CVT 中，ATF 冷却器集成在"发动机冷却器中"。热量与发动机冷却循环（油-冷却液热交换器）中的冷却液进行热交换。DDV1 差压阀防止 ATF 冷却器压力过高（ATF 温度低）。当 ATF 温度低时，供油管和回油管建立起的压力有很大的不同。达到标定压差，DDV1 打开，供油管与回油管直接接通，使 ATF 温度迅速升高。

当 ATF 滤清器的流动阻力过高时（例如滤芯阴了），DDV2 差压阀打开，阻止 DDV1 打开，ATF 冷却系统因有背压而无法工作。

注意：若 ATF 冷却器泄漏，冷却液将进入 ATF 中，即便是少量的冷却液进入 ATF，也会对离合器产生有害的影响。

第七节　电子控制系统

一、Multitronic 控制单元 J217

Multitronic 的特点是电控单元集成在变速箱内（图 4-7-1）。控制单元直接用螺栓紧固在液压控制单元上。三个压力调节阀与控制单元间直接通过坚固的插接插头连接（S 形接头），而没有连接线。用一个 25 针的小型插头与汽车相连。

电气部件的底座为一个坚硬的铝板，此铝板也起到了隔热作用。壳体材料为塑料，并用铆钉紧固到底座上。壳体容纳全部的传感器，因此不再需要线束和插头（图 4-7-2）。因为所有电路故障主要都由线路和插头故障引起，所以这种结构将可靠性大大提高。发动机转速传

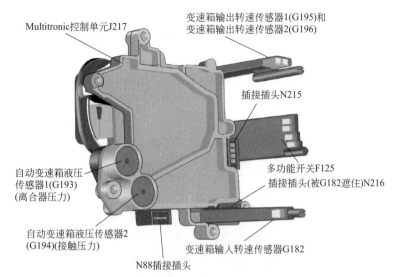

图 4-7-1　Multitronic 控制单元 J217（一）

感器和多功能开关设计成霍尔传感器。霍尔传感器没有机械磨损，信号不受电磁干扰，这使其可靠性进一步提高。

图 4-7-2　Multitronic 控制单元 J217（二）

注意：
① 因与变速箱控制单元的连接很少，所以 Multitronic 没有单独线束；
② 线束与发动机线束集成在一起。

二、传感器

传感器信号不能再用传统的设备来测量，检测只能用自诊断检测和信息系统在"读取故障"和"读取数据块"中完成。若某个传感器损坏，则变速箱控制单元从其他传感器处获取替代值。除此之外也可从网络控制单元中获得信息，汽车仍可保持行驶。这对车辆影响很小，驾驶员不会立即注意到某个传感器损坏。

注意：传感器为变速箱控制单元的集成部件。若某个传感器损坏，则必须更换变速箱控制单元。

变速箱输入转速传感器 G182 与变速箱输出转速传感器 G195 和 G196 如图 4-7-3 所示。

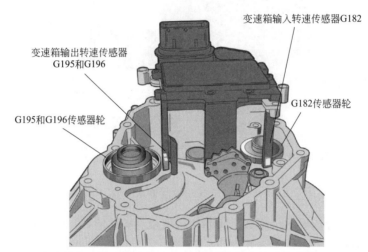

图 4-7-3　变速箱输入转速传感器 G182 与变速箱输出转速传感器 G195 和 G196

传感器 G182 和监测链轮 1 的转速，提供实际的变速箱输入转速。G182 损坏：
① 起步-加速过程可利用固定参数完成；
② 微量滑控制和离合器匹配功能失效。

发动机转速作为替代值。故障显示：无。

传感器 G195 和 G196 监测链轮 2 转速，通过它识别变速箱输出转速。来自 G195 的信息用于监测转速。来自 G196 的信号用来区别旋转方向，因此，可区别出汽车是向前行驶还是向后行驶。

注意：电磁线圈若受严重污染（磨损产生的金属碎屑）会能够影响 G182、G195 和 196 的工作性能。因此，黏结到电磁圈上的金属碎屑在进行维修前应予以清除。

电磁线圈匝数为 40（G182）或 32（G195 和 196），安装在传感器轮底面；电磁铁有 N/S 极。变速箱输出转速用于：
① 变速控制；
② 爬坡控制；
③ 坡道停车功能；
④ 为仪表板组件提供车速信号。

若 G195 损坏，则变速箱输出转速可从 G196 的信号取得。坡道停车功能也失效。若 G196 损坏，则坡道停车功能失效。

若两个传感器都损坏，可从轮速信号获取替代值（通过 CAN 总线），坡道停车功能失效。故障显示：无。

点火后，控制单元观察来自两个传感器的下降沿信号并提示其他传感器位置。如图 4-7-4 所示，当来自传感器 G195 的信号为下降沿时，传感器 G196 位置为"Low"；当来自传感器 G196 的信号为下降沿时，传感器 G195 的位置为"High"。变速箱控制单元将这种"模式"理解为前进挡（图 4-7-4）。

如图 4-7-5 所示，当来自传感器 G195 的信号为下降沿时，传感器 G196 位置为"High"；当来自传感器 G196 的信号为下降沿时，传感器 G195 的位置为"Low"。变速箱控制单元将此"模式"理解为倒挡。

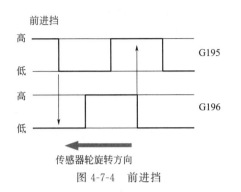
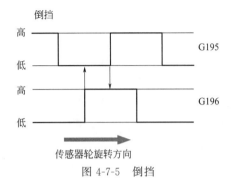

图 4-7-4　前进挡　　　　　　　　　　　图 4-7-5　倒挡

1. 自动变速箱液压传感器 1（G193）

G193（图 6-7-6）监测前进挡和倒挡离合器压力，用来监控离合器功能。离合器压力监控有高的优先权，因此多数情况下，G193 失效都会使安全阀被激活。故障显示：闪烁。

2. 自动变速箱液压传感器 2（G194）

传感器 G194（图 4-7-7）监测接触压力，此压力由转矩传感器调节。因接触压力总是与实际变速箱输入转矩成比例，所以利用 G194 的信号可十分准确地计算出变速箱输入转矩。

G194 的信号用于离合器控制（爬坡功能控制和匹配）。若 G194 信号不正确，则爬坡控制匹配功能失效。爬坡轴矩由存储值来控制。故障显示：无。

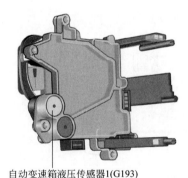
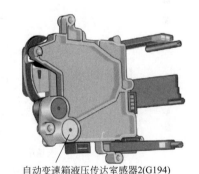

图 4-7-6　自动变速箱液压传感器 1（G193）　　　图 4-7-7　自动变速箱液压传感器 2（G194）

3. 多功能开关 F125

多功能开关 F125（图 4-7-8）由 4 个霍尔传感器组成，霍尔传感器由换挡轴上的电磁通道控制。来自霍尔传感器的信号与手动式开关位置相同。

"High"位置：开关关闭（1）；

"Low"位置：开关打开（0）。

因此，1 个"开关"可产生 2 个信号"1"和"0"，4 个"开关"能产生 16 种不同的换挡组合。

① 4 个换挡组合用于识别换挡位置 P、R、N、D。

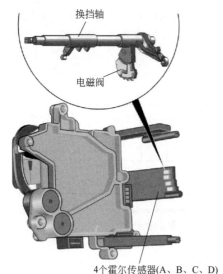

图 4-7-8 多功能开关 F125

② 2个换挡组合监测中间位置（P-R、R-N-D）。

③ 10个换挡组合用于故障分析。

4. ATF温度传感器 G93

G93集成在变速箱控制单元电子器件中。G93记录变速箱控制单元铝制壳体的温度，即相应的变速箱油温度。变速箱油温影响离合器控制和变速箱输入转速控制。因此，在控制和匹配功能中发挥着重要作用。若G93损坏，发动机温度被用来计算出一个替代值。匹配功能和某些控制功能失效。故障显示：倒置。

为保护变速箱部件，若变速箱油温超过约145℃，则发动机输出功率将下降。若变速箱油温继续上升，则发动机输出功率逐渐减小。故障显示：闪烁。

5."制动动作"信号

下列功能要求"制动动作"信号：

① 换挡杆锁止功能；

② 爬坡控制；

③ 动态控制程序（DCP）。

换挡杆并不直接与制动灯开关连接，"制动动作"信号由发动机控制单元CAN总线提供（图4-7-9）。

图 4-7-9 "制动动作"信号

6."强制减挡"信息

"强制减挡"信息（图4-7-10）不需单独的开关。位于加速踏板组件上的簧载压力元件产生一个"阻尼点"，将"强制减挡感觉"传给驾驶员。当驾驶员激活强制减挡功能时，传感器G79和G185（加速踏板组件）的电压值超过节气门全开时的电压值。当与强制低速挡点相对应的电压值被超过时，发动机控制单元通过CAN总线向变速箱控制单元发送一个强制减挡信号。

在自动模式下，当强制减挡功能被激活时，最大加速的最大动力控制参数被选择。强制减挡功能不能被连续激活。当强制减挡被激活一次后，加速踏板只需要保持在节气门全开位置。

注意：若更换加速踏板组件，必须用自诊断检测和信息系统对强制减速换挡点进行重新匹配。

7. Tiptronic 开关 F189

Tiptronic 开关 F189（图 4-7-11）集成在齿轮变换机构的鱼鳞板中，由 3 个霍尔传感器组成，霍尔传感器由位于鱼鳞板上的电磁阀激活。

A 为减挡传感器。

B 为 Tiptronic 识别传感器。

C 为升挡传感器。

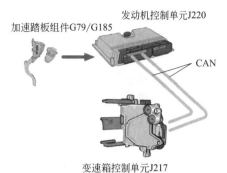

图 4-7-10 "强制减挡"信息

鱼鳞板上有 7 个 LED 指示：4 个用于换挡杆位置显示，1 个用于"制动动作"信号，其余 2 个用于 Tiptronic 护板上的"＋"和"－"信号。每个换挡杆位置 LED 都由单独的霍尔传感器控制。当被激活时，F189 开关将变速箱控制单元接地。若有故障，Tiptronic 功能不能执行。故障显示：倒置。

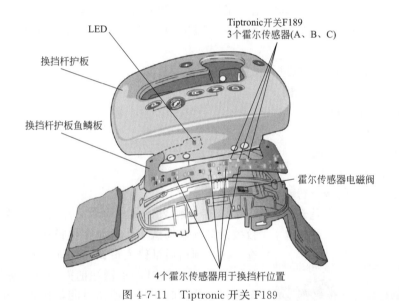

图 4-7-11 Tiptronic 开关 F189

第八节 常见故障诊断与排除

1. 车辆在凉车时出现起步、停车过程中耸车，热车时不明显

（1）车型　A4L。

（2）变速箱型号　0C8。

（3）故障里程　68021km。

（4）故障现象　车辆在凉车时出现起步、停车过程中耸车，热车时不明显。

（5）故障分析　此前该车更换变速器油和变速器油滤清器，更换后出现此故障。车辆无任何故障码。先后对外围发动机部件、变速器油等进行检查和更换，故障仍存在。最后在拆解变速器油滤清器时发现滤清器和变速器之间缺少密封胶圈。

(6) 解决方案　更换密封胶圈。

2. 变速箱报警，无倒挡

(1) 车型　Q5。

(2) 变速箱型号　0B5。

(3) 故障里程　67300km。

(4) 故障现象　变速箱报警，无倒挡。

(5) 故障分析

① 20km试车故障出现，熄火重启动报警消失。

电脑检测02-变速箱电子设备存储故障码P174E00内容为分变速箱2阀3电气故障，偶发。故障引导提示需检查电路板1和变速箱2区的阀3(N439)（阀体）之间的导体是否存在触点弯曲、散开和腐蚀。检查插头，未发现松动。

② 处理电路板插头、更换变速箱油，试车，20km后故障出现，电脑检测故障记录依旧。

③ 再次拆下机电单元，立即测量电路板1上变速箱控制单元插头至阀3(N439)（阀体）之间的电阻，为2.99MΩ，半小时后测量电阻值为20Ω（故障引导给的正常值为15.5～18.5Ω）。

④ 替换一个正常的电路板进行反复试车，故障排除。

(6) 解决方案　更换电路板。

3. 起步及行驶时闯车

(1) 车型　Q5。

(2) 变速箱型号　0BK。

(3) 故障里程　260km。

(4) 故障现象　起步及行驶时闯车。

(5) 故障分析　该车是新车，客户提车后行驶260km，途中突然发现车辆行驶时闯车。救援人员到现场试车，确如客户描述，建议客户到店检查。次日到店后维修人员试车，踩住刹车踏板，将挡位从P挡移到D挡时，车辆往前闯一下，感觉十分明显。车辆开上公路时，每个换挡时间都比正常车辆要长，且有冲击感。车辆在50～60km/h加减油门，挡位在5挡、6挡切换时，闯车冲击感更明显。依据进厂时的试车情况，初步判断为变速箱机电单元故障。对故障车辆进行检查，车辆系统无故障。检查变速箱油时，发现油液较黑，而且很臭，检查同类型的已行驶3000千米的Q5 0BK变速箱油，油液清亮，无臭味（图4-8-1）。判断故障车辆变速箱内部（摩擦片）异常磨损。油液对比。

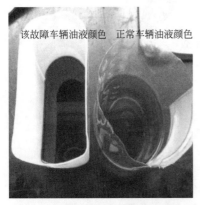

图4-8-1　变速箱油

(6) 解决措施　更换变速箱。

(7) 附加分析　0BK变速箱是8挡自动，挡位结合或分离是通过机电单元对变速箱内的多组摩擦片压紧或松开的控制，来实现挡位的切换。由于摩擦片异常磨损，导致变速箱油受到污染，而机电单元的工作是依靠正常的油液作为介质，所以导致变速箱工作不正常。

4. 变速箱故障灯报警

(1) 车型　Q5。

(2) 变速箱型号　0BK。

(3) 故障里程　1260km。

(4) 故障现象　变数箱故障灯报警。

(5) 故障分析

① 该车做 PDI 检查时发现变速箱报警，不显示手动挡挡位。

② 使用 VAS 6150B 检测变速箱，有故障码。

③ 自动变速箱控制单元 J217 通过 Tiptronic 信号线接到一个来自选挡杆传感器控制单元 J587 的有关选挡杆位置的方波信号。首先通过示波器检测 J587 的波形，正常（图 4-8-2）。

④ 然后检查 J217 与 J587Tiptronic 信号线，发现线束被换挡机构夹住了（图 4-8-3）。

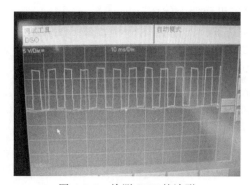 

图 4-8-2　检测 J587 的波形　　　图 4-8-3　线束被换挡机构夹住了

(6) 解决措施　修复线束，重新布线。

5. 高速行驶时变速箱故障灯报警，无动力啮合

(1) 车型　A8，D4，3.0T。

(2) 变速箱型号　0BK。

(3) 故障里程　71000km。

(4) 故障现象　高速行驶时变速箱故障灯报警，无动力啮合。

(5) 故障分析　客户反映该车在高速行驶时会出现加油门反应慢，进而变速箱故障灯报警，无动力啮合（大约连续行驶 100km 以上），使用 VAS 6150B 进行检查时发现变速箱控制单元报故障码：2546 P063400 96 PCM/ECM/TCM，内容为内部温度过高，偶发。通过引导型故障进行检查，发现控制单元 G510 中的温度传感器检测到温度高于 145℃，由于变速箱的热模式，导致车辆无动力啮合。

通过询问驾驶员得知，车辆在无动力啮合时，发动机的水温正常。由于该车使用了创新性热量管理（ITM），怀疑变速箱散热不好，导致变速箱进入热模式。通过 ELSA 中的冷却液软管的连接图发现：变速箱油冷却系统阀门 N509 主要对 ATF 的冷却起到关键的作用，检查 N509 时发现，该阀是常闭的，通过自学手册了解到 N509 应该在通电状态下是闭合的，说明 N509 已损坏，由于长时间的高速行驶，ATF 得不到正常散热，导致油温过高，使车辆最终不能行驶。

(6) 解决措施　更换变速箱油冷却系统阀门 N509。

6. 仪表多个故障灯点亮，无法挂入挡位

(1) 车型　A8L，3.0TFS。

(2) 变速箱型号　0BK。

(3) 故障里程　28321km。

(4) 故障现象　仪表多个故障灯点亮，无法挂入挡位。

(5) 故障分析

① 用 VAS 6150B 检查，多个控制单元报变速箱无通信，而读取变速箱故障码，故障记忆为与多个驱动 CAN 控制单元无通讯。

② 对变速箱控制单元进行检查，电源、搭铁、插头、CAN 通信都未见异常，于是更换了变速箱控制单元，试车过程中故障再次出现。

图 4-8-4　故障位置

③ 用 VAS 6150B 检查故障与上次相同，再次对变速箱控制单元的电压、搭铁、插头、CAN 线进行检查，这次发现变速箱的 CAN-H 线电阻值在测量过程中偶尔出现偏大的情况。

④ 按 ELSA 电路图分析，该 CAN-H 线有一个节点在流水槽中，拆检发现有根 CAN-H 线没有铆接在节点上，而是用一层胶粘在上面。修复节点后故障排除（图 4-8-4）。

(6) 解决措施　修复发动机线束节点。

7. 行驶中变速箱黄灯报警同时伴有耸车

(1) 车型　Q5。

(2) 变速箱型号　0BK。

(3) 故障里程　75261km。

(4) 故障现象　行驶中变速箱黄灯报警同时伴有耸车。

(5) 故障分析

① 根据用户描述进行了试车：车辆行驶中变速箱黄灯报警；起步后急加油 2-3 挡、4-5 挡瞬间严重顿挫感耸车，缓慢起步加油行驶正常。

② 用诊断仪读取 02 系统故障码：P179E，内容为变速箱挡位范围传感器电气故障，静态；P179F，内容为变速箱挡位范围传感器功能失效，静态；P060A00，内容为控制单元内部处理器监控，静态。数据测量如图 4-8-5 所示。

③ 查询 TPI2027068/5，该车 G676 传感器线束模块损坏，需要更换。

④ 拆检变速箱时发现 2-R 挡选挡器上有很多油泥附着在上面，油底壳中磁铁、壳体内壁都存在黑色油泥。查找该车维修记录，曾在 60000km 更换过变速箱油液。经过探讨分析，在 ATF 油液中的部件机电模块、印制电路板和离合器中，只有离合器严重磨损才会出现这样的可能。

⑤ 初步方案为更新传感器线束，并对变速箱内部进行清洁，再次更新变速箱油液，安装试车，变速箱关于 G676 的故障码没有了，但耸车依然存在。前 2 次驱动匹配均失败，直到第 3 次成功，但匹配离合器 2 显示上指点压力偏大，为 10.557bar，正常车在 8~9bar 之间，最终系统报出故障码 8763 P17D000，内容为离合器 2 打滑过大，系统测试计划如图 4-8-6 所示。

⑥ 测试计划显示离合器磨损，需要更新。

(6) 解决措施　更换离合器。

(7) 附加分析　根据数据块、故障码和箱体内的油泥状态，判断离合器损坏，其损坏必然引起换挡耸车，耸车不一定是机电模块损坏。

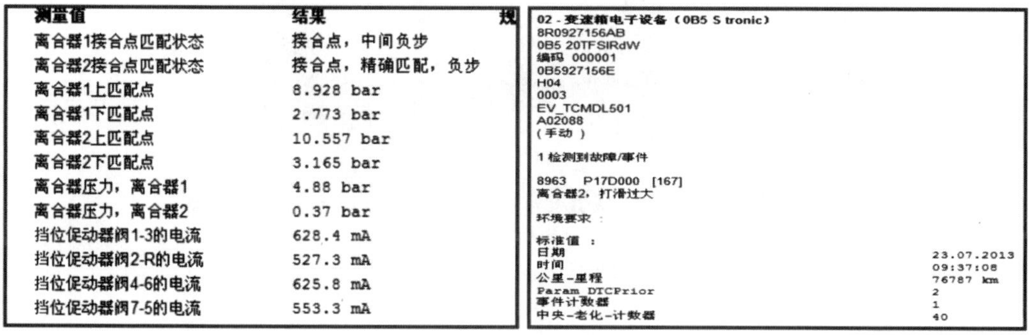

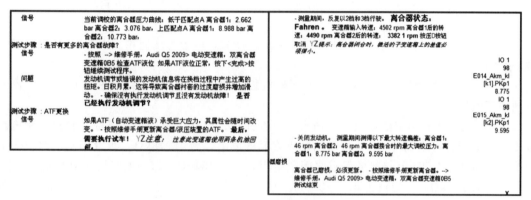

图 4-8-5　测量数据

图 4-8-6　系统测试计划

8. 挂挡起步不走车

（1）车型　A4L，B8。

（2）变速箱型号　CVT。

（3）故障里程　26580km。

（4）故障现象　挂挡起步不走车，转速高于1800r/min时才起步，伴随耸车现象，起步后行驶过程正常。

（5）故障分析

① 用 VAS 5052A 检查控制单元，无故障记录。

② 询问客户得知该车在外肇事没有到4S店内维修，拆装过发动机变速箱总成。

③ 根据客户的描述，推想该车是不是在外拆装过发动机变速箱，加过不是奥迪的专用变速箱油导致的。建议客户更换变速箱油后试车，换油后试车故障依旧。

④ 拆检变速箱后发现离合器片烧蚀，输入链轮装置和输出链轮装置链轮磨损，出现斑点，建议更换（图4-8-7）。

（6）解决措施　更换离合器片、输入链轮装置、输出链轮装置、链条。

（7）附加分析　由于该车肇事在外修理，可能中途缺少变速箱油而行驶过，导致变速箱组件磨损。

9. 挂 R 挡车辆不能后退

（1）车型　Q5。

(a) 离合器片　　　　(b) 链轮装置　　　　(c) 链轮装置

图 4-8-7　磨损位置

(2) 变速箱型号　0B5。

(3) 故障里程　52516km。

(4) 故障现象　挂 R 挡车辆不能后退；组合仪表显示变速箱 R 挡齿轮故障。

(5) 故障分析

① 用 VAS 6510B 检测，有故障码存储：P174F00，内容为变速箱 2 中的阀 4 电气故障，被动/偶发。

② 按照引导性故障查询的提示，拆下机电控制单元。初步检查线路板、电磁阀，没有发现损坏痕迹。

③ 拔下 J217 和印制电路板 1 的插头，检查针脚，没有弯曲、变形痕迹。测量印制电路板 1 上插头的针脚 1 到与 N440 接触的触点之间的电阻，为 1.278kΩ。测量印制电路板 1 上插头的针脚 2 到与 N440 接触的触点之间的电阻，为 1.184kΩ。印制电路板 N440 插头 1 和 2 总电阻约为 2.4kΩ [规定值为 4.1～5.5Ω(20℃)]。测量电磁阀 N440 的电阻，为 5.3Ω（测量与之类似的阀 N436 的电阻，也为 5.3Ω）。

④ 由此可见，是印制电路板的电阻过大，导致故障产生。

(6) 解决措施　更换印制电路板。

10. 倒挡偶尔不走车

(1) 车型　Q5。

(2) 变速箱型号　0B5。

(3) 故障里程　68156km。

(4) 故障现象　倒挡偶尔不走车。

(5) 故障分析　车主反应半年前挂倒挡偶尔"爬行"，熄火后重新启动正常，挂 D 挡行驶正常；现在故障频繁出现，熄火重新启动后故障依旧，但加大油门能够缓慢地"爬行"，行驶起来后正常，故障在坡道发生的频率高。

检查变速箱油位和油品，正常。检查变速箱系统，无故障码，未查到相关的 TPI。根据变速箱的机械构造原理，1 挡、3 挡、5 挡、7 挡由 K1 离合器控制，压力传感器 G193 监控 K1 离合器的实际压力并反馈给 J217；2 挡、4 挡、6 挡、R 挡由 K2 离合器控制，压力传感器 G194 监控 K2 离合器的实际压力并反馈给 J217。根据原理分析离合器出现故障的可能性较大，查看相关数据流，发现在变速箱倒挡不能够正常行车时主油压的电流已经达到 588.9mA，K2 离合器压力传感器 G194 的压力只有 1.5bar，而正常车辆都为 2.3～2.8bar。

由于偶尔压力低车辆爬行离合器可能性较小，滑阀箱故障的可能性较大，于是替换滑阀箱后在坡道上频繁试车，故障排除，但是起步反应较慢。

做离合器接触点匹配，出现挂 D 挡耸车，耸车时 G193 反馈压力为 3.65bar。分析问题点应该是离合器磨损后匹配油压高造成的,更换离合器后匹配试车,出现 D 挡和 R 挡连续耸车,查看油压在 1.4～3.5bar 之间交替变化,随耸车节奏一致,分析问题出在液压部分。根据油路分析,在去往散热器的管路中有个压力式滤清器没有检查,会不会影响到油压的变化?拆卸外部压力式滤清器检查,异常,更换后匹配试车,故障彻底排除。

0B5 变速箱的机械原理和控制原理如图 4-8-8 及图 4-8-9 所示。

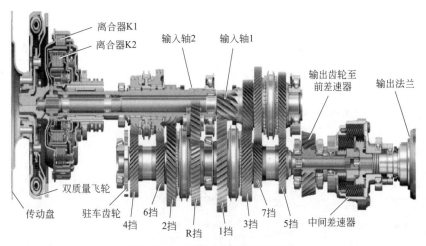

图 4-8-8　0B5 变速箱的机械原理

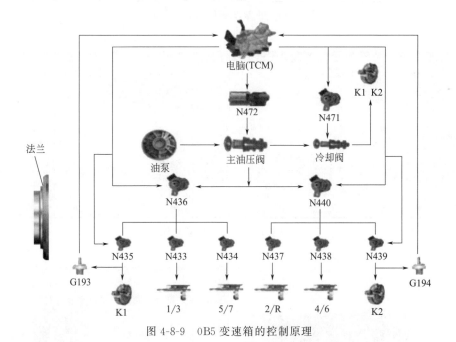

图 4-8-9　0B5 变速箱的控制原理

变速箱正常和故障时数据流对比如图 4-8-10 所示。

正常车辆挂挡时的数据流如图 4-8-11 所示。

耸车时的数据流如图 4-8-12 所示。

有故障的压力式外部过滤器和更换完成匹配后的数据如图 4-8-13 所示。

(6) 解决措施　此车更换滑阀箱、离合器、外部过滤器匹配后故障彻底排除。

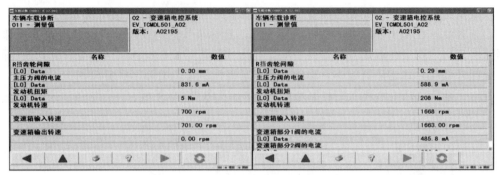

图 4-8-10 变速箱正常和故障数据流对比

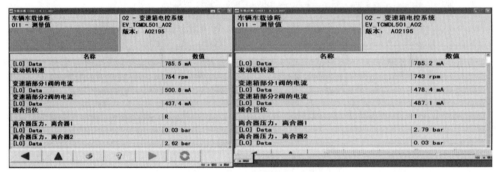

图 4-8-11 正常车辆挂挡时的数据流

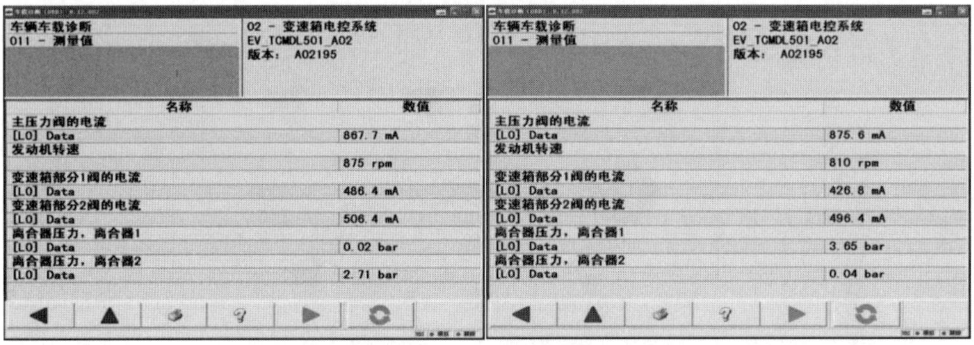

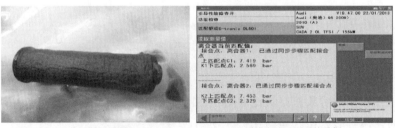

图 4-8-12 耸车时的数据流

(a) 外部过滤器　　(b) 更换完成匹配后的数据

图 4-8-13 有故障的压力式外部过滤器和更换完成匹配后的数据

第五章

电气系统故障维修

第五代奥迪旗舰产品再次见证了技术领先——采用新的设计风格、具有创新性的触屏操纵设计以及传动系统的持续电气化。另外奥迪 A8（Typ4N）还是世界上第一款大批量生产的可高度自动化驾驶的轿车。自 2018 年起，德国奥迪公司逐渐在生产中采用各种先导式驾驶功能。

所有动力总成都与皮带-起动机-发电机一同工作，皮带-起动机-发电机是 48V 供电网的核心。这种 MHEV（Mild Hybrid Electric Vehicle，轻度混合动力电动车）技术能在发动机关闭时让车辆滑行且能很方便地再启动。另外，该技术还有扩展型智能启停功能。

德国奥迪公司这款新 A8 上的轻度混合动力总成由两个中心模块组成。一个模块是发动机前面的水冷式皮带-起动机-发电机，一根能承受高负荷的多楔皮带将该模块与曲轴相连。皮带-起动机-发电机能量回收能力高达 12kW，转矩可达 60N·m。第二个模块就是锂离子电池，其充电容量为 10A·h，电压为 48V。在这款新开发的大型豪华轿车上，新开发的 48V 电网是主电网，12V 电网是通过一个 DC/DC 变压器接到主电网上的（图 5-0-1）。这个锂离子电池安放在后备厢内，其大小与一个较大的铅酸蓄电池相当。温度管理方面使用的是可控式空气冷却。

图 5-0-1 线束布置

采用 48V 的这种 MHEV 技术非常舒适且高效。在司机以 55～160km/h 开车行驶时，松开油门踏板后车辆在发动机完全关闭的情况下最多可以滑行 40s。在较低车速滑行时，智能启停系统会在车速为 22km/h 时开始工作。

第一节　供电系统

1. 12V 车载蓄电池

奥迪 A8（车型 4N）上的 12V 车载蓄电池（图 5-1-1）安装在右后侧围板内。根据车辆装备情况，使用不同规格的蓄电池来适应各种车辆的特殊需求。

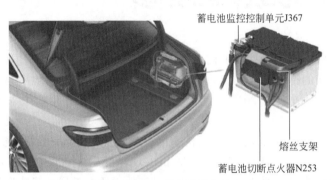

图 5-1-1　12V 车载蓄电池

在该蓄电池正极上装有一个熔丝支架和蓄电池切断点火器 N253（也称蓄电池分离元件）。如果在约束系统已触发的情况下激活了蓄电池切断点火器，那么起动机、预热塞（柴油机）、二次空气泵（汽油机）以及散热器风扇就都与 30 号线脱离，就是说都没电了。

在该蓄电池的负极上有蓄电池监控控制单元 J367，该控制单元与搭铁线构成了一个整体。J367 有时也用蓄电池数据模块（BDM）这个名称。检查蓄电池时必须用车辆诊断仪来进行，尤其是在质量担保期内时。故障导航中的检测程序不但会检查蓄电池电压和蓄电池内阻，还会分析车载蓄电池的历史数据。这样的话，在评估车载蓄电池时，就能考虑到蓄电池的老化程度以及所出现的电压低于要求的情况。要想实现这样的评估，在安装新蓄电池时，必须让新蓄电池与蓄电池监控控制单元 J367 进行自适应。

2. EFB 蓄电池

EFB 蓄电池是增强型富液蓄电池的意思，这是一种增强型的湿式车载蓄电池。该蓄电池内部的正极板上另涂有一层聚酯织物，这样的话，蓄电池的活性物质就更能牢靠地固定在极板上。这种车载蓄电池的循环稳定性要高于普通车载蓄电池。EFB 蓄电池的充电过程与普通的车载蓄电池完全一样。

3. AGM 蓄电池

AGM 蓄电池是吸收式超细玻璃纤维隔板蓄电池，该蓄电池的电解液被吸收在微玻璃纤维内。这种车载蓄电池不但具有很高的循环稳定性，其防泄漏安全性也非常出色，这在把蓄电池安装在车内时显得非常重要。在充电时，要注意充电器使用说明书上的说明，必要时要设置 AGM 蓄电池程序。

奥迪 A8（车型 4N）上使用的蓄电池见表 5-1-1。

表 5-1-1　奥迪 A8（车型 4N）上使用的蓄电池

EFB	AGM-车载蓄电池
69A·h/360A	68A·h/380A

续表

EFB	AGM-车载蓄电池
70A·h/420A	92A·h/520A
	105A·h/580A

4. 跨接启动点

跨接启动点在发动机舱内右侧，冷却液膨胀罐和流水槽之间（图5-1-2）。

图 5-1-2　跨接启动点

这个连接点也可用于在展厅以及在服务站进行诊断时给两个车载蓄电池充电。

这个跨接启动点本身位于 30 号端子分线器 TV2 上，它由 12V 车载蓄电池的红色 $70mm^2$ 的线来供电。TV2 旁边就是 30 号端子分线器 TV3，其上有 3 个熔丝。散热器风扇、预热塞以及二次空气泵就是通过这三个熔丝来供电的。分线器 TV2 上的黑色 $70mm^2$ 的线通向 12V 起动机，抗干扰电容器 C24 装在该分线器旁。

5. 12V 供电结构

图 5-1-3 展示了奥迪 A8（车型 4N）上的供电结构一览，这是个原理示意图。

6. 熔丝和继电器

各分线器上的熔丝以及继电器/熔丝支架 SR1 上的熔丝，在电路图上只用一个字母和一个数字来标示；车上各处分布的单个熔丝也是这样的。

继电器/熔丝支架 SR2 和 SR3 上的熔丝以及熔丝支架 SF 上的熔丝（图 5-1-4），都是司机够得到的，因此在车辆的使用说明书中有说明。

7. 导线

（1）蓄电池主线　与前代车型一样，奥迪 A8（车型 4N）上也有铝制的蓄电池主线。但与前代车型上不同的是，现在的这个主线是整体式的，它用红色 PVC 层来绝缘，线的横截面积是 $150mm^2$。该线的起点是 12V 蓄电池正极上的柔性圆导线。

该线再往前，就是从后备厢坑道右侧门槛处，这个主线是刚性扁平带。主线从这里再次变为柔性圆导线，在右侧 A 柱附近穿过前隔板进入发动机舱并到达分线器 TV2（图 5-1-5）。

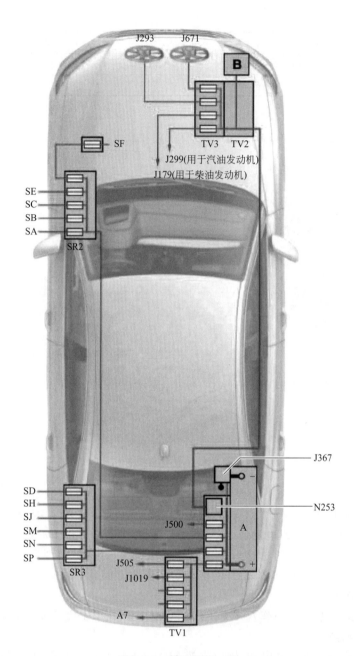

图 5-1-3 供电结构一览

A—12V 蓄电池；A7—变压器，48V/12V；B—起动机；J179—预热时间自动控制控制单元；J293—散热器风扇控制单元1；J299—二次空气泵继电器；J367—蓄电池监控控制单元；J500—转向助力控制单元；J505—前挡风玻璃加热控制单元；J671—散热器风扇控制单元2；J1019—后轮转向控制单元；N253—蓄电池切断点火器；SA~SF, SH, SJ, SM, SN, SP—熔丝支架；SR2—继电器和熔丝支架，在左侧A柱下部；SR3—继电器和熔丝支架，在后备厢内左侧；TV1—分线器，在后备厢内右侧；TV2—分线器，在发动机舱内右侧；TV3—分线器，在发动机舱内右侧

(2) 铜线　与以前一样，大部分线束仍是采用铜线，导线横截面积相差很大，从 CAN 总线网络使用的 $0.13mm^2$ 导线到大功率用电器使用的 $75mm^2$ 供电线都有。

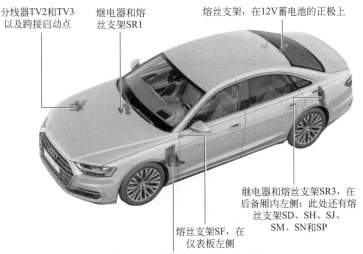

图 5-1-4　熔丝和继电器

图 5-1-5　蓄电池主线

横截面积很小的铜线，可用线束修理包 VAS 1978B 来修理；横截面积 $10.0mm^2$ 和 $16.0mm^2$ 的导线可用线束修理包 VAS 631003 来修理；横截面积超过 $16.0mm^2$ 的导线在有故障时必须更换。

(3) 铝线　与奥迪 A4（车型 8W）一样，除了蓄电池主线是铝制的外，还使用了横截面积是 $2.5mm^2$、$4.0mm^2$ 和 $6.0mm^2$ 的铝线。但与蓄电池主线不同的是，这些铝线在有故障时可以用线束修理包 VAS 631001 来修理。

车上的某些区域使用铝线，可以进一步降低线束的重量。铝线与铜线相比，柔韧性要差一些，因此铝线不会用于需要运动的位置处（比如车门内）。

第二节　48V 供电网

48V 技术在奥迪 Q7 上就已经采用了，但是在奥迪 Q7 上只是子供电网，带有 12V 发电机。这个 12V 发电机通过一个变压器来给 48V 蓄电池供电，然后这个 48V 蓄电池再给特殊部件供应 48V 的直流电。随着这个 48V 子供电网的引入，还出现了两个新的端子名称：端子 40，用于 48V 正极侧；端子 41，用于 48V 负极侧。

奥迪 A8（车型 4N）是第一个装备有 48V 主供电网的奥迪车型。具体说就是使用了水冷式皮带驱动的启动发电两用机以及一个 48V 锂离子蓄电池。这个 48V 供电网同时也是 MHEV(Mild Hybrid Electric Vehicle，轻度混合动力电动车) 技术的基础。这款奥迪 A8（车型 4N）也经常被称作 48V-MHEV（图 5-2-1）。

图 5-2-1　48V 主供电网组成

1. 48V 供电网部件

48V 供电网的主要部件是皮带驱动的启动发电两用机和锂离子蓄电池。这个皮带驱动的启动发电两用机在作为发电机用时，其功能就是为 48V 供电网提供电能；如果作为起动机用时，那它就被看作是 48V 供电系统中的用电器。变压器就是 48V 供电网和 12V 供电网之间的连接部件（图 5-2-2）。

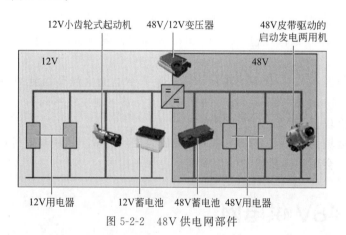

图 5-2-2　48V 供电网部件

12V 供电网中使用铅酸蓄电池来为所有 12V 用电器供电，在奥迪 A8（车型 4N）上市时，这些用电器包括了全部控制单元以及 12V 小齿轮式起动机。但该起动机只在冷启动时启动内燃机用，在其他时候的启动则由 48V 皮带驱动的启动发电两用机来完成。

2. 电能管理

数据总线诊断接口 J533（网关）负责 12V 供电网和 48V 供电网的电能管理。J533 从蓄电池监控控制单元 J367 处获取 12V 蓄电池的状态信息，J367 通过 LIN 总线与 J533 进行通信。

皮带驱动的启动发电两用机通过子总线系统把信息发送给发动机控制单元 J623，J623 通过 FlexRay 总线来与网关进行通信。

网关是通过混合动力 CAN 总线（CAN-Hybrid）来与变压器以及 48V 蓄电池进行通信的。

48V 供电网以及与供电相关的 12V 部件的原理示意（图 5-2-3）。

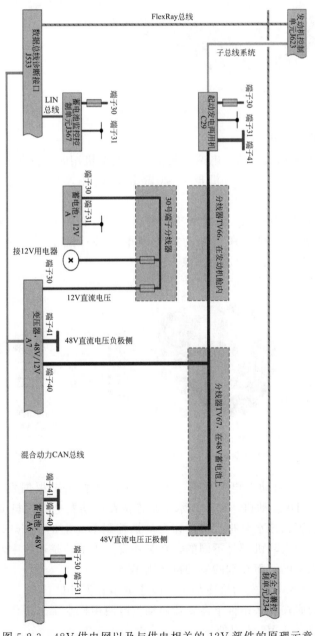

图 5-2-3　48V 供电网以及与供电相关的 12V 部件的原理示意

48V 部件如图 5-2-4 所示。

图 5-2-4　48V 部件

3. 启动发电两用机 C29

C29 是 48V 皮带驱动式启动发电两用机。当作发电机用时，它为 48V 蓄电池充电并给变压器输送 48V 直流电。该电机既可以做起动机用，也可以为内燃机提供帮助（Boost 功能）。

启动发电两用机 C29（图 5-2-5）是水冷式的，它配备有一个电动水泵。C29 通过子总线（也常被称作专用 CAN 总线）来与发动机控制单元进行通信，通过脉冲宽度调制信号（PWM 信号）来操控启动发电两用机水泵 V621。

图 5-2-5　启动发电两用机 C29（3.0L TDI 发动机上的连接情形）

（1）V621 的操控　启动发电两用机水泵 V621 的操控情况根据发动机的不同而不同。如果配备的是 3.0L TDI 发动机，那么该水泵是连接在启动发电两用机上的；如果配备的是 3.0L TFSI 发动机，那么该水泵是直接连在发动机控制单元上的。V621 接入发动机冷却循环中的方式，也是每种发动机都是不同的，在某些发动机上，是通过主水泵来帮助冷却液流经启动发电两用机水泵的，而在别的发动机上则不是。

在有些情况下，V621 在发动机冷却循环内还承担着另外的任务。发动机控制单元的软件中已经规定好了到底在什么条件下需要让启动发电两用机水泵来工作。在售后服务中，可通过执行元件诊断来激活 V621 以便进行功能检查（表 5-2-1）。

表 5-2-1　技术数据

名称	启动发电两用机水泵 C29
诊断地址	00CC
通信	通过专用 CAN 总线接发动机控制单元
48V 正极/负极端子名称	40/41
额定转速	6000r/min
传动比（启动发电两用机，内燃机）	2.72～3.40（取决于发动机）
电机模式时的额定电压	40V
发电机模式时的额定电压	51.5V
电机模式时的额定功率(Boost[①],最长 5s)	约 6kW[编写本书时，奥迪 A8（车型 4N）上的 Boost 功能尚不具备]
发电机模式时的额定功率(能量回收[②],最长 5s)	约 14kW
发电机模式时的持续额定功率	约 5kW
电机模式时的最大转矩	60N·m

① Boost：启动发电两用机这时是当电机用的，用于辅助内燃机。
② 能量回收：回收能量，就是说在车辆超速减速滑行或者制动时利用车辆的动能，发电机可发出更大的功率。

（2）与内燃机的连接　启动发电两用机是通过多楔皮带与内燃机相连的。启动发电两用机在发电机模式时是从动部件，在电机模式时（比如启动）则是主动部件，这样对皮带张紧器的要求则很高。

皮带张紧器的张紧元件要符合各种发动机的要求且可直接安装在启动发电两用机上或者也可安装在缸体上。重要的是：皮带张紧器能够保证启动发电两用机皮带轮上有尽可能大的多楔皮带包覆角（图 5-2-6）。

(a) C29用作发电机　　　　　　(b) C29用作起动机

图 5-2-6　C29 作用

（3）皮带张紧器类型示例　图 5-2-7 表示的是 3.0L TFSI 发动机的启动发电两用机。这个类型的皮带张紧器是安装在发动机缸体上的。

图 5-2-8 表示的是 3.0L TDI 发动机的启动发电两用机。这个类型的马蹄铁状的皮带张紧器是安装在启动发电两用机端面上。

4. 48V 蓄电池

奥迪 A8（车型 4N）上的 48V 蓄电池安装在后备厢坑内中间位置，它是锂离子蓄电池。锂离子蓄电池与铅酸蓄电池相比有优势：比如能量密度更高，循环稳定性更好。但这种蓄电池有个缺点：要防止蓄电池电子装置导致蓄电池格深度放电，因为这种深度放电会导致蓄电池格短路和蓄电池损坏。

图 5-2-7　皮带张紧器安装在发动机缸体上　　图 5-2-8　皮带张紧器安装在启动发电两用机端面上

机械损坏会导致内部短路,潮气进入也会导致化学反应,因此一定要防止损坏蓄电池壳体。由于蓄电池壳体是塑料制的,因此蓄电池在车上是安装在一个保护罩中的,这个保护罩是金属制成的,并用夹板固定在车的底板上(图 5-2-9)。

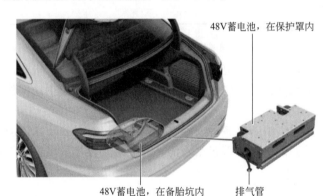

图 5-2-9　安装位置

蓄电池组件:塑料壳体、控制单元(蓄电池管理)、13 个锂离子蓄电池格、1 个继电器、1 个熔丝、4 个风扇。

5. 联网

48V 蓄电池使用混动动力 CAN 总线,可使用车辆诊断仪用诊断地址 0021 来调用。这个 48V 直流系统的正极侧称为端子 40,负极侧称为端子 41(表 5-2-2 和图 5-2-10)。

表 5-2-2　技术数据

名称	蓄电池(48V,A6)
诊断地址	0021
通信	混合动力 CAN 总线
正极/负极端子名称	40/41
额定电压/V	48
容量/A·h	9.6
电池格数量/个	13
电池格电压/V	3.68
工作温度/℃	-30~60
质量/kg	约 10
冷却	空气冷却,通过激活 4 个风扇来实现

第五章　电气系统故障维修

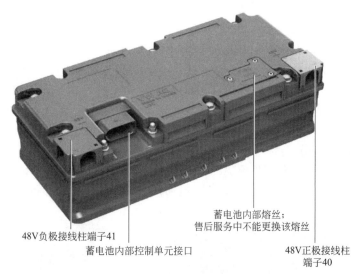

48V负极接线柱端子41
蓄电池内部控制单元接口
蓄电池内部熔丝；售后服务中不能更换该熔丝
48V正极接线柱端子40

图 5-2-10　48V 蓄电池

48V 蓄电池内的控制单元会测量各个电池格的电压和温度，并把这些数据传送给数据总线诊断接口 J533。另外，如果蓄电池温度超过了 28℃，那么该控制单元会接通内部的 4 个风扇。

6. 蓄电池内部控制单元

除了 12V 供电和控制单元混合动力通信线外，蓄电池内部控制单元上还连接有安全气囊控制单元 J234 的信号线（图 5-2-11）。在触发的情况下，蓄电池（A6）中的继电器会断

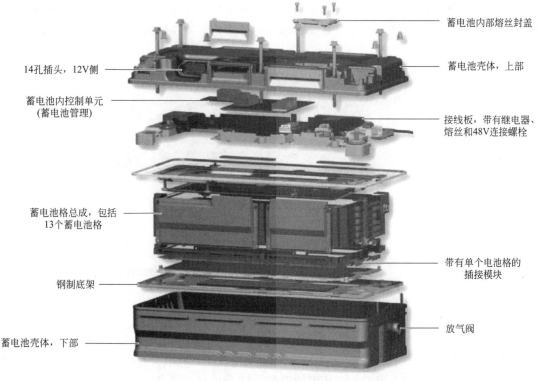

14孔插头，12V侧
蓄电池内控制单元（蓄电池管理）
蓄电池格总成，包括13个蓄电池格
钢制底架
蓄电池壳体，下部
蓄电池内部熔丝封盖
蓄电池壳体，上部
接线板，带有继电器、熔丝和48V连接螺栓
带有单个电池格的插接模块
放气阀

图 5-2-11　蓄电池结构

开，于是48V供电网就没电了。需使用车辆诊断仪来进行蓄电池检查（分类），就是读取48V蓄电池内部控制单元的蓄电池数据并进行评估。如果蓄电池没有安装在车上，那么可利用高压诊断盒 VAS 5581 和适配电缆 VAS 5581/1A 将车辆诊断仪连接到蓄电池上。

7. 充电、跨接启动、更换

在发动机运转时，直接由启动发电两用机给48V蓄电池充电。在使用外部的12V充电器进行充电时，48V蓄电池是通过变压器来充电的。充电器不可直接连接到48V蓄电池上。跨接启动可使用分线器 TV2 上的跨接启动点。

8. 变压器（48V/12V）

（1）安装位置　该变压器在奥迪A8（车型4N）上安装在右后后备厢装饰板的后面，在12V蓄电池的上方。该变压器也像12V蓄电池那样，移开盖板就可够得到（图5-2-12）。

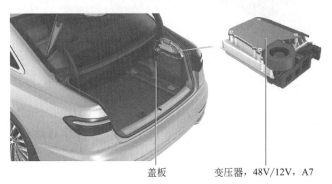

图 5-2-12　变压器安装位置

（2）功能　48V/12V 变压器（A7）是双线变压器，就是说：一方面发电机发出的48V电压可以转换为12V电压来给12V蓄电池充电（图5-2-13）；另一方面，在满足特定前提条件时，也可将12V转换成48V电压，比如说当把外部充电器经跨接启动点接到车上时。

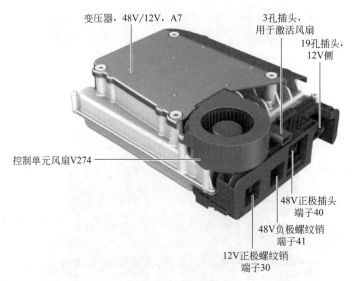

图 5-2-13　变压器接口

（3）激活控制单元风扇 V274　V274 由变压器来激活。风扇 3 孔插头的 3 根导线直接通向变压器的 10 孔插头。在发动机工作着的时候，这个风扇并不是一直在工作的，而是仅在变压器需要主动冷却时风扇才会工作。

这个风扇无续动功能。在售后服务中可以通过变压器地址码来执行 V274 的执行元件诊断，以便检查该风扇（表 5-2-3）。

表 5-2-3　技术数据

名称	变压器(48V/12V,A7)
诊断地址	00C4
通信	混合动力 CAN 总线
48V 正极/负极端子名称	40/41
12V 端子名称	30
功率/kW	约 3
质量/kg	约 2.5
冷却	空气,被动式

（4）连接　端子 40 的导线连接插头以及端子 41 和端子 30 螺纹销都有护盖保护着，要想够到这些连接，必须先脱开并掀开护盖。10 针插头可防止护盖脱开（移动），只有当先拔下变压器上的插头时，护盖才会脱开。随后即可掀开护盖并够着这些连接（图 5-2-14）。

(a) 脱开护盖　　　(b) 掀开护盖

图 5-2-14　连接接口

1～3—顺序

（5）工作状况　即使行驶状况是车辆的"正常"工作状态，也还是可能有其他情形。这些情形连同其对变压器和 48V 蓄电池以及 12V 蓄电池的影响，都归纳到表 5-2-4 中。

表 5-2-4　工作状况

发动机运行	端子 15	外部 12V 充电器	变压器	48V 蓄电池内的继电器
是	接通	否	48V→12V	接合
否	接通	否	48V→12V	接合
否	接通	是	12V→48V	接合
否	关闭	是	12V→48V	接合
否	关闭	否	无功能	断开

（6）10 针插接器　混合动力 CAN 总线也在这个 10 针插头上。如果变压器在端子 15 接通的情况下与通信线断开（比如拔下了这个 10 针插头），那么变压器就没电了（图 5-2-15）。48V 蓄电池内的继电器保持接合状态，48V 供电网是有电的。12V 供电网也仍有电，但是不再给 12V 蓄电池充电（表 5-2-5）。

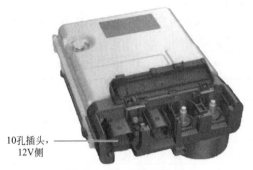

图 5-2-15　10 针插接器

表 5-2-5　工作状况

12V 蓄电池	48V 蓄电池	备注
被充电	被充电	48V 启动发电两用机在工作，为 48V 蓄电池充电并为变压器供电。变压器会变压并给 12V 蓄电池充电
被支持	被放电	48V 蓄电池通过变压器支持 12V 供电网
被充电	被充电	识别出充电器——12V 充电器为 12V 蓄电池充电。变压器将电压变为 48V 并为 48V 蓄电池充电
被充电	未被充电	如果使用的充电器过小，那么就不会有足够大的充电电流去为 12V 蓄电池充电，因此在这个端子 15 循环中，变压器就无法提供 48V 电压，也就无法为 48V 蓄电池充电
被充电	被充电	识别出充电器——12V 充电器为 12V 蓄电池充电。变压器将电压变为 48V 并为 48V 蓄电池充电
被放电	被断开	48V 蓄电池"被断开"12V 蓄电池根据车辆静态电流在放电

9. 48V 车载电网的检修

（1）目的　车上采用 48V 供电系统后，可能会导致有触电危险。因此服务站工作人员必须能识别出 48V 供电网并能安全地去执行各种检修工作。48V 供电网的检修工作只能在断电的情况下来进行，且只能由具有电工基本知识的受过培训的人员来进行（表 5-2-6）。

表 5-2-6　安全规范

识别和标识符号	图示
48V 供电网的正极线 端子 40 的直流电压	▬
48V 供电网的负极线 端子 41 的直流电压	═
48V 蓄电池上的警告提示	

续表

识别和标识符号	图示
48V蓄电池保护罩上和48V分线盒上的警告提示	

(2) 危险　检修带电的48V供电网时，如果失误或处置不当，可能会引起下述危险：
① 短路；
② 故障电弧；
③ 二次危险（因熔化金属喷溅造成的燃烧以及因恐惧而造成的伤害）。

(3) 退出工作状态（即关闭）　在检修前，必须由受过培训的人员将48V供电网关闭。48V供电系统上所谓的"诊断断电"是借助车辆诊断仪中"故障导航"里的检查程序来实现的。这时，通过数据总线诊断接口J533的一个功能就可以断开48V蓄电池的继电器，并按规定方式永久地关闭48V系统。可通过读取48V蓄电池（A6）和48V/12V变压器的电压值来确定48V系统是否确实处于断电状态。

检测报告是检查程序的组成部分，该报告必须由技工打印出来且填写上车辆数据以及48V系统的测量值并能签字。随后再把该报告贴到车上易于看到的位置处。如果检测报告/结果不妥当，那么应手动来关闭48V系统。

(4) 进入工作状态　在完成了检修工作后，需借助车辆诊断仪中"故障导航"里的检查程序来让48V系统再次进入工作状态。

(5) 锂离子技术可能产生的危险　除了电压方面的危险外，锂离子蓄电池内部的结构和电化学"变活"过程也会产生危险。锂离子蓄电池内所含的电解质是易燃的，有爆炸、腐蚀烧伤以及放出有毒气体的危险。因此，锂离子蓄电池在仓储、运输和回收利用方面有专门的规定及方式。

重点应放在如何处置处于临界状态的蓄电池上，这些措施一般都有相应的国标规定。在处置锂离子蓄电池时，请务必遵守所在国的法规要求以及维修手册和故障诊断中的所有提示。

10. 48V MHEV使用和介绍

(1) 概述　MHEV是"轻度混合动力电动车"的意思。这种车上通常多了一个蓄电池以及一个小电机。因此，像增强型能量回收以及通过电机来辅助内燃机（所谓的Boost）这样的功能就都能实现了。内燃机负责车辆驱动和产生电能，MHEV是无法以纯电动模式行驶的。

奥迪A8（车型4N）是一种48V的轻度混合动力电动车（MHEV）。多的那个蓄电池就是48V蓄电池，电机是启动发电两用机，无论是3.0L TFSI的A8还是3.0L TDI的A8均是如此。只有配备第 2 代 3.0L TDI 发动机的 A8（这种车有相应的限制）才不是轻度混合动力电动车（MHEV），相应的也就没有 48V 供电网。

（2）轻度混合动力功能　这种 48V 轻度混合动力电动车可为司机带来很多新功能，这既提高了效率也提高了驾驶舒适性。这些新功能需要另外的操纵和显示。在奥迪 A8（车型 4N）上可实现下述功能：

① 车速＜22km/h 时也可实现自动启停；

② 启动发电两用机可辅助内燃机来工作；

③ 更强的能量回收功能；

④ 内燃机可关闭的智能惯性滑行；

⑤ 通过启动发电两用机改善了内燃机启动舒适性；

⑥ 通过启动发电两用机改善了内燃机关闭时的舒适性；

⑦ 通过启动发电两用机可让内燃机立即再启动（驾驶员改变主意的情形）。

（3）自动启停　在奥迪 A8（车型 4N）上，发动机在车速＜22km/h 时就可由智能启停系统关闭，比如在滑行到红灯处时。

驾驶员在组合仪表上可看到转速表指针位于 "READY" 位置以及绿色的自动启停符号。如果并非所有条件都满足，那么自动启停系统不会让发动机自动关机。比如发动机可能还在预热阶段，在高速公路上行驶时发动机机油温度可能过高，空调系统阻止发动机自动关机等。在这种情况下，车辆停住时发动机会怠速运行，可看到白色的自动启停符号。

（4）更强的能量回收　所谓能量回收，是指利用车辆滑行时的动能来给蓄电池充电。由于轻度混合动力电动车有附加蓄电池，因此就比以前的车有更大的能量回收能力。奥迪 A8（车型 4N）上配备有锂离子蓄电池和 48V 启动发电两用机，这使得其能量回收能力高达 12kW（图 5-2-16）。

所谓的"滑行能量回收"在组合仪表上是以 50％ 的显示出现的。"增强型能量回收"是高效辅助系统要求的，在组合仪表上是以 100％ 的显示出现的（图 5-2-17）。

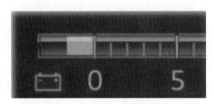　　

图 5-2-16　中等能量回收　　　　　图 5-2-17　最大能量回收

第三节　控制单元

此处所列出的奥迪 A8（车型 4N）的控制单元，有几个是选装的或者特定市场才有。为了清晰明了，此处并未将车上的所有控制单元都列出（图 5-3-1）。

一、数据总线诊断接口 J533

数据总线诊断接口 J533（网关）是标配的控制单元，车上是肯定有的（图 5-3-2）。在奥迪 A8（车型 4N）上，数据总线诊断接口 J533 位于后排长座椅下面中间位置。可通过诊地址码 0019 在车辆诊断仪上调用数据总线诊断接口 J533。

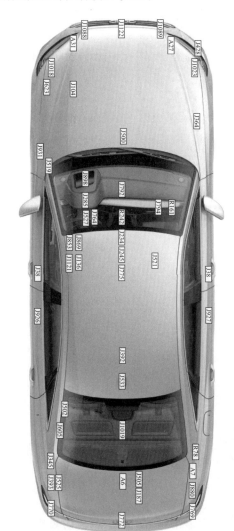

视频精讲

图 5-3-1 控制单元安装位置

A6—蓄电池, 48V; A7—变压器, 48V/12V; A27—右侧 LED 大灯功率模块 1; A31—左侧 LED 大灯功率模块 1; J104—ABS 控制单元; J136—带记忆功能的座椅调节和转向柱调节控制单元; J187—差速锁控制单元; J234—安全气囊控制单元; J245—滑动天窗控制单元; J285—组合仪表内控制单元; J345—挂车识别控制单元; J364—辅助加热控制单元; J386—司机车门控制单元; J387—副司机车门控制单元; J392—后部滑动天窗控制单元; J393—舒适系统中央控制单元; J428—车距调节控制单元; J500—转向助力控制单元; J502—轮胎压力监控控制单元; J505—前挡风玻璃加热控制单元; J519—供电控制单元; J521—带记忆功能的副司机座椅调节控制单元; J525—数字音响包控制单元; J527—转向柱电子控制单元; J533—数据总线诊断接口; J605—后备厢盖控制单元; J623—发动机控制单元; J764—电控转向柱锁控制单元; J769—变道辅助控制单元; J770—变道辅助控制单元 2; J772—倒车摄像头控制单元; J775—底盘控制单元; J792—主动转向控制单元; J794—信息电子 1 控制单元; J853—夜视系统控制单元; J869—车身传声控制单元; J880—还原剂计量系统控制单元; J898—前挡风玻璃投影（抬头显示）控制单元; J926—左后车门控制单元; J927—右后车门控制单元; J931—总成悬置控制单元; J1018—左侧车灯控制单元; J1019—后桥转向控制单元; J1023—右侧车灯控制单元; J1088—左前物体识别雷达传感器控制单元; J1089—右前物体识别雷达传感器控制单元; J1121—驾驶员辅助系统控制单元; J1122—激光车距调节控制单元; R78—TV 调谐器; R161—DVD 换碟机; R242—驾驶员辅助系统正面摄像头

图 5-3-2　数据总线诊断接口 J533

网关承担下述功能：
① 网络系统的网关；
② FlexRay 总线控制器；
③ 诊断主控制器；
④ 低压供电网（12V）电能管理器；
⑤ 中压供电网（48V）电能管理器；
⑥ 各种 Connect-服务的接口。

特点：该网关负责管理奥迪 A8（车型 4N）上首次使用的诊断防火墙。

网关要使用下述数据总线系统：
① 混合动力 CAN 总线；
② 舒适 CAN 总线 1；
③ 舒适 CAN 总线 2；
④ 信息娱乐 CAN 总线；
⑤ 组合仪表 CAN 总线；
⑥ 扩展 CAN 总线；
⑦ FlexRay 总线；
⑧ 诊断 CAN 总线；
⑨ 以太网。

网关不使用下述总线：
① 模块化信息娱乐 CAN 总线；
② MOST 总线。

网关是下述装置的 LIN 总线主控制器：
① 蓄电池监控控制单元 J367；
② 多功能方向盘控制单元 J453。

1. 诊断防火墙

奥迪 A8（Typ4N）在上市时就引入了诊断防火墙，该诊断防火墙是数据总线诊断接口 J533 的一个新安全功能，用于防止车辆在行驶过程中对车辆的敏感数据造成影响。

在 J533 内存储有一个"白名单"，该名单用于控制在诊断防火墙工作时准许哪些服务通过。基本原则是：所有读取服务都被准许，所有写入服务都被阻止。一旦车辆行驶超过了 200km，这个诊断防火墙就会首次被激活。该功能以后还会用到奥迪的其他车型上（图 5-3-3 和表 5-3-1）。

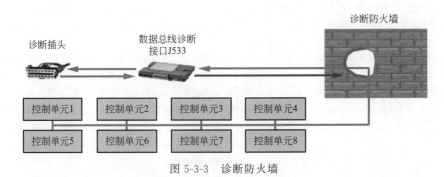

图 5-3-3　诊断防火墙

表 5-3-1 工作状态

关闭诊断防火墙	再次激活诊断防火墙
打开发动机舱盖	在发动机舱盖已关闭的情况下,车辆行驶距离超过了20km
无法与供电控制单元 J519 进行通信(BCM1-Timeout)	一旦又有信号了,诊断防火墙就被再次激活
有来自安全气囊控制单元 J234 的碰撞信号	一旦不再发送碰撞信号,诊断防火墙就被再次激活

白名单:
① 诊断登录;
② 读取故障存储器;
③ 读取测量值;
④ 读取识别数据;
⑤ 清除故障存储器;
⑥ 激活/关闭运输模式;
⑦ 所有网关服务。

阻止的服务:
① 激活执行元件;
② 进行基本设定;
③ 更换控制单元;
④ 检查软件管理 (SVM) 控制单元配置。

当使用 ODIS 进行诊断登录时,会有诊断防火墙已激活的提示。可从数据总线诊断接口 J533 的测量值中读取诊断防火墙的状态。车辆诊断仪上会出现如图 5-3-4 所示的信息。

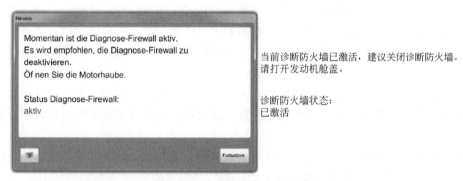

图 5-3-4 车辆诊断仪上提示信息

2. DoIP 通过互联网协议来诊断

(1) 通过 CAN 总线诊断　由于以前车辆诊断都是通过 CAN 总线来进行的,因此通过网关到车上控制单元的数据传输速度就被限制为最高 1Mbit/s。CAN 总线技术的数据传输速率不能再高了,因此 FlexRay 总线的传输速度 (10Mbit/s) 在诊断或者软件升级时就利用不上 (图 5-3-5)。

(2) 通过 CAN 总线和 DoIP 诊断 (图 5-3-6)　加上以太网连接,即可完全利用 FlexRay 总线的带宽。这在发动机控制单元和变速器控制单元配置参数时尤其具有意义。另外,现在还可以同时配置 CAN 总线控制单元的参数。要想利用以太网连接,配备有 WLAN 技术的车辆诊断仪需要使用诊断接口 VAS 6154。

诊断仪硬件方面所需的其他线,在奥迪 Q7 (车型 4M) 上市时就已经有了,这款奥迪

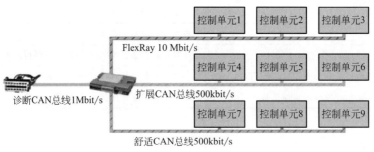

图 5-3-5　诊断 CAN 总线

Q7 是 MLBevo 系列的第一种车型。连接到诊断接口上的线，其颜色和横截面积与 FlexRay 线是相同的，但其任务是实现以太网连接。

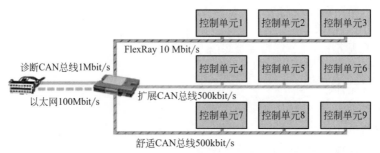

图 5-3-6　通过 CAN 总线和 DoIP 来诊断

（3）可选子网运行　现在的车辆上控制单元数目越来越多，相应的对电能的需求也就越来越大。为了适应这个发展趋势，就将很多系统设计成按需控制式，就是说：相关的系统仅在需要时才会进入使用状态。在以前，当车辆处于工作状态时，所有控制单元都处于活跃状态，都参与总线通信，由于这些控制单元一直处于待命状态，这就需要消耗很多电能。

在将来，各种控制单元（无论它们连接在哪个总线系统上）均可组合成不同的子网。子网中的控制单元只要是不需要，就可保持在关闭状态，如果需要则可被激活。这种技术就可以节约电能。因此，这就需要装备智能收发器，该收发器仅在接收到相应信息时才会激活控制单元。

在新奥迪 A8（车型 4N）上，首先设计了一个"十控制单元"的子网工作模式（图 5-3-7）。

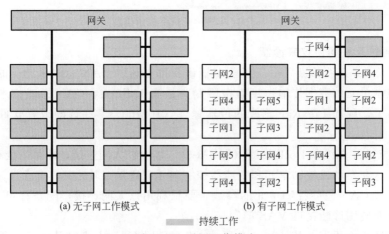

图 5-3-7　子网工作模式

（4）帧识别 在没有可选子网工作模式的网络拓扑结构中，控制单元可识别出 2 种状态（图 5-3-8）：

① 总线空闲，那么控制单元也就不工作；
② 数据总线已激活，那么控制单元也会工作并消耗电能。

在带有子网工作模式的网络中，所选的控制单元配备收发器，该收发器有帧识别模式，就是说：控制单元还能识别第 3 种状态（图 5-3-9）。

数据总线已激活，但是控制单元仍不工作，因为收发器没有识别出唤醒信息（还没有识别到用于唤醒控制单元的数据帧）。

图 5-3-8 控制单元可识别出 2 种状态（无子网工作模式）

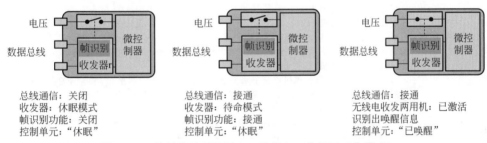

图 5-3-9 控制单元可识别出 3 种状态（有子网工作模式）

二、供电控制单元 J519

J519 是车上的一个中央控制单元，其功能范围在最近几年接连扩展。除了传统的功能外（比如读取众多传感器信息，激活执行元件、车外灯和雨刮操控），J519 内还集成了很多其他功能，比如泊车转向辅助功能或者座椅加热激活功能。

奥迪 A8（车型 4N）现在增添了空调控制功能。因此，空调控制单元连同其诊断地址码 0008 就都取消了。涉及空调系统的所有诊断功能，现在也都是通过 J519 用诊断地址码 0009 来进行。

奥迪 A8（车型 4N）上的供电控制单元 J519 安装在车辆左侧的仪表板下面（图 5-3-10 和表 5-3-2）。

表 5-3-2 简述

名称	供电控制单元 J519/有时也称 BCM1(Body Control Module1)
装备情况	标配
安装位置	车辆左侧的仪表板下（总是安装在左侧，即使是方向盘在右侧的车上也是如此）
任务	车外灯主控制器
	车内灯主控制器

	续表
任务	车灯控制单元诊断网关 各种 Connect 服务的接口 集成功能 (1)泊车 ①驻车辅助 ②泊车转向辅助 (2)氛围照明,激活车内灯模块 (3)空调控制
诊断地址	0009
数据总线通信	(1)是舒适 CAN 总线 2 的用户 (2)J519 是下述的 LIN 总线主控制器 ①LIN1:灯开关 E1,组合传感器为雨水/光强度识别传感器 G397 和空气湿度传感器 G355,雨刮电机控制单元 J400,前挡风清洗泵控制单元 J1100 ②LIN2:车库门开启控制单元 J530,自动防眩目车内后视镜 Y7,车顶电子控制单元 J528,后部车内灯 WX2 ③LIN3:电动调节转向柱控制单元 J866,司机座椅靠背风扇 V388,司机座椅坐垫风扇 V390,副司机座椅靠背风扇 V389,副司机座椅坐垫风扇 V391 ④LIN4:仪表板中间开关模块 EX22,中控台开关模块 EX23 ⑤LIN5:车内灯模块 1～15 ⑥LIN6:车内灯模块 16～30 ⑦LIN7:车内灯模块 31～45 ⑧LIN8:暖风调节器(4个),左后座椅靠背风扇 1 V520,左后座椅坐垫风扇 1 V522,右后座椅靠背风扇 1 V524,右后座椅坐垫风扇 1 V526,后部空调操纵和显示单元 E265 ⑨LIN9:伺服电机(15个) ⑩LIN10:新鲜空气鼓风机控制单元 J126,空气辅助加热控制单元 J604,外部空气质量和空气湿度传感器 G935,翻板定位器(2个),空气改善系统控制单元 J897,车内二氧化碳含量传感器 G929,香氛系统控制单元 J1101 ⑪LIN11:高压传感器 G65,低压侧制冷剂压力和制冷剂温度传感器 G1052,高压侧制冷剂压力和制冷剂温度传感器 G1053,伺服电机(LIN 总线串联 5 个) ⑫LIN12:后部新鲜空气鼓风机控制单元 J391,伺服电机(7个),空调操纵和显示单元 1 E774,空调操纵和显示单元 2 E775,空调操纵和显示单元 3 E776,空调操纵和显示单元 4 E777,空调操纵和显示单元 5 E778,空调操纵和显示单元 6 E884 (3)通过子总线系统与下述装置进行通信:右前和左前 LED 大灯功率模块 A27 和 A31,左侧和右侧车灯控制单元 J1018 和 1023 以及驾驶员辅助系统控制单元 J1121
特点	氛围照明的车内灯模块以及空调伺服电机在相应的 LIN 总线支路上可以串联也可并联,在故障查寻时要注意这个情况。为此请务必注意相应装备的有效电路图

三、照明式安全带锁扣

奥迪 A8（车型 4N）上可以选装照明式安全带锁扣。该选装装置通过 PR 号 6C5 连接到"前部和后部侧面安全气囊,带有头部安全气囊和前、后相互作用安全气囊"上。安全带锁扣有照明,可以方便乘员在黑暗中找到安全带锁扣。这种照明式安全带锁扣分别位于司机和副司机侧的前、后部位。供电控制单元 J519 在功能上是安全带锁扣照明的"车内灯主控制器"。

安全带锁扣本身的功能并无变化。每个安全带锁扣都有个开关,用于识别是否系上了安全带,两针插头就足够用了。照明式安全带锁扣还另有带两个 LED 的电子装置。这些安全带锁扣使用五针插头,其中的四个针脚是被占用了。用于识别是否系安全带的开关的两根导线连接在安全气囊控制单元 J234 上。还有两根导线用于激活 LED。LED 照到光纤上,光纤照亮安全带按键周围（图 5-3-11）。

图 5-3-10 供电控制单元 J519

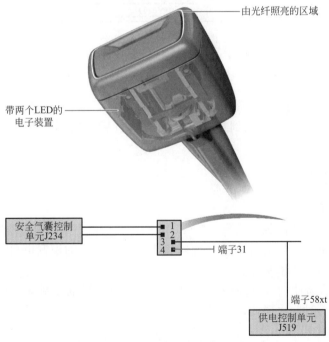

图 5-3-11 照明式安全带锁扣

激活照明：照明式安全带锁扣的发光二极管连接在端子 58xt 上，该端子由供电控制单元 J519 激活。端子 58xt 用于开关搜寻照明，就是说：如果车辆开锁了或者在已开锁的车上打开了某个车门,那么 J519 就会激活端子 58xt。这样就接通了车内灯以及重要操纵元件的照明,比如启停按键以及照明式安全带锁扣。这个照明有车内灯延时关闭功能,在经过一定时间后关闭。

四、自动防眩目车内后视镜

如果有从后面来的入射光(后面跟行车辆的大灯灯光),那么车内后视镜(可能包括车外后视镜)可自动防眩目。用于光识别的光敏传感器位于车内后视镜玻璃面后中间靠上位置,司机是无法看到的。自动防眩目后视镜:

① "无框式"外观,壳体带有隐形镜边,可选装镀铬镶饰;
② 预配指南针显示,用于远光灯辅助电子系统和各种辅助系统的摄像头;
③ 自动防眩目技术使用半透明玻璃后面的强光传感器(司机看不到这个传感器);
④ 用于控制车内后视镜变暗的电子装置也负责车外后视镜的变暗;
⑤ 是车内后视镜模块 EX5 的一部分;
⑥ 是供电控制单元 J519 的 LIN 总线用户,可用车辆诊断仪通过诊断地址码 0009 来调用。

原理示意如图 5-3-12 所示。

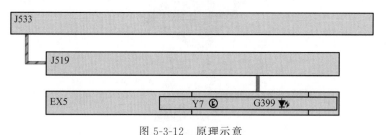

图 5-3-12 原理示意

EX5—车内后视镜;G399—光识别传感器;J519—供电控制单元;
J533—数据总线诊断接口;Y7—自动防眩目车内后视镜

如果照到车内后视镜(图 5-3-13)的入射光变弱了,那么自动防眩目后视镜不会正常工作。在接通了车内灯或者挂入倒挡时,自动防眩目后视镜不会变暗(也就是不起防眩目作用)。

五、雨刮和清洗装置

1. 前挡风玻璃清洗装置

标配的前挡风玻璃清洗装置(图 5-3-14)在结构和功能上与以前奥迪车型上所用的装置是类似的。安装在流水槽处的雨刮连杆连同集成有控制单元的雨刮电机会让两个雨刮臂摆动,雨刮臂上装备有无骨雨刮片。

雨刮电机控制单元 J400 自奥迪 A3 2004 年上市时就是供电控制单元 J519 的 LIN 总线从控制器,它可实现多种刮水功能,比如:

① 点动刮水;
② 后续刮水;
③ 雨刮片停止位置交变;
④ 靠近反转点处时转速降低;

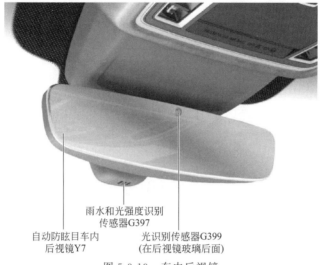

图 5-3-13　车内后视镜

⑤ 车速决定刮水速度；
⑥ 将雨刮臂置于维修位置以便更换雨刮片。

图 5-3-14　前挡风玻璃清洗装置（一）

2. 功能图

雨刮开关 E 的信号由转向柱电子控制单元 J527 通过 FlexRay 总线发送给数据总线诊断接口 J533，J533 随后再把该信息经舒适 CAN 总线 2 传至供电控制单元 J519（图 5-3-15）。供电控制单元随后经 LIN 总线激活雨刮电机控制单元 J400。前挡风玻璃清洗泵 V5 由供电控制单元单独激活。

标配的前挡风玻璃清洗装置由带清洗泵的清洗液罐、清洗液软管和三个玻璃清洗喷嘴组成。前挡风玻璃清洗喷嘴集成在发动机舱盖的下面（图 5-3-16）。这些喷嘴是可加热式的，并有调节螺栓可实现精确调节，这样可使得清洗液更好地分配到前挡风玻璃上。清洗喷嘴的加热电阻直接由供电控制单元通电。

3. 集成有清洗喷嘴的自适应式前挡风玻璃雨刮器（湿臂雨刮器）

奥迪 A8（车型 4N）可以选装集成有清洗喷嘴的自适应式前挡风玻璃雨刮器，该系统也常被称作湿臂雨刮器。在这种装备上，玻璃清洗喷嘴是集成在两个雨刮臂上的，且安装在雨

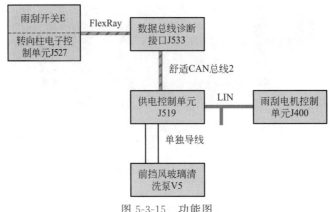

图 5-3-15 功能图

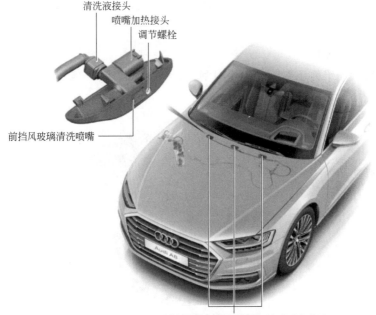

图 5-3-16 前挡风玻璃清洗装置（二）

刮片的上方或下方。每个雨刮臂上的两个喷嘴通道都装备有加热器。

清洗液根据需要被直接喷到雨刮片附近的前挡风玻璃上，与标配的玻璃清洗装置相比，清洗液用量少且清洗效果更佳。另外，不会有恼人的清洗液涌到前挡风玻璃上，从而也就能保证在清洗过程中仍能有良好的视野，这对行车安全很有好处（图 5-3-17 和图 5-3-18）。

雨刮连杆连同雨刮电机控制单元 J400 与标配前挡风玻璃清洗装置上的是相同的。每个雨刮臂上各有两个集成的加热喷嘴通道是为湿臂雨刮器预留的（图 5-3-19）。每个雨刮臂有两个用于喷嘴通道的清洗液接头和一个加热电阻供电接头。

4. 雨刮臂

在每个雨刮臂上集成有两个喷嘴通道：一个通道负责雨刮片上方的玻璃清洗喷嘴；另一个通道负责雨刮片下方的玻璃清洗喷嘴。每个喷嘴通道有 11 个喷口（图 5-3-20）。每个喷嘴通道的顶端的喷嘴都设计成可调节的球形喷嘴，这样就可以控制清洗液出流方向，其他喷嘴是不可调的。

图 5-3-17 雨刮片上方的清洗喷嘴在工作

图 5-3-18 雨刮片下方的清洗喷嘴在工作

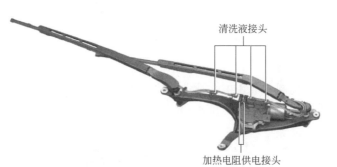
图 5-3-19 雨刮连杆连同雨刮电机控制单元

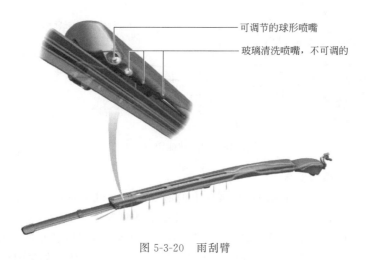
图 5-3-20 雨刮臂

5. 前挡风玻璃清洗泵控制单元

配备有选装的湿臂雨刮器的车上，使用的是一种新开发的前挡风玻璃清洗泵控制单元J1100。该控制单元安装在流水槽内，它使用脉冲宽度调制（PWM）信号来激活玻璃清洗泵和雨刮臂内的加热电阻（图 5-3-21）。

湿臂雨刮器系统的玻璃清洗泵 V5 是双泵式结构。如果泵朝一个方向转动，那么就是为雨刮臂上方的玻璃清洗喷嘴供应清洗液；如果泵朝另一个方向转动，那么就是为雨刮臂下方

图 5-3-21　前挡风玻璃清洗泵控制单元

的玻璃清洗喷嘴供应清洗液。

前挡风玻璃清洗泵控制单元 J1100 是供电控制单元 J519 的 LIN 总线从控制器。在同一支路上还连接有雨刮电机控制单元、雨水/光和湿度传感器和灯开关（图 5-3-22）。

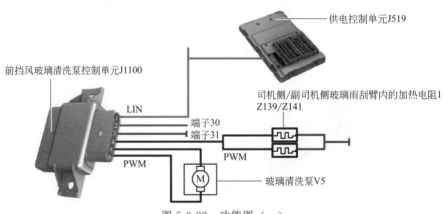

图 5-3-22　功能图（一）

6. 激活前挡风玻璃清洗泵

PWM 信号既负责控制喷到前挡风玻璃上的清洗液量，也负责控制喷清洗液的时刻。该泵旋转方向的改变就可实现选择雨刮片上侧的玻璃清洗喷嘴还是选择雨刮片下侧的玻璃清洗喷嘴这个功能。玻璃清洗泵的激活取决于车外温度、雨刮臂位置以及车速。有两种不同的特性曲线：冬季模式和夏季模式。冬季模式在温度低于 5℃ 才会工作；如果温度升至高于 7℃，那么就切换到夏季模式特性曲线。每种模式（冬季/夏季）根据车速情况，还会细分成 4 个特性曲线。因此，玻璃清洗泵的激活就总共有 8 种形态。图 5-3-23 和图 5-3-24 表示的是在冬季模式 1 时玻璃清洗泵的激活状况。

图 5-3-23 表示的是雨刮片从下反转点向上反转点的运动情况。

图 5-3-24 表示的是雨刮片从下向上运动时清洗液的分布情况。在马上就要达到相应的反转点前，反向一侧的清洗喷嘴就会被激活（图 5-3-24）。

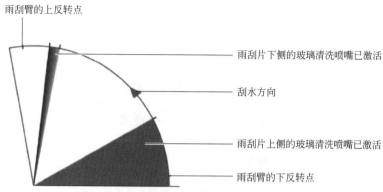

图 5-3-23 雨刮片从下反转点向上反转点运动

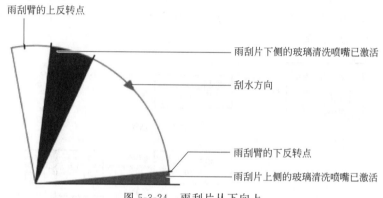

图 5-3-24 雨刮片从下向上

雨刮臂内的加热电阻也是通过 PWM 信号来激活的。如果车外温度高于 4℃，那么加热电阻是不会被激活的。如果车外温度达到 -2℃ 或更低温度，那么加热电阻会被完全激活（PWM 信号 100%）。如果车外温度在上述两个温度之间，那么 PWM 信号呈线性变化（图 5-3-25）。

7. 大灯清洗装置和夜视系统清洗装置

需要清洗装置来清洗的区域并不仅限于前挡风玻璃，奥迪 A8（车型 4N）上还可以装备大灯清洗装置，每个大灯配备有两个清洗喷嘴。清洗喷嘴是隐藏在保险杠上的盖板下，只有操纵时才会伸出（图 5-3-26）。

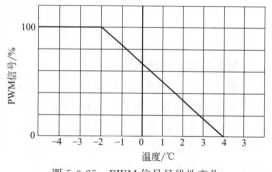

图 5-3-25 PWM 信号呈线性变化

如果奥迪 A8（车型 4N）上配备有夜视辅助系统，那么该系统的摄像头也有一个清洗喷嘴。这两个系统由同一个清洗液泵来供应清洗液，司机需要通过操纵雨刮拨杆来实施清洗。

大灯清洗系统和夜视辅助系统摄像头的清洗系统要想工作的话，有个前提：大灯必须是接通的。供电控制单元 J519 通过 LIN 总线从灯开关接收近光灯已接通的信息，或者雨水/光强度识别传感器的信息表明现在是处于黑暗中。如果这时操纵了雨刮开关 E，其信号会被转向柱电子控制单元 J527 经 FlexRay 总线送至数据总线诊断接口 J533。J533 会经舒适

图 5-3-26　大灯清洗装置和夜视系统清洗装置

CAN 总线 2 把这信息传给供电控制单元（图 5-3-27）。供电控制单元随后会激活大灯清洗泵 V11。在首次操纵了雨刮拨杆时，就清洗了大灯和夜视辅助系统，随后会以预定的间隔来清洗，不必激活夜视辅助系统。

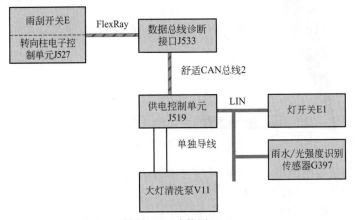

图 5-3-27　功能图（二）

8. 激光扫描器清洗装置

奥迪 A8（车型 4N）可装备自适应驾驶辅助系统，该系统包含一个用于识别本车前部物体用的激光扫描装置（图 5-3-28）。该扫描装置与激光车距调节控制单元 J1122 构成一个单元。为了保证正常功能，这个激光扫描器在脏污时必须能清洗。因此就在激光扫描器左侧和右侧各装一个清洗喷嘴。如果激光车距调节控制单元 J1122 识别出的信号过弱，它会自动请求清洗，司机是无法激活这个清洗功能的。

激光车距调节控制单元 J1122 请求清洗激光扫描器。因此，该控制单元经 FlexRay 总线将一个数据信息送至数据总线诊断接口 J533，J533 将这个信息经舒适 CAN 总线 2 传给供电控制单元。供电控制单元必须激活后部雨刮泵 V13，V13 负责清洗激光扫描器（图 5-3-29）。这种激活的具体情况取决于装备情况，有以下两种可能的情形。

① 车上装备的是标配的清洗装置和激光车距调节系统。供电控制单元将 LIN 总线信息发给前挡风玻璃清洗泵控制单元 J1100，J1100 通过单独导线激活泵 V13 ➡。

② 车上装备的是湿臂式雨刮器和激光车距调节系统。供电控制单元通过单独导线直接激活泵 V13 ➡。

第五章 电气系统故障维修

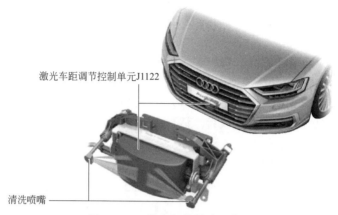

图 5-3-28　激光扫描器清洗装置

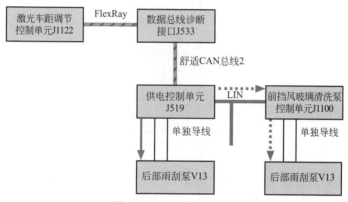

图 5-3-29　功能图（三）

9. 倒车摄像头清洗装置

由于倒车摄像头安装在后备厢盖拉手处，因此该摄像头在相应的环境条件时很容易脏污。正因为这个原因，就在奥迪 A8（车型 4N）上装备了用于清洗倒车摄像头的清洗喷嘴（图 5-3-30）。通过短时激活清洗喷嘴来清洗倒车摄像头有以下两种方式。

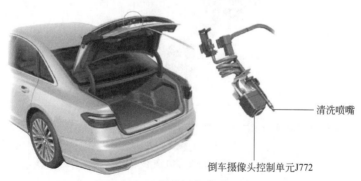

图 5-3-30　倒车摄像头清洗装置

（1）由司机激活清洗过程　司机可以在驻车辅助设置菜单中激活倒车摄像头的清洗过程。为此需选择"清洗倒车摄像头"这个菜单项。

（2）由倒车摄像头请求清洗　如果倒车摄像头通过分析摄像图像认为镜头已脏污了，那

221

么就会激活这个清洗过程。

如果是司机激活了倒车摄像头的清洗装置,那么信息电子控制单元1 J794就会通过信息娱乐CAN总线把一个相应的信息发送给数据总线诊断接口J533;如果由摄像头来请求清洗,那么控制单元J533通过扩展CAN总线从倒车摄像头控制单元J772接收到这个信息。

第二种情况只有在车上装备有倒车摄像头且装备"周围环境摄像头"时才能实现。J533通过舒适CAN总线2来向供电控制单元J519传送数据。根据装备情况,J519通过单独导线或者激活前挡风玻璃清洗泵V5,或者激活后风窗清洗泵V13(图5-3-31)。

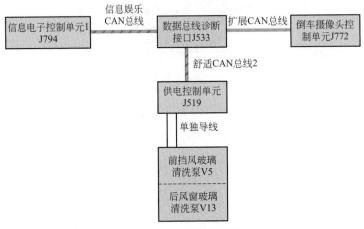

图5-3-31 功能图(四)

10. 清洗液罐

清洗液罐(图5-3-32)安装在右前车轮的车轮拱板内的后面。该塑料罐的容积约为5.7L,清洗液剩余量约为1.7L时,组合仪表上会提示司机。为了避免清洗喷嘴上结水垢,请尽量加注纯净的软化水。清洗液中必须始终混合有玻璃清洗剂(在冬季要有防冻能力)。

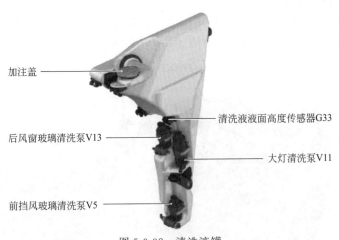

图5-3-32 清洗液罐

11. 清洗液泵

大灯清洗泵V11是单泵结构,它同时负责清洗大灯和夜视系统摄像头。前挡风玻璃清洗泵V5以及后风窗玻璃清洗泵V13根据车辆的装备情况,有可能是单泵结构,也可能是双泵结构。如图5-3-32所示的清洗罐,带有泵V5、V11和V13,这是装备很全的情形。其中的泵 V5 和 V13 是双泵结构。表 5-3-3 展示的是泵 V5 和 V13 根据装备不同时的结构形式及任务情况。

表 5-3-3　泵 V5 和 V13 根据装备不同时的结构形式及任务情况

装备	V5	V13	V5 连接 1	V5 连接 2	V13 连接 1	V13 连接 2
前挡风玻璃清洗装置	单泵	—	前挡风玻璃清洗喷嘴	—	—	—
前挡风玻璃清洗装置＋倒车摄像头	双泵	—	前挡风玻璃清洗喷嘴	倒车摄像头	—	—
前挡风玻璃清洗装置＋激光扫描装置	单泵	单泵	前挡风玻璃清洗喷嘴	—	激光扫描装置	—
前挡风玻璃清洗装置＋倒车摄像头＋激光扫描装置	单泵	双泵	前挡风玻璃清洗喷嘴	—	激光扫描装置	倒车摄像头
湿臂雨刮器	双泵	—	湿臂雨刮器向下	湿臂雨刮器向上	—	—
湿臂雨刮器＋倒车摄像头	双泵	单泵	湿臂雨刮器向下	湿臂雨刮器向上	倒车摄像头	—
湿臂雨刮器＋激光扫描装置	双泵	单泵	湿臂雨刮器向下	湿臂雨刮器向上	倒车摄像头	—
湿臂雨刮器＋倒车摄像头＋激光扫描装置	双泵	双泵	湿臂雨刮器向下	湿臂雨刮器向上	倒车摄像头	倒车摄像头

六、舒适系统中央控制单元 J393（BCM2）

舒适系统中央控制单元 J393 是基于 MLBevo 平台的，直接取自奥迪 Q7 并加以改进。最大的变化就是增加了奥迪 Connect 钥匙和 OLED 技术的尾灯方面的内容。

诊断地址码是 0046，是舒适 CAN 总线用户，具有下述主控制功能：

① 中央门锁的主控制器；

② 防盗器的主控制器。

LIN 总线主控制器如下。

LIN1：前挡风玻璃加热控制单元 J505，防盗警报传感器。

LIN2：警报喇叭 H12。

LIN3：后备厢盖开启控制单元 J938（传感器控制式后备厢盖），尾灯安装在后备厢内左侧，在后备厢侧面装饰板后面。插头和导线都朝下，用于防止潮气。

集成的其他功能如下。

① 端子控制。

② 进入和启动授权。

③ 中央门锁。

④ 防盗器。

⑤ 触发后部车外灯。

⑥ 加热式后风窗玻璃。

⑦ 转向灯控制。

⑧ 后卷帘控制。

⑨ 后备厢/后备厢盖开锁和。

⑩ 后备厢灯控制。

⑪ 油箱盖上锁。
⑫ 后备厢盖辅助拉紧。
⑬ 激活滑动天窗。
⑭ 顶篷卷帘激活。
⑮ 电子转向柱锁。
⑯ 传感器控制式后备厢开锁。
⑰ 油箱传感器管理。
⑱ 双闪警报灯自动接通和车门开锁（指发生事故时碰撞传感器被触发时）。

1. 特点

除了车钥匙外，奥迪 A8（车型 4N）用户还可以通过智能手机进入并启动车辆，这使用的就是大家熟知的 NFC 技术（NFC 是 Near Field Communication 的缩写，近场通信的意思）。为此所需的硬件 NFC 天线是集成在电话盒内的，它通过 CAN 总线系统来与舒适系统中央控制单元 J393 进行通信（图 5-3-33）。

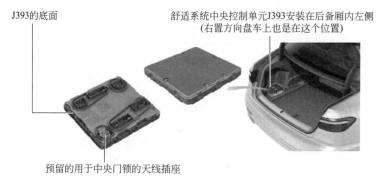

图 5-3-33　舒适系统中央控制单元 J393

2. 端子控制

奥迪 A8（车型 4N）上既有 12V 小齿轮式起动机也有 48V 启动发电两用机。

（1）使用 12V 小齿轮式起动机启动发动机（图 5-3-34）　由于启动发电两用机不能保证发动机的启动，尤其是在发动机冷机和困难条件下更是如此。因此，奥迪 A8（车型 4N）在首次启动和发动机机油温度低于 45℃时，是通过 12V 小齿轮式起动机来实现启动的。

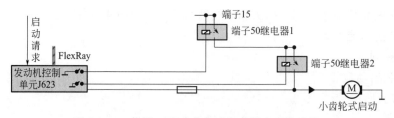

图 5-3-34　使用 12V 小齿轮式起动机启动发动机

发动机控制单元 J623 通过单独信号和来自舒适系统中央控制单元 J393 的 FlexRay 信息接收到启动请求，J623 激活两个端子 50 继电器，继电器再激活 12V 小齿轮式启动。

（2）使用 48V 启动发电两用机启动发动机（图 5-3-35）　在发动机机油温度超过 45℃以及在智能启停系统让发动机关闭后以及在智能惯性滑行后再启动时，总是由 48V 启动发电两用机来启动发动机。

图 5-3-35　使用 48V 启动发电两用机启动发动机

发动机控制单元 J623 通过单独信号和来自舒适系统中央控制单元 J393 的 FlexRay 信息接收到启动请求，或者自行决定应该再次启动内燃机。J623 随后会通过专用 CAN 总线来激活启动发电两用机。

3. 中央门锁

所有车门和后备厢盖可以通过中控方式同时开锁和上锁。在开锁时到底是想让全车都开锁还是只让司机车门开锁，仍可在 MMI 中进行设定。在开锁时，会闪烁两次予以确认；在上锁时闪烁一次予以确认。

(1) 在奥迪 A8（车型 4N）上可用不同方式来给车辆开锁/上锁

① 通过车钥匙；

② 通过车门拉手中的传感器；

③ 通过司机车门锁芯；

④ 通过车内中央门锁开关；

⑤ 通过奥迪 Connect 钥匙；

⑥ 通过奥迪 Connect 钥匙卡。

(2) 车辆成功上锁的前提条件　通过遥控器或者通过司机车门外拉手开关 F546 上锁：

① 司机车门必须已关闭，自动变速器选挡杆必须在驻车挡；

② 若是车辆配有安全锁止功能（Safelock），所有车门都机械脱开，无法再从车内打开车门。

通过司机侧内部锁按键 E308（上锁按键）来锁：

① 所有车门必须已关闭；

② 操纵车门内把手就可以打开车门。

(3) 中央门锁要用到的控制单元、传感器和执行元件　如图 5-3-36 所示。

4. 防盗警报系统

防盗警报系统带有电子防盗锁，可提供良好的汽车防盗功能。声音和视觉警报信号会吸引路人的注意并吓走盗贼。所有奥迪车型上的防盗警报系统的基本功能都是相同的。

(1) 要想接通防盗警报装置需满足的条件

① 车辆已上锁，通过锁芯、通过遥控钥匙操作或者通过车门外拉手开关（指带便捷钥匙的车）；

② 司机车门必须已关闭；

③ 无论是 S 触点还是端子 15 都不能处于激活状态。

约需 30s 就会触发防盗警报装置。

(2) 一旦下面的某个事件发生了（相当于切断了电路了），警报喇叭 H12 就会发出警报

① 打开某个车门；

② 打开发动机舱盖；

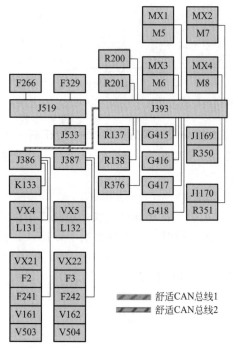

图 5-3-36 中央门锁要用到的控制单元、传感器和执行元件

V162—中央门锁安全功能（SAFE）电机，在副司机车门内；V503—司机侧中央门锁电机；V504—副司机侧中央门锁电机；VX4—司机侧车外后视镜；VX5—副司机侧车外后视镜；VX21—司机车门锁单元；VX22—副司机车门锁单元；G415—司机车门外侧拉手触摸传感器；G416—副司机车门外侧拉手触摸传感器；G417—左后车门外侧拉手触摸传感器；G418—右后车门外侧拉手触摸传感器；J386—司机车门控制单元；J387—副司机车门控制单元；J393—舒适系统中央控制单元；J519—供电控制单元；J533—数据总线诊断接口；J1169—近场通信控制单元 1；J1170—近场通信控制单元 2；K133—中央门锁安全功能（SAFE）指示灯；L131—司机侧车外后视镜上的转向灯灯泡；L132—副司机侧车外后视镜上的转向灯灯泡；M5—左前转向灯灯泡；M6—左后转向灯灯泡；M7—右前转向灯灯泡；M8—右后转向灯灯泡；MX1—左前大灯；MX2—右前大灯；MX3—左侧尾灯；MX4—右侧尾灯；R137—进入和启动天线，在后备厢内；R138—进入和起动天线 1，在车内；R200—左侧进入和启动天线；R201—右侧进入和启动天线；R350—近场通信天线 1；R351—近场通信天线 2；R376—前部进入和启动天线；V161—中央门锁安全功能（Safe）电机，在司机车门内；F2—司机侧车门接触开关；F3—副司机侧车门接触开关；F241—司机车门锁芯内的接触开关；F242—副司机车门锁芯内的接触开关；F266—发动机舱盖接触开关；F329—发动机舱盖接触开关 2

③ 打开后备厢盖；

④ 拔出挂车插头；

(3) 在下述情形时也会触发警报

① 车内监控通过超声波传感器感知出车内有运动的人或物（如果玻璃被破坏，也同样会触发警报）；

② 通过倾斜传感器可实现防拖走保护功能，车辆倾斜传感器 G384 会识别出车辆被举升了。

(4) 在防盗警报传感器 G578 内有两个传感器

① 内部监控传感器 G273；

② 车辆倾斜传感器 G384。

(5) 防盗系统联网原理示意 如图 5-3-37 所示。

七、后备厢盖控制单元 J605

奥迪 A8（车型 4N）标配的是手动的后备厢盖，就是安装了两个弹簧并在左侧多了一个油液阻尼器。

可选装电动打开和关闭的后备厢盖，这时只有后备厢盖右侧安装有一个弹簧，左侧是一个螺杆传动机构（图 5-3-38）而没有油液阻尼器。顶级装备的话，可以订购传感器操控开启式的电动后备厢盖（就是所谓的踢摆动作开启后备厢盖）。

后备厢盖控制单元 J605 在后备厢内左侧的装饰板后面。

打开和关闭后备厢盖：

① 可通过遥控钥匙给后备厢盖开锁；

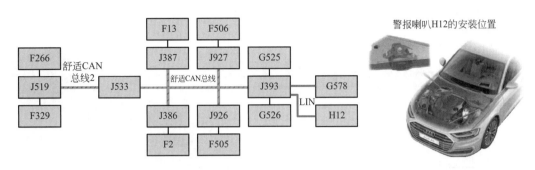

图 5-3-37 防盗系统联网原理示意

F2—司机车门接触开关；F3—副司机车门接触开关；F266—发动机舱盖接触开关 1；F329—发动机舱盖接触开关 2；F505—左后车门接触开关；F506—右后车门接触开关；G525—后备厢盖已关闭传感器 1；G526—后备厢盖已关闭传感器 2；G578—防盗警报装置传感器；J386—司机车门控制单元；J387—副司机车门控制单元；J393—舒适系统中央控制单元；J519—供电控制单元；J533—数据总线诊断接口（网关）；J926—左后车门控制单元；J927—右后车门控制单元；H12—警报喇叭

② 可通过便捷钥匙或者传感器操控解锁的便捷钥匙来给后备厢盖开锁；

③ 可通过奥迪 Connect 钥匙给后备厢盖开锁；

④ 可通过锁芯手动来打开后备厢盖。

后备厢盖控制单元 J605 联网原理示意如图 5-3-39 所示。

在车辆已上锁的情况下，是可以单独打开后备厢盖的。具体来说，可以直接通过遥控钥匙上的相应按键来打开，或者通过带有传感器操控后备厢盖解锁功能的便捷钥匙来打开。

如果两个后备厢盖开启传感器 G750 和 G760 探测到脚部动作（即在保险杠下的踢摆动作），后备厢盖开启控制单元 J938 就会触发便捷钥匙搜索。一旦识别出该钥匙，就会打开后备厢盖。也可通过脚部动作再次关闭后备厢盖。

后备厢盖开启控制单元 J938 是舒适系统中央控制单元 J393 的 LIN 总线用户。

传感器原理示意如图 5-3-40 所示。

螺杆传动机构=后备厢盖电机1 V444

图 5-3-38 螺杆传动机构

八、车库门开启控制单元 J530

奥迪 A8（车型 4N）上的车库开门器基于成熟的 HomeLink® 系统。借助遥控功能可以激活各种装置，比如车库门、安全系统或者室内照明。

在这款奥迪 A8（车型 4N）上，HomeLink® 车库门开启系统可以借助 GPS 连接来进行编程。当车辆接近时，通过 GPS 的定位可以把要想打开的装置在 MMI 上自动显示出来。在 MMI 上对固定码和可编码系统都可进行编程。车库门开启控制单元 J530 是供电控制单元 J519 的 LIN 总线用户。车库开门器编程所需的天线 R278 位于车内，在后排座椅搁脚处附近。

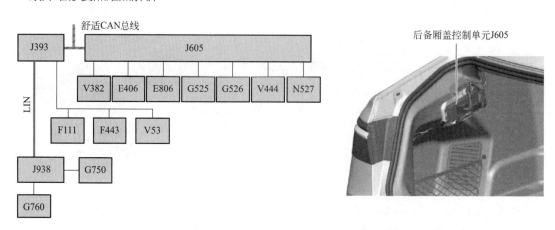

图 5-3-39　后备厢盖控制单元 J605 联网原理示意

E406—后备厢盖关闭按键，在后备厢内；E806—后备厢盖上的上锁按键；F111—后备厢盖上的接触开关；F443—止动爪接触开关；G525—后备厢盖关闭传感器 1；G526—后备厢盖关闭传感器 2；G750—后备厢盖打开传感器 1；G760—后备厢盖打开传感器 2；J393—舒适系统中央控制单元；J605—后备厢盖控制单元；J938—后备厢盖打开控制单元；N527—后备厢盖电机 1 的耦合器；V53—后备厢盖上的中央门锁电机；V382—后备厢盖辅助拉紧电机；V444—后备厢盖电机 1

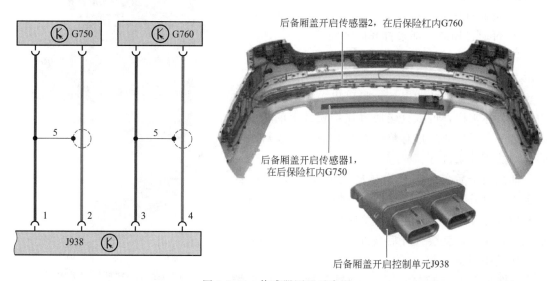

图 5-3-40　传感器原理示意图

G750—后箱厢盖开启传感器 1，在后保险杠内；G760—后备厢盖开启传感器 2，在后保险杠内；J938—后备厢盖开启控制单元；1—G750 传感器 −；2—G750 传感器 ＋；3—G760 传感器 −；4—G760 传感器 ＋；5—屏蔽

在已完成了编程的状态下，可在下方的显示屏上选择系统，并通过按键来打开或关闭。如果有多个手持发射器要针对车辆进行编程，那么应先在下方的显示屏上选择按键，随后再选择相应的系统。车库门开启控制单元 J530 安装在车辆的后围板处、后保险杠下方（图 5-3-41）。

九、前挡风玻璃加热控制单元 J505

奥迪 A8（车型 4N）上的前挡风玻璃加热器仍通过一个 DC/DC 变压器来供电，也仍是基于 12V 蓄电池。前挡风玻璃加热器的最大加热功率降至 700W，这个加热功率是可以根据环境条件情况来无级调节。

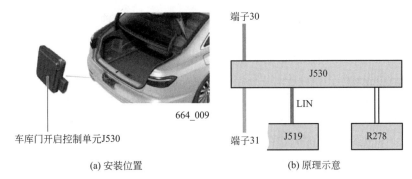

(a) 安装位置　　　　　　　　　(b) 原理示意

图 5-3-41　车库门开启控制单元 J530 示意

J519—供电控制单元；J530—车库门开启控制单元；R278—车库开门器编程天线

前挡风玻璃加热控制单元 J505 经端子 30 的基准线来获取蓄电池电压。如果蓄电池电压过低了，那么前挡风玻璃加热器就不会工作了。下述部件和控制单元参与前挡风玻璃加热工作：

① 蓄电池 A；

② 前挡风玻璃加热控制单元 J505；

③ 舒适系统中央控制单元 J393；

④ 仪表板中间开关模块 EX22；

⑤ 前风挡玻璃。

操纵是通过下方的触屏 J1060 来进行的。在按压了除霜按键后，若车外温度较低，前挡风玻璃加热器就被自动激活。前挡风玻璃加热指示灯 K122 用于指示前挡风玻璃加热器已接通（图 5-3-42）。

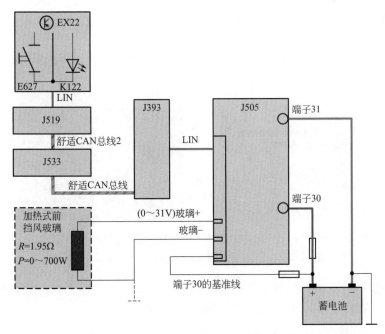

图 5-3-42　前挡风玻璃加热器原理示意图

E627—前挡风玻璃加热按键；EX22—仪表板中部的开关模块；J393—舒适系统中央控制单元；J505—前挡风玻璃加热控制单元；J519—供电控制单元；J533—数据总线诊断接口；K122—前挡风玻璃加热指示灯

奥迪 Connect 钥匙（PR 号 2F1）这个功能是无线数据传输的一种新的移动通信标准。使用奥迪 Connect 钥匙，可将传统的车钥匙数字化，并将其应用到智能手机中。因此，就可用智能手机来打开、关闭和启动车辆。这种数字式钥匙不是要取代传统的车钥匙，目前仅是一个功能扩展。

奥迪 A8（车型 4N）上装有 2 个 NFC 天线：一个在司机车门拉手上；另一个在奥迪电话盒中。近场通信天线 R350 和相关的近场通信控制单元 J1169（集成在一个模块内）在司机车门拉手上，此处还有司机侧车门外拉手传感器 G415（图 5-3-43）。

NFC 是指相距较近的两个部件之间的通信。NFC 的特点是：两种装置相距必须保持在几厘米之内。这样才能保证短距离的极其可靠的数据传输。

近场通信 NFC 天线 2 的信号被从奥迪电话盒传入近场通信控制单元 2 J1170（图 5-3-44）。

图 5-3-43　近场通信控制单元 J1169

图 5-3-44　近场通信 NFC 天线 2

两个近场通信控制单元会分析相应近场通信天线的信号。这两个控制单元都连接在舒适系统中央控制单元 J393 上，通过专用 CAN 总线来与 J393 交换数据。

NFC 天线在使用车辆诊断仪进行诊断时，其诊断地址码是 0046。传输速率是 424kbit/s，比蓝牙的传输速率要低，但足够用于实现车上的下述功能了。

① 进入授权：将智能手机保持在靠近司机车门拉手处，给车辆开锁。

② 发动机启动授权：要想启动发动机，只需把智能手机放在奥迪电话盒内随后按压启动-停止按键即可。

限于技术原因，在使用奥迪 Connect 钥匙时，奥迪便捷钥匙系统则不能使用。遥控功能也仅用于实际的车钥匙（图 5-3-45）。

近场通信控制单元2 J1170的安装位置

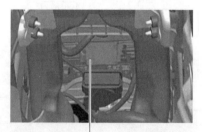
近场通信控制单元2 J1170的安装位置

图 5-3-45　近场通信控制单元 2 J1170 的安装位置

③ 无意中被锁在车外：如果识别出最后使用过的便捷钥匙在车内的话，从车外是无法给车上锁的，但是无法识别出车内的奥迪 Connect 钥匙。

十、组合仪表内控制单元 J285

信息和仪表比如车速表及转速表，会以高精度显示出来。司机可以选择两种视图形式：

传统模式主要显示的是圆形仪表；"信息娱乐模式"则强调导航、电话、奥迪 Connect 或媒体（图 5-3-46）。

图 5-3-46　组合仪表

雨水/光强度识别传感器 G397 负责 Audi Virtual Cockpit 亮度的自动调节。

一般安装在组合仪表下部区域的光电管，自基于 MLBevo 平台的新奥迪 A5 上市后就不再有用了，虽然在过渡时期仍安装着，但奥迪 A8（车型 4N）上不再有这种光电管。

使用了新的处理器，因此数字式组合仪表可实现全高清分辨率。

十一、前挡风玻璃投影控制单元 J898（抬头显示）

选装的抬头显示即前挡风玻璃投影控制单元 J898，会将警告提示和选择的信息投射到前挡风玻璃上，这样的话显示内容会出现在司机前面的较宽的视野中。

抬头显示屏上的内容可以通过下方显示屏功能栏上相应的按键来接通和关闭，也可通过这个功能按键来调出并更改设置情况。可设置下述内容：

① 图像高度；

② 图像旋转；

③ 显示屏亮度；

④ 显示内容。

各种设置会自动存储到正在工作着的个人模式中。

在奥迪 A8（车型 4N）上，抬头显示仍是通过诊断地址码 0082 来与车辆诊断仪进行通信。抬头显示既是组合仪表 CAN 总线用户，也是 MOST 总线用户。

1. 抬头显示信号的输入和输出

CAN-H，CAN-L，端子 30、端子 31、MOST 信号连同视觉信号输入和输出（图 3-5-47）。

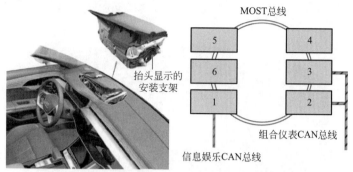

图 5-3-47　抬头显示器安装位置和网络

1—信息电子控制单元 1 J794；2—组合仪表内控制单元 J285；3—前风挡玻璃投影控制单元 J898；
4—DVD 换碟机 R161；5—TV 调谐器 R78；6—数字音响包控制单元 J525

抬头显示是唯一连接在光纤数据总线上但不参与元件保护的控制单元。要想拆下前风挡玻璃控制单元 J898，必须先拆下前风挡玻璃。

图 5-3-48　抬头显示

2. 抬头显示的 MOST 总线连接

抬头显示既是组合仪表 CAN 总线用户，也是 MOST 总线用户。

比如，信息电子控制单元 1 J794 可通过 MOST 总线来把所谓的十字路口详图准备好以供使用。在复杂的行驶情形时，抬头显示中不但要显示地图或者箭头，在显示出的地图中，方位箭头还会是移动着的（图 5-3-48）。

这将由信息电子控制单元 1 J794 当作视频流信号传给抬头显示。

抬头显示软件升级数据仍是通过组合仪表 CAN 总线来导入。

十二、挂车识别控制单元 J345

奥迪 A8（车型 4N）上可选装电动摆动式挂车接合器。

挂车识别控制单元 J345：

① 可用于所有 MLBevo 平台的车上；

② 借助车辆诊断仪可通过诊断地址码 0069 来调用；

③ 通过舒适 CAN 总线接入汽车网络；

④ 安装在后备厢内。

挂车识别控制单元 J345 有 3 个或者 4 个插座。奥迪 A8（车型 4N）上的这个控制单元有 4 个插座，因为使用的是"摆动式"挂车接合器。

挂车识别控制单元的功能：

① 激活挂车照明（取决于具体的市场）；

② 挂车照明可用灯泡或者 LED；
③ 挂车灯诊断有功能反馈；
④ 在处理器或者 CAN 总线失效时有应急灯功能；
⑤ 挂车监控；
⑥ 挂车供电（接通端子 30 充电线）；
⑦ 挂车供电可有切断级；
⑧ 侦测锁止状态（如果装备有摆动式挂车接合器）；
⑨ 通过组合仪表和功能 LED 进行功能反馈（如果装备有摆动式挂车接合器）；

挂车识别控制单元 J345 可以通过车辆诊断仪进行刷新。其他功能，比如识别和分析弯转角传感器信息，奥迪 A8（车型 4N）上并未采用（图 5-3-49）。

图 5-3-49 安装位置

十三、车门控制单元 J386/J387

奥迪 A8（车型 4N）上仍是使用 4 个车门控制单元。
所有车门控制单元都有自己专用的诊断地址，可用车辆诊断仪来调用。
车辆同侧的后门控制单元与前门控制单元是通过 LIN 总线连接的。
诊断地址与控制单元匹配如下（图 5-3-50 和图 5-3-51）。
① 司机车门控制单元 J386：0042。
② 副司机车门控制单元 J387：0052。
③ 左后车门控制单元 J926：00BB。
④ 右后车门控制单元 J927：00BC。

1. 司机车门控制单元 J386

司机车门控制单元 J386 网络图如图 5-3-52 所示。
有很多执行元件是直接连接在车门控制单元上的，以司机车门控制单元为例的情况如下：
① 车门上的氛围照明（根据装备情况的不同而不同）；
② 左侧周围环境摄像头（在司机侧车外后视镜上）；
③ 司机侧玻璃升降器电机；
④ 司机车门外拉手开关；
⑤ 司机车门锁单元（带有 Safe 功能和中央门锁电机）；

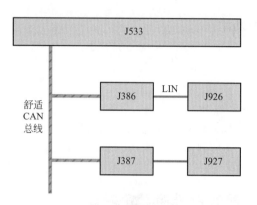

图 5-3-50 联网一览

车门控制单元安装位置(以司机车门为例)

图 5-3-51 车门控制单元安装位置

J386—司机车门控制单元；J387—副司机车门控制单元；
J533—数字总线诊断接口；J926—左后车门控制单元；
J927—右后车门控制单元

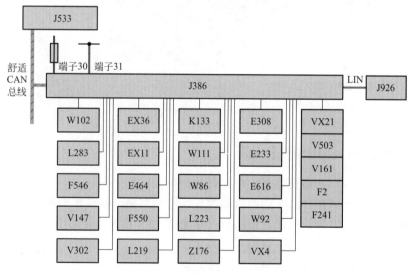

图 5-3-52 司机车门控制单元 J386 网络图

E233—后备厢盖遥控开锁按键；E308—司机侧车内锁按键；E464—司机记忆设置操纵单元；E616—车内监控系统和车辆倾斜传感器关闭按键；F2—司机车门接触开关；F241—司机车门锁芯内的接触开关；F546—司机车门外拉手开关；F550—司机车门内拉手开关；J386—司机车门控制单元；J533—数据总线诊断接口；J926—左后车门控制单元；K133—中央门锁安全功能（SAFE）指示灯；L219—司机车门内拉手照明灯；L223—司机车门扬声器装饰板照明灯；L283—司机车门外拉手照明灯；V147—司机侧玻璃升降器电机；V161—司机车门中央门锁安全功能（Safe）电机；V302—司机车门辅助拉紧电机；V503—司机侧中央门锁电机；W86—司机侧车门氛围照明灯（选装）；W92—司机侧礼貌灯；W102—司机侧门槛处氛围照明灯；W111—司机侧下车警报灯；Z176—司机侧前部车门装饰板加热元件 2；EX11—车外后视镜调节装置；EX36—司机车门玻璃升降器操纵单元；VX4—司机侧车外后视镜；VX21—司机车门锁单元

⑥ 司机车门上的玻璃升降器操纵单元和儿童锁按键；

⑦ 司机侧记忆设置按键；

⑧ 司机侧前部车门装饰板加热元件 2；

⑨ 后备厢盖遥控开锁按键；
⑩ 油箱盖开锁按键；
⑪ 警报装置关闭开关。
司机侧车外后视镜带有：
① 转向灯；
② 加热器；
③ 折叠电机；
④ 变道辅助警报灯；
⑤ 调节电机。

2. 副司机车门控制单元 J387 网络图（图 5-3-53）

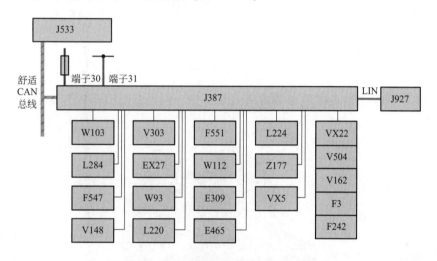

图 5-3-53　副司机车门控制单元 J387 网络图

E309—副司机侧车内锁按键；E465—副司机侧记忆设置操纵单元；F3—副司机车门接触开关；F242—副司机车门锁芯内的接触开关；F547—副司机车门外拉手开关；F551—副司机车门内拉手开关；J387—副司机车门控制单元；J533—数据总线诊断接口；J927—右后车门控制单元；L220—副司机车门内拉手照明灯；L224—副司机车门扬声器装饰板照明灯；L284—副司机车门外拉手照明灯；V148—副司机侧玻璃升降器电机；V162—副司机车门中央门锁安全功能（Safe）电机；V303—副司机车门辅助拉紧电机；V504—副司机侧中央门锁电机；W93—副司机侧礼貌灯；W103—副司机侧门槛处氛围照明灯；W112—副司机侧下车警报灯；Z177—副司机侧前部车门装饰板加热元件 2；EX27—副司机车门玻璃升降器操纵单元；VX5—副司机侧车外后视镜；VX22—副司机车门锁单元

十四、座椅调节和座椅记忆控制单元 J136/J521

奥迪 A8（车型 4N）的前座椅和后座椅有多种型号可供选用。座椅调节和座椅记忆控制单元如图 5-3-54 所示。

在装备最全的情况下，个性化轮廓座椅配备有座椅加热、座椅通风和按摩功能。所以加热和座椅通风的调节各有三挡级，相互独立进行调节。每个座椅的通风装置配备有两个风扇：一个风扇安装在座椅坐垫内；另一个风扇安装在靠背内。

这些风扇是抽吸式的，为了抽取乘员与座椅之间的空气，需要使用透气的座椅罩（带孔的皮革）。这个气流就会带走潮气，在座椅接触面处形成舒适而干燥的氛围。这些风扇是新开发的，与奥迪 Q7 上的风扇相比，功率更大，因此去湿效果更佳。

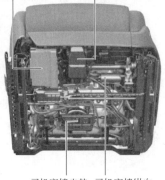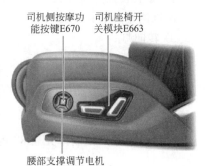

图 5-3-54　座椅调节和座椅记忆控制单元

奥迪 A8（车型 4N）上可以选装单人式后座椅，但只有右后座椅有这个放松座椅功能（图 5-3-55）。

图 5-3-55　可躺座椅或者倾斜式座椅组成

要想调节成放松位置（倾斜的可躺位置），应一直按住放松座椅位置按键，直至座椅到达其终点位置。与此同时副司机座椅会前移，副司机座椅的头枕向前翻折，靠背放平。

根据后座遥控装置上次的设置情况，腿部支撑垫折出，奥迪平板电脑向前翻折。在这个放松位置时，副司机座椅就无法再使用了（图 5-3-56）。

十五、滑动天窗控制单元 J245/J392

全景天窗有两块玻璃，前面的玻璃可以抬起或打开，后面的玻璃是固定安装而不能移动的。滑动天窗和前、后车顶卷帘既可在驾驶员座舱处来操纵，也可在后座处来操纵。

全景天窗和前部车顶卷帘也可以一下就打开或者关闭，但必须短时连续按压或者拉起滑动天窗按键 E325 两次直至到达第二挡。

与前代车型奥迪 A8L（车型 4H）上的全景玻璃天窗不同的是，4N 车型上的玻璃天窗后部是不能抬起的。后部滑动天窗控制单元 J392 上也就没有后部滑动天窗电机 V146 了。后部车顶卷帘的功能由后部滑动天窗控制单元 J392 来操控。也可在后座区来操纵前部玻璃天

图 5-3-56 可躺座椅或者倾斜式座椅演示

窗。根据装备情况，可使用后车门上的按键来操纵，也可通过选装的后座遥控系统来操纵（图 5-3-57 和图 5-3-58）。

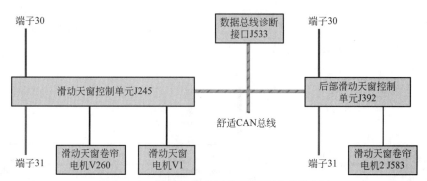

图 5-3-57 滑动天窗控制单元联网原理示意图

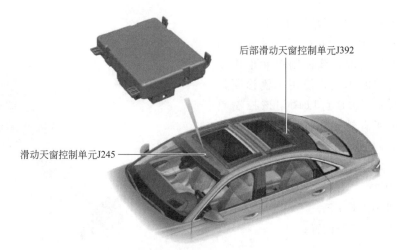

图 5-3-58 控制单元 5 J245 和 J392 的安装位置

十六、电动可调试转向柱控制单元 J866

司机在奥迪 A8（车型 4N）上可通过电动可调式转向柱来调节方向盘位置。电动可调式

图 5-3-59 电动可调试转向柱控制单元

转向柱控制单元通过端子 30 来供电，这样就保证了即使在点火开关关闭的情况下也能调节方向盘位置。

在带有记忆功能的车上，相应的方向盘位置连同座椅位置都会存入相应的车钥匙中。方便进入（Easy-Entry）功能可使得乘员上车和下车更容易，具体说就是在关闭了点火开关后，转向柱就停在向上的驻车位置处。

电动可调式转向柱控制单元 J866 会执行司机的指令，这个指令是通过转向柱调节开关 E167 传过来的。J866 参与车辆的总线通信，是供电控制单元 J519 的 LIN 总线用户。电动可调式转向柱控制单元 J866 就在转向柱上，它是供电控制单元 J519 的 LIN 总线用户，可通过地址码 0009 来调用（图 5-3-59 和图 5-3-60）。

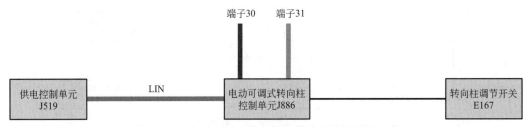

图 5-3-60 电动可调试转向柱控制单元联网原理示意

1. 电子转向柱锁控制单元 J764

电子转向柱锁控制单元 J764 就在转向柱上。根据市场情况，该控制单元也用于配备自动变速器的车上。使用车辆诊断仪通过诊断地址码 002B 可以调用该控制单元。只有满足所有锁止条件时，转向柱才能锁止（图 5-3-61 和图 5-3-62）。

为此需要满足下述条件：

① 车速为 0；
② 发动机不工作；
③ 选挡杆在"P"位置；
④ 端子 15 已关闭；
⑤ S 触点已关闭。

2. 转向柱电子控制单元 J527

转向柱电子控制单元 J527 是车辆网络与方向盘功能之间的接口（图 5-3-63）。

图 5-3-61 电子转向柱锁控制单元 J764

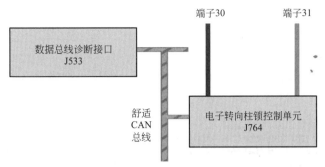

图 5-3-62 电子转向柱锁控制单元联网原理示意

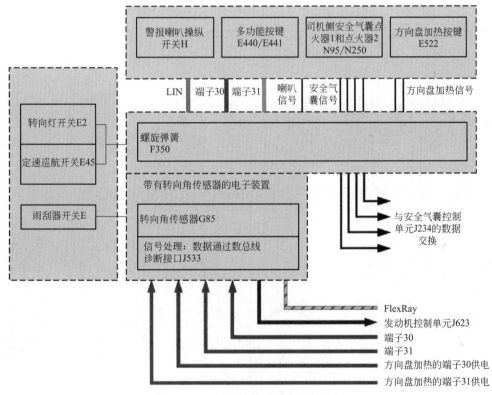

图 5-3-63 转向柱电子系统原理示意

这些功能有：
① 转向灯 E2；
② 定速巡航开关 E45；
③ 雨刮器间歇模式开关 E22；
④ 安全气囊螺旋弹簧 F350；
⑤ 安全气囊螺旋弹簧和带滑环的回位环 F183；
⑥ 方向盘内的安全气囊模块；
⑦ 转向角传感器 G85；
⑧ 警报喇叭操纵开关；
⑨ 车道保持按键 E517；

⑩ 多功能方向盘控制单元 J453；

⑪ 多功能方向盘按键模块；

⑫ 方向盘加热；

转向柱电子控制单元 J527 是 FlexRay 总线用户。使用车辆诊断仪通过诊断地址码 0016 可以调用该控制单元。

第四节 使用和启动授权

一、使用和启动授权功能图（图 5-4-1）

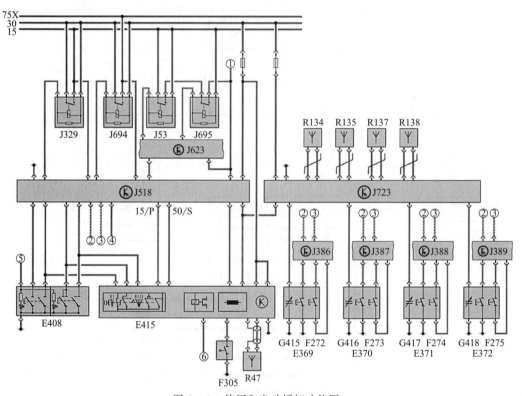

图 5-4-1 使用和启动授权功能图

E369—司机车门中央门锁外把手按钮＊；E370—副司机车门中央门锁外把手按钮＊；E371—左后车门中央门锁外把手按钮＊；E372—右后车门中央门锁外把手按钮＊；E408—使用和启动授权按钮；E415—使用和启动授权开关；F272—司机车门上的外把手开关＊；F273—副司机车门上的外把手开关＊；F274—左后车门上的外把手开关＊；F275—右后车门上的外把手开关＊；F305—变速器挡位 P 的开关＊＊；G415—司机车门外把手接触传感器＊；G416—副司机车门外把手接触传感器＊；G417—左后车门外把手接触传感器＊；G418—右后车门外把手接触传感器＊；J53—起动机继电器；J329—15 号接线柱供电继电器；J386—司机车门控制单元；J387—副司机车门控制单元；J388—左后车门控制单元；J389—右后车门控制单元；J518—使用和启动授权控制单元；J623—发动机控制单元；J694—75x 号接线柱供电控制单元；J695—起动机继电器 2；J723—无钥匙式使用授权天线读入单元＊；R47—中央门锁和防盗系统天线；R134—司机一侧使用和启动授权天线＊；R135—副司机一侧使用和启动授权天线＊；R137—后备厢使用和启动授权天线＊；R138—乘员舱使用和启动授权天线＊；①—接线柱 50（接起动机 B 输入信号）；②—CAN 舒适 High 线（双向导线）；③—CAN 舒适 Low 线（双向导线）；④—自动变速器控制单元 J217 的 P/N 信号＊＊（输入信号）；⑤—接线柱 58s（照明，正极-供电）＊；⑥—制动灯开关 F 信号（输入信号）；＊—仅指带 Advanced Key（高级钥匙）的车；＊＊—仅指自动变速器的车

二、系统示意图（图 5-4-2）

高级钥匙（Advanced Key）系统是在奥迪 A8 车上开始采用的，进行重大改进后引入奥迪 A6 车上。

最重要的改进之处是：使用和启动授权控制单元与转向柱锁止机构执行元件合并在一起。

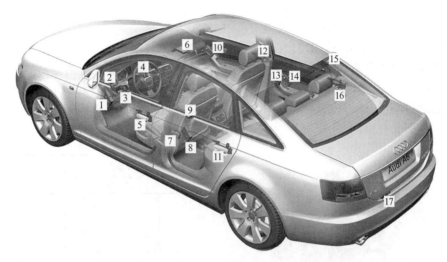

图 5-4-2　系统示意图

1—司机车门控制单元 J386；2—供电控制单元 J519；3—使用和启动授权控制单元 J518；4—使用和启动授权开关 E415；5—司机车门中央门锁外把手按钮 E369/司机车门上的外把手开关 F272/司机车门外把手接触传感器 G215；6—无钥匙式使用授权天线读出单元 J723；7—司机侧使用和启动授权天线 R134；8—左后车门控制单元 J388；9—使用和启动授权乘员舱内天线 R138；10—副司机车门控制单元 J387；11—左后车门中央门锁外把手按钮 E371/左后车门外把手开关 F274/左后车门外把手接触传感器 G417；12—副司机车门中央门锁外把手按钮 E370/副司机车门上的外把手开关 F273/副司机车门外把手接触传感器 G416；13—副司机侧使用和启动授权天线 R135；14—右后车门控制单元 J389；15—中央门锁和防盗警报系统天线 R47；16—右后车门中央门锁外把手按钮 E372/右后车门外把手开关 F275/右后车门外把手接触传感器 G418；17—使用和启动授权后备厢天线 R137

三、功能的分配

1. 对系统的控制分为三个基本部分

① 使用和启动授权控制单元 J518。

② 无钥匙式使用授权天线读入单元 J723。

③ 使用和启动授权控制开关 E415。

这三个部分通过一根局域网单线总线来完成相互之间的通信联系（图 5-4-3）。

使用和启动授权控制单元是系统的主控制器，同时也是 CAN 舒适总线系统的一个用户。不管系统是哪种，所装的这个控制单元都是相同的。

只有在车上选装了高级钥匙（Advanced Key）时，才装无钥匙式使用授权天线读入单元，这个读入单元在天线、传感器和使用和启动授权控制单元

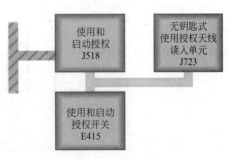

图 5-4-3　系统控制

之间起一个转接口的作用。

使用和启动授权开关由变速器、中央门锁遥控频率及选装装置高级钥匙（Advanced Key）来决定如何安装。该开关内还集成有一个测量电子装置。

2. 使用和启动授权开关 E415

（1）种类　使用和启动授权开关（图 5-4-4）分为下面几种。

① 没有或有高级钥匙（Advanced Key）。

② 没有或有点火钥匙拔出锁止机构。

③ 用于这几种遥控频率：315MHz、433MHz 或 868MHz。

（2）功能　使用和启动授权开关除作为点火启动开关外，还集成了其他功能。

① 估算点火开关内钥匙的位置。点火开关内用四个开关来估算点火钥匙的位置，这些开关的信息通过局域总线及双导线（起监控作用）以二进制代码形式传送到使用和启动授权控制单元上（图 5-4-5）。

图 5-4-4　使用和启动授权开关

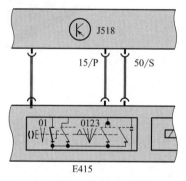

图 5-4-5　使用和启动授权开关电路图

点火开关内的锁芯不是机械码式的，因此使用任何一把钥匙均可转动。

② 使用和启动授权控制单元的转向锁支路。为了避免自动锁止转向柱，除了在使用和启动授权控制单元内关断外，还须在使用和启动授权开关内终止对机电式转向锁止机构电机的供电。

当 15 号接线柱接通时，供电就总是处于被切断状态（图 5-4-6）。

③ 对自动变速器来说，从变速器挡位 P 的开关 F305 中读入挡位 P。这个信号用于操纵集成的电磁式点火开关防拔锁止机构。当蓄电池没电时，可以按下机械式应急开锁机构来拔出钥匙（图 5-4-7）。

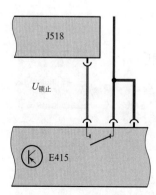

图 5-4-6　转向锁支路电路图

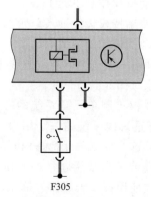

图 5-4-7　F305 电路图

④ 读入使用和启动授权按钮 E408 的信息（仅指有 Advanced Key 的车）。使用和启动授权按钮的位置信息由使用和启动授权开关来使用，是出于安全考虑的（图 5-4-8）。

⑤ 读入中央门锁和防盗警报装置天线 R47 的信息。使用和启动授权开关将汽车钥匙通过遥控发来的数据信息发送到使用和启动授权单元，该单元会处理这些数据信息（图 5-4-9）。

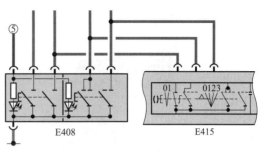

图 5-4-8 E408 电路图

⑥ 读入制动灯开关 F 的信号（仅指有 Advanced Key 的车）：为了能启动带有使用和启动授权按钮的车，必须要踏下制动踏板。

⑦ 通过集成的读出线圈与钥匙进行数据交换。如果钥匙已插入使用和启动授权开关内（即 S 触点接合），那么电子装置就通过读出线圈将电能输送到钥匙内，然后钥匙通过脉冲转发器和读出线圈将钥匙识别码发送到该开关内，该开关再将这个信息发送到使用和启动授权控制单元。

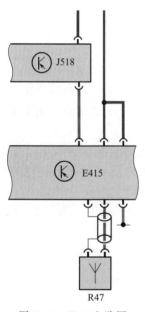

图 5-4-9 R47 电路图

四、使用和启动授权控制单元 J518

在使用和启动授权控制单元内集成有机电式转向柱锁止机构（图 5-4-10）。

1. 接线柱控制

使用和启动授权控制单元将接线柱 15、75x、50、S 和 P 的信息传输到 CAN 舒适总线上。

然后控制单元操纵接线柱 15 和 75x 的继电器并将启动请求信号发送给发动机控制单元。

2. 锁止转向柱

在使用和启动授权控制单元内集成有用于锁止转向柱的电机和传动机构。

有两个集成的微开关用于检查锁止位置，只有当转向系统完全开锁时，15 号接线柱才接通。

3. 防盗锁和元件保护

该控制单元是这些功能的主控制器。

4. CAN 通信

该控制单元是 CAN 舒适总线的用户，使用和启动授权系统的所有元件都通过该控制单元进行数据交换。

该控制单元同时也是相关元件的诊断转接口。所有数据如代码、防盗器数据等都存储在使用和启动授权控制单元内。

5. 读入自动变速器控制单元 J217 的 P/N 信号

该信号用于操纵组合仪表 J285 的显示屏上有关发动机启动的内容。

图 5-4-10　使用和启动授权控制单元 J518　　　图 5-4-11　车钥匙

五、车钥匙

车钥匙（图 5-4-11）上有一个带折叠式机械钥匙齿的部分，用于司机车门和后备厢盖的锁芯。脉冲转发器的功能就集成在电子装置内，没有电池也可工作。电子装置由一块集成的电池供电，以完成遥控和 Advanced Key 功能。

遥控钥匙与使用和启动授权控制单元之间可通过中央门锁/防盗警报装置天线 R47 实现双向数据交换，这是新开发的功能（图 5-4-12）。这样就可以将中央门锁的状态传送到钥匙内。

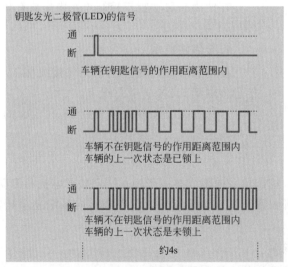

图 5-4-12　钥匙信号

如果在超出钥匙遥控信号的作用范围时按下了某个按钮，那么钥匙上集成的发光二极管会指示出车辆的锁止状态。且一直显示上一次用该钥匙操纵中央门锁时所呈现的锁止状态。如果在此期间使用另一把钥匙打开或关闭过车门，那么原来那把钥匙的锁止状态并不改变。

在很多国家可将遥控信号频率从 433MHz 调到 868MHz，这是第一次这样使用。

这个遥控信号频率更有助于在车钥匙和控制单元之间进行数据交换。

由于这个频率的发射脉冲非常短，这就可避免各种持续的无线电发射干扰，如袖珍手机、无线耳机等。

六、无钥匙式使用授权天线读入单元 J723（图 5-4-13）

只有装用了选装设备 Advanced Key 时，才会有这个控制单元。该控制单元位于仪表板右侧的杂物箱后。该控制单元使用车门外把手传感器信号来控制使用和启动授权天线。

七、车门外把手接触传感器 G415~G418（图 5-4-14）

车门外把手内的电容式传感器识别出把手接触后，会向无钥匙式使用授权天线读入单元发送一个短促信号，天线读入单元分析该信号后，通过使用授权天线向车钥匙发出一个询问。

车上锁后约 80h，或无授权钥匙操纵 20 次后，传感器关闭。

图 5-4-13　无钥匙式使用授权天线读入单元 J723　　图 5-4-14　车门外把手接触传感器 G415~G418

八、使用和启动授权天线 R134~R138（图 5-4-15）

车上共有四个发射天线，车辆使用这些天线与车钥匙进行无线通信，天线的发射频率为 24.5kHz。车钥匙分析这四个信号，并根据每个天线的场强来确定车钥匙的位置。

天线位于：

① 两个后车门内；
② 中央副仪表板上；
③ 后保险杠内。

图 5-4-15　使用和启动授权天线 R134~R138　　图 5-4-16　使用和启动授权按钮 E408

九、使用和启动授权按钮 E408（图 5-4-16）

启动-停止按钮的功能与首次在 A8 车上使用的按钮模块是一样的。出于安全考虑，使用和启动授权控制单元及使用和启动授权开关都要使用这个按钮位置信号。

十、打开车辆

打开车辆工作原理如图 5-4-17 所示。

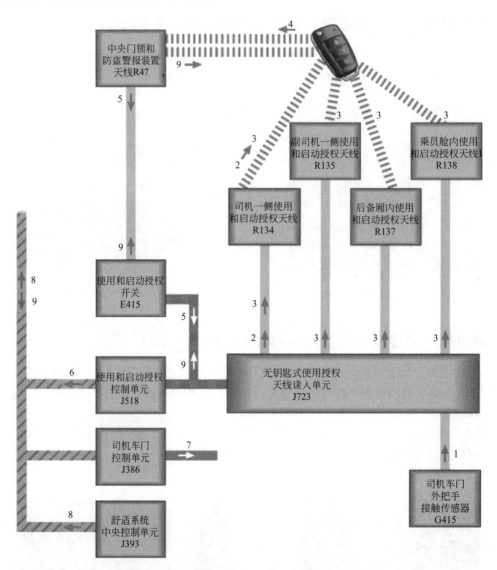

图 5-4-17　打开车辆工作原理

1—司机将手放入门把手的凹坑内，车门外把手接触传感器 G415 就会将"手指已放入把手凹坑"这个信息发送给无钥匙式使用授权天线读入单元 J723；2—天线读入单元 J723 通过司机一侧的使用和启动授权天线 R134 将一个唤醒信号发送到车钥匙上；3—天线读入单元 J723 通过所有的使用和启动授权天线给车钥匙发送一个信号；4—车钥匙根据这些信号来确定钥匙在车上的位置，并将这个信息发送到中央门锁和防盗警报装置天线 R47；5—中央门锁和防盗警报装置天线接收到信息，这个信息由使用和启动授权开关 E415 传送给使用和启动授权控制单元 J518 使用；6—使用和启动授权控制单元将"打开车门"这个信息发送给舒适系统中央控制单元 J393 和车门控制单元（指门把手已经开始钥匙查询的车门的）；7—收到使用和启动授权控制单元命令的车门控制单元再操纵相应的锁芯，这样就打开了该车门；8—舒适系统中央控制单元 J393 将"打开车门-Advanced Key"这个信息发送到 CAN 舒适总线上；9—正常的开门过程包括停用安全装置、开门、确认闪光及接通车内灯，除了确认闪光外，使用和启动授权控制单元通过使用和启动授权开关及中央门锁/防盗警报装置天线 R47 将锁止状态发送到车钥匙内

十一、通过按钮启动车辆

按钮启动车辆工作原理如图 5-4-18 所示。

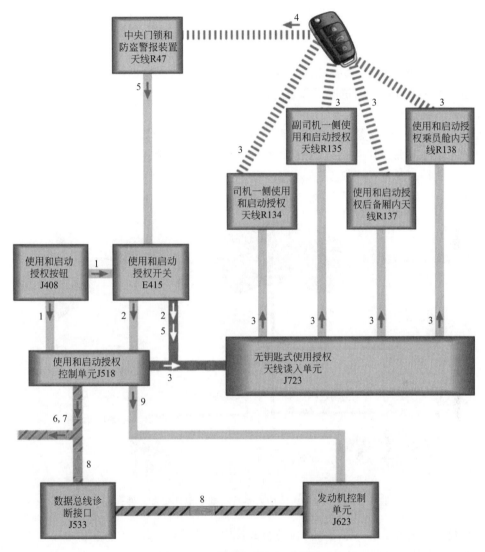

图 5-4-18 按钮启动车辆工作原理

1—司机将使用和启动授权按钮 E408 完全按下,这个按钮将"点火开关接通"和"发动机启动"的信息发送到使用和启动授权开关 E415 及使用和启动授权控制单元 J518 上;2—使用和启动授权开关将这个按钮信息通过数据线继续传至使用和启动授权控制单元,在这里两个按钮信息会进行比较;3—控制单元 J518 将钥匙查询信息发送给无钥匙式使用授权天线读入单元 J723,天线读入单元通过所有的使用和启动授权天线将一个信号发送给车钥匙;4—车钥匙根据这个信号来确定钥匙在车上的位置,并将其信息发送给中央门锁/防盗警报装置天线 R47;5—中央门锁/防盗警报装置天线收到这个信息,然后该信息通过使用和启动授权开关 E415 被传送给使用和启动授权控制单元使用;6—根据钥匙的使用情况,S 触点信号被发送到 CAN 舒适总线上,转向系统便开锁;7—转向锁完全打开后,接线柱 15 接通;8—接线柱 15 接通后,发动机控制单元与使用和启动授权控制单元之间就开始经 CAN 数据总线进行数据交换,然后防盗锁被停用;9—使用和启动授权控制单元将"启动请求"这个信号发送给发动机控制单元,发动机控制单元检查离合器是否已踏下或是否已挂入 P 或 N 挡(指自动变速器),然后就会自动启动发动机

第五节 防盗系统

奥迪 Q3（8U）属于奥迪第 4c 代防盗系统，同样的还有奥迪 A1(8X) 也属于第 4c 代防盗系统。

WFS 防盗锁止系统（Wegfahrsperre）功能：打开/锁止发动机控制单元。作用：可以有效防止汽车在未被授权的情况下靠自身的动力被开走。

1. 防盗系统构成

奥迪 Q3（8U）代防盗系统构成：防启动锁控制单元（诊断地址 25，仪表中）；发动机控制单元（诊断地址 01）；钥匙（转发器）；电子转向柱锁控制单元（诊断地址 2B，仅 Kessy）；变速箱控制单元（仅 Q3 PA 之后 DQ500 集成于防盗系统）。

奥迪 Q3-4c 防盗系统（基本型）的防盗部件构成见图 5-5-1。

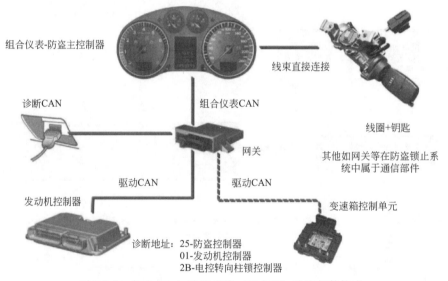

图 5-5-1 奥迪 Q3-4c 防盗系统（基本型）防盗部件构成

奥迪 Q3-4c 防盗系统（带 Kessy）防盗部件构成见图 5-5-2。

2. Q3-4c 防盗系统组件在 FAZIT 系统中的识别

（1）在线数据库 FAZIT 中对于第 4 代防盗包含防盗锁止系统部件的所有防盗相关特征：车辆识别号（VIN）、电子控制单元的 23 位序列号、8 位无线转发器和防盗锁止系统密码。

① 一个电子控制单元的 23 位序列号唯一且不会改变［防盗主控制器/组合仪表＋发动机控制器＋变速箱控制单元＋电控转向柱锁 ELV（诊断地址 2B）］。

② 一个无线转发器号（8 位）唯一且不会改变（钥匙）。

（2）防盗控制器（集成到仪表中）K25 防盗系统主控制器，有自己的诊断地址 25，如防盗系统主控制器序列号：VD1-04811.07.1473936863（23 位）（图 5-5-3）。

（3）发动机控制单元 K01 防盗系统从控制器有自己的诊断地址 01，如发动机控制单元序列号：RB8-65814-11-2014101073（23 位）（图 5-5-4）。

第五章 电气系统故障维修

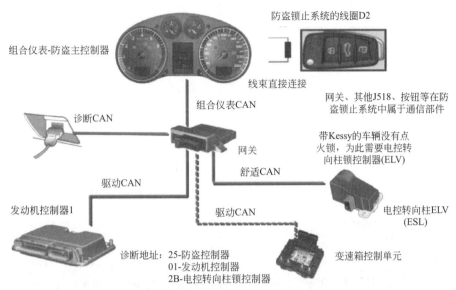

图 5-5-2 奥迪 Q3-4c 防盗系统（带 Kessy）防盗部件构成

图 5-5-3 防盗系统主控制器序列号

图 5-5-4 发动机控制单元序列号

3. 遥控钥匙

遥控钥匙由两部分构成，即发射器（转发器）和钥匙机械齿。钥匙机械齿用于点火或通过门锁芯开锁闭锁。转发器是遥控钥匙的电子部分，用于遥控整车上锁或解锁、防盗。

遥控钥匙里面有两个 ID 号，即转发器 ID 号与钥匙 ID 号（钥匙 ID 用于与 BCM 匹配）。转发器 ID 号在防盗系统状态中以 8 位十六机制数识别。

为了能启动车辆，所有钥匙必须要匹配到整车防盗系统中。成功匹配后，钥匙数据将被读出并反馈回 FAZIT。

所有备件钥匙必须通过铣钥匙机在线登记给某一辆车，进行预编码，并且只能匹配到这辆车上，售后经销商借助 VAS 诊断仪防盗控制器学习。

另外遥控钥匙还有是否支持 Kessy 和遥控频率的区别。遥控钥匙要特别注意非原厂订购与匹配的钥匙的判断（表 5-5-1）。

表 5-5-1 遥控钥匙匹配

项目	Q3		A4L/Q5			
零件号	8X0 327 220C	8X0 327 220G	8T0 959 754C	8T0 959 754 J	8K0 959 754 C	8K0 959 754 G
是否支持 Kessy	否	是	是	是	是	是
遥控频率/MHz	315	315	315	315	315	315

续表

项目	A3		A6L		
零件号	8X0 837 220C	8X0 837 220G	4G0 959 754 J	4G0 959 754 EE	8K0 959 754 C
是否支持 Kessy	否	是	是	是	是
遥控频率/MHz	433	433	315	315	315

4. 奥迪 Q3-4c 代防盗系统诊断（防盗总状态读取）

（1）防盗锁止系统 ODIS 操作

① 车型、年型、发动机类型不能选错，选错会造成防盗匹配下载错误。

② 所有防盗控制器必须已经识别，识别不全会造成防盗匹配错误（图 5-5-5）。

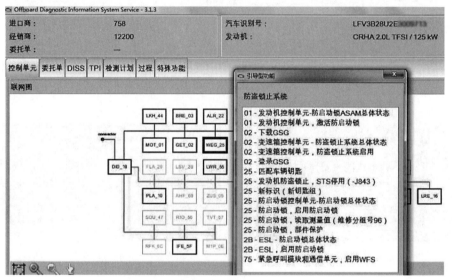

图 5-5-5　防盗控制器已经识别

（2）读取防盗锁止系统总状态（图 5-5-6）

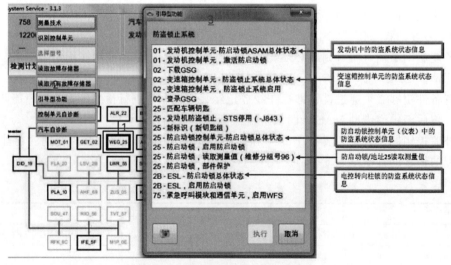

图 5-5-6　读取防盗锁止系统总状态

(3) 25-防启动锁控制单元，防启动锁总状态　防启动锁总状态解析（图 5-5-7 和图 5-5-8）。

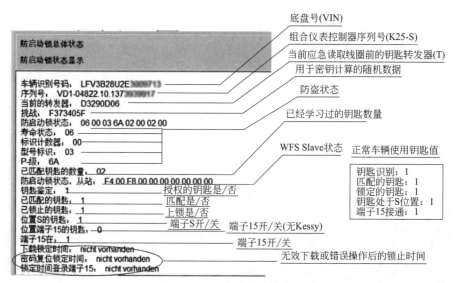

图 5-5-7　防启动锁总状态

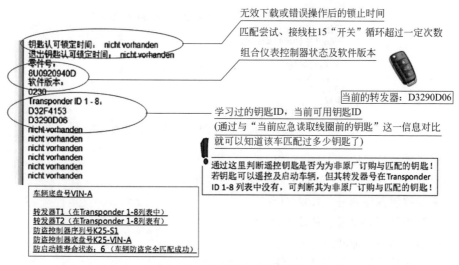

图 5-5-8　防启动锁总状态解析

(4) 01-发动机控制单元防盗总状态　发动机控制器发防盗功能的从控（图 5-5-9）。

发动机的运转要求通过驱动 CAN 总线得到仪表的释放。如果控制器更换，必须要在线匹配。

① 车辆底盘号 VIN-A。

② 发动机控制器序列号：K01-S1。

③ 发动机控制器底盘号：K01-VIN-A。

④ 发动机控制器寿命状态：4（车辆防盗完全匹配成功）。

(5) 2B-ELV 控制器防盗状态（图 5-5-10）

① 车辆底盘号：VIN-A ELV。

② 控制器序列号：K2B-S1 ELV。

视频精讲

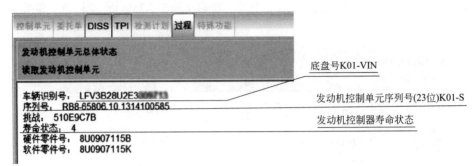

图 5-5-9 发动机控制单元防盗总状态

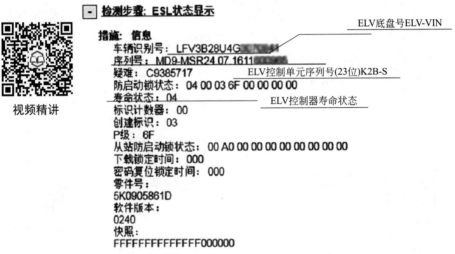

图 5-5-10 2B-ELV 控制器防盗状态

③ 控制器底盘号：K2B-VIN-A ELV。

④ 控制器寿命状态：4（车辆防盗完全匹配成功）。

⑤ 变速箱控制器序列号：K02-S1。

⑥ 变速箱控制器底盘号：K02-VIN-A。

⑦ 变速箱控制器寿命状态：4。

(6) 02-变速箱控制器防盗状态（图 5-5-11）

① 车辆识别号：无，此变速箱控制单元未集成在防盗系统。

② 变速箱控制单元仅 Q3 PA 后 DQ500 集成于防盗系统。

③ 建议有防盗问题时也对其进行匹配。

(7) 25-防启动锁，读取测量值（维修分组号 96） 防盗控制单元备件不进行元件保护自学习（图 5-5-12～图 5-5-14）。

① 故障存储器输入（部件保护激活）。

② 功能限制（如 K25 会发动机不会启动，无法防盗匹配等）。

③ 需执行"25-防起动锁，部件保护"。

④ 密码重置锁定时间：69min。

⑤ 钥匙学习锁定时间：69min。

⑥ 退出钥匙学习锁定时间：69min。

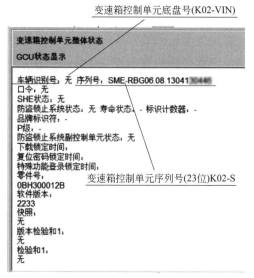

图 5-5-11　02-变速箱控制器防盗状态

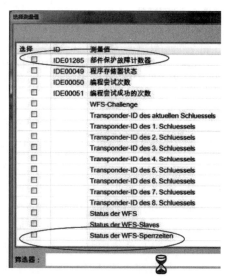

图 5-5-12　选择测量值

测量值:

名称:	值:	额定值:	识别:
部件保护故障计数器			Komponentenschutz Errorcounter
部件保护故障计数器	31		
			WFS-Challenge
4 Byte Hexadezimal	B6 DD C3 3B		

图 5-5-13　测量值

(8) 防盗控制器部件可能状态（图 5-5-15）　防盗部件在 FAZIT 系统中状态（防盗部件总状态读取）：

① 全新的控制单元（-----------/××××××××××××××）；

② 控制单元已获得下载数据（已有 VIN）VIN-A（本车）；

③ 控制单元已获得下载数据（已有 VIN）VIN-B（其他车）。

Sperrzeit fuer Login, Subfunction Passwoerter zuruecksetzen	69
Sperrzeit fuer Login, Subfunction Schluessel lernen	69
Sperrzeit fuer Login, Subfunction Schluessellernen verlassen	69

图 5-5-14　学习等待时间

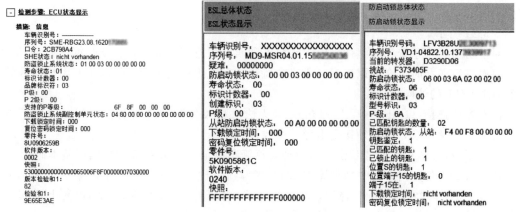

图 5-5-15　防盗控制器部件可能状态

检测步骤：防启动锁状态显示
措施：信息
车辆识别号码：LFV3B28U4G30****
序列号：VD1-04802.11.1673******
当前的转发器：00000000
挑战：00000000
防启动锁状态：02 00 03 6F 00 00 00 00
寿命状态：02
标识计数器：00
型号标识：03
P-级：6F
已匹配钥匙的数量：00

图 5-5-16　防启动锁状态

（9）钥匙可能状态　当前转发器：00000000，钥匙信息未读出（图 5-5-16）。

钥匙未贴紧读写线圈或根本未贴读写线圈。

为了读取钥匙信息，必须钥匙贴紧读写线圈！

当钥匙状态完全正常时，正常车辆使用钥匙量如下。

① 钥匙识别：1。

② 匹配的钥匙：1。

③ 锁定的钥匙：1。

④ 钥匙处于 S 位置：1。

⑤ 端子 15 接通：1。

防盗部件在 FAZIT 系统中状态：

（防盗部件总状态读取如图 5-5-17 所示）

钥匙在 FAZIT 系统中状态（图 5-5-18）：

① 新身份钥匙（新身份"待定"状态，如图 5-15-19 所示）；

② 后补订钥匙，未匹配成功；

③ 钥匙已匹配成功；

④ 钥匙删除。

5. 奥迪 Q3 的 4c 代防盗的引导型功能菜单

第 5 代防盗系统"一键"解除方案——"维修防启动锁"，不存在防盗匹配菜单执行顺序。

第 4 代防盗系统存在防盗匹配菜单执行顺序，更换哪个部件就执行哪个部件的匹配。

4c 代防盗的引导型功能菜单介绍如图 5-5-20 所示。

6. 第 4 代防盗系统的重要组成

（1）FAZIT 系统在线匹配　FAZIT 是汽车问询和中央身份识别工具的缩写（Fahrzeugauskunft-und zentralesIdentifikations-Tool），为在线汽车防盗系统的重要组成部分。FAZIT 防盗在线匹配如图 5-5-21 所示。

防启动锁总体状态
防启动锁状态显示
车辆识别号码：LFV3B28U2E****
序列号：VD1-04822.10.137******
当前的转发器：D3290D06
挑战：F373405F
防启动锁状态：06 00 03 6A 02 00 02 00
寿命状态：06
标识计数器：00
型号标识：03
P-级：6A
已匹配钥匙的数量：02
防启动锁状态，从站：F4 00 F8 00 00 00 00 00 00 00
钥匙鉴定：1
已匹配的钥匙：1
已锁止的钥匙：1
位置S的钥匙：1
位置端子15的钥匙：0
端子15在：1
下载锁定时间：nicht vorhanden
密码复位锁定时间：nicht vorhanden
锁定时间登录端子15：nicht vorhanden
钥匙认可锁定时间：nicht vorhanden
退出钥匙认可锁定时间：nicht vorhanden
零件号：8U0920940D
软件版本：0230
Transponder ID 1 - 8：
D32F4153
D3290D06
nicht vorhanden
nicht vorhanden

图 5-5-17　防启动锁状态显示

对于防盗锁止系统中的组件，由于其数据和匹配状态都已储存在在线数据库 FAZIT 中，且在每次进行匹配时都加以比对，所以防盗锁止系统组件的更换已经离不开引导型故障查询和对 FAZIT 的访问。

没有在线连接（Online-Verbindung）就无法对相关控制器进行防盗匹配。即便是以测试为目的的交叉更换，也必须接受引导并在线进行。

（2）新身份/全车锁　"身份"指的是对每辆车设定所有密码和 PIN 码（基本码）。

执行"新身份"时，中央数据库 FAZIT 将得到车辆系统执行新基本码编写请求，请求通过后经 FAZIT "在线匹配"释放，车辆第 4 代防盗器内集成的所有控制单元上均获得一个新基本码。

第五章 电气系统故障维修

检测步骤：WFS的状态显示
措施：信息
车辆识别号：LFV3B28U4G3▮▮▮▮▮
序列号：VD1-04802.11.1673▮▮▮▮
当前应答器：C28D6F7E
口令：00000000
防盗锁止系统状态：02 00 03 6F 00 ▮
寿命状态：02
标识计数器：00
品牌标识符：03
P等级：6F
匹配钥匙数量：00
防启动锁状态，从动：B4 00 FC 00
钥匙识别：1
匹配的钥匙：0
锁定的钥匙：1
钥匙处于S位置：1
钥匙在端子15位置中：0
端子15接通：1
下载锁定时间：nicht vorhanden

图 5-5-18　新钥匙（增加订购）
　　　　或删除钥匙

钥匙识别：1。匹配的钥匙：0。锁定的钥匙：
1。钥匙处于S位置：1。端子15接通：1

防启动锁状态显示
车辆识别号码：LFV3B28U4G30▮▮▮▮▮
序列号：VD1-04810.12.15739▮▮▮▮▮
当前的转发器：C34DBA18
挑战：242C1134
防启动锁状态：07 00 03 6F 00 00 04 00
寿命状态：07
标识计数器：00
型号标识：03
P-级：6F
已匹配钥匙的数量：00
防启动锁状态，从站：34 00 A0 80 E0 80
钥匙鉴定：0
已匹配的钥匙：0
已锁止的钥匙：1
位置S的钥匙：1
位置端子15的钥匙：0
端子15在：1
下载锁定时间：nicht vorhanden

图 5-5-19　新身份钥匙（新身份"待定"状态）/
　　　　非本车钥匙/非法钥匙

钥匙识别：0。匹配的钥匙：0。锁定的钥匙：
1。钥匙处于S位置：1。端子15接通：1

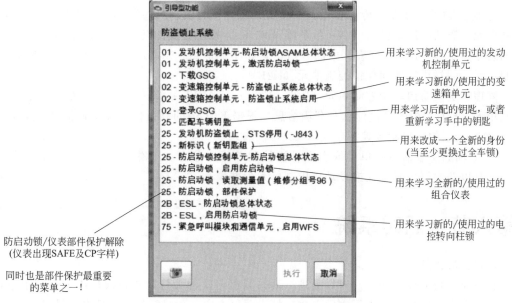

防启动锁/仪表部件保护解除
（仪表出现SAFE及CP字样）

同时也是部件保护最重要
的菜单之一！

图 5-5-20　4c代防盗系统的引导型功能菜单介绍

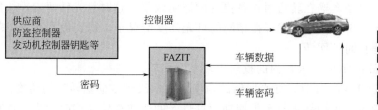

图 5-5-21　FAZIT防盗在线匹配

视频精讲

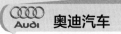

从第 4 代防盗起执行"新身份"总是以订购到一套新全车锁（所有钥匙和锁芯）为前提，即如果将车辆更换一套新全车锁，则意味着原有的防盗器必须执行"新身份"。新全车锁与车辆系统匹配前，首先要在铣钥匙机上对全车锁（钥匙）进行基本编码，并将钥匙与订购车辆底盘号一起在 FAZIT 系统上登记，否则该套全车锁不能够进行匹配。钥匙在铣钥匙机上写入基本码后，只能同相应底盘号车辆进行匹配。

从第 4 代防盗起仅需订购和匹配全车锁套件，新的防盗锁止识别码就能输入车辆中。追加订购的钥匙（例如附加钥匙）的基本码从数据库 FAZIT 中获取。

7. 第 4 代防盗系统的重要概念——防盗锁止系统身份的"待定状态"

订购一套"全车锁套件"之后，在通过引导型故障查询执行"输入新身份"的功能完成以前，只要是还没有执行这个新身份识别功能，那么车上的防盗器使用的还是原来的身份识别。即使新锁已经交货或新的全车锁套件已经安装到位，也是这样的。

此时新锁止套件就处于所谓的"待定状态"，在线数据库 FAZIT 中也会对其如此标记。如果在这种状态下增加钥匙，其所获得的也将是旧的（之前的）防盗锁止身份。只有在新识别码匹配到车辆中，并回传至在线数据库后，才会解除"待定"状态。在此之后，防盗锁止系统的所有动作才会以新身份为准。在此期间增加的钥匙随后将无法使用，因为其已适配了旧的身份。

8. 第 4 代防盗系统组件匹配原则及过程

同以前第 3 代相比，第 4 代防盗数据直接从 FAZIT 数据库中写入。

① 防盗数据的读取、传输和写入。假如更换为新的发动机控制单元，执行"01-发动机控制单元，激活防启动锁"，FAZIT 系统读取车上未被更换的防启动锁控制单元（K25），根据防盗控制器（K25，仪表）中的身份信息和车辆信息，从 FAZIT 系统写入新的发动机控制单元。同样更换转向柱锁控制单元（K2B）。

同理，更换防启动锁控制单元（K25，仪表），FAZIT 系统读取车上未被更换的发动机控制单元（K01）中的身份信息和车辆信息，根据 K01 中的身份信息和车辆信息，从 FAZIT 系统写入新的防启动锁控制单元（K25，仪表）。

② 车辆的防盗器控制单元或者发动机控制单元必须至少其中一个具备"身份"信息。身份信息以防盗器控制单元或发动机控制单元为准！

第六节　照明系统

1. 自适应大灯

自适应大灯可以在转弯时对灯光进行动态调节，这种大灯的投射模块内装有一个电机，该电机可在车辆转弯时在水平方向上改变灯光照射方向。大灯透镜和支架并不转动。灯光转动的角度在转弯方向的内侧可达约 15°，在外侧可达 7.5°（图 5-6-1）。

这个角度变化可使车辆在转弯时得到更好的照明效果。这时灯光转弯内模块的转动角是外模块的两倍（图 5-6-2）。这样就可在相同的灯光强度情况下，得到最大的照亮范围。

（1）车辆在静止时不回转

① 当车速＜6km/h 时，大灯内的投射模块不会回转。

② 当车速超过 10km/h 时，灯光回转的角度主要取决于方向盘转动的角度。

这样就可以满足在车辆静止时不得摆动大灯灯光的法律规定。同时，当车辆在这种低速状态进行加速时，在转向角度不变的情况下，可以使得大灯的偏转均匀过渡

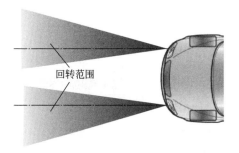
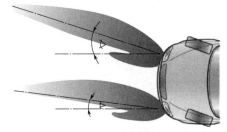

图 5-6-1　回转范围　　　　　　　图 5-6-2　转动角

（2）内部结构　回转角度由回转模块内的一个电感式传感器来监控，传感器值作为脉冲宽度调制信号直接用于大灯功率模块（图 5-6-3）。

图 5-6-3　内部结构　　　　　　　视频精讲

如果调节电机或传感器失效，功率模块会将故障信息发送到大灯照程调节控制单元 J431，然后组合仪表 J285 的显示屏会显示相应的内容来通知司机。

自适应大灯内使用的灯泡与双氙大灯内的灯泡是一样的。

（3）CAN 信息交换　如图 5-6-4 所示，带有"*"的值是用来计算回转角度时的输入值，其他的输入值只是用于动态大灯照程调节。

（4）信号和数据交换　使用的水平传感器与双氙气大灯动态调节用的传感器是相同的，该传感器将一个脉冲宽度调制信号发送到大灯照程调节控制单元上（图 5-6-5）。

大灯照程调节控制单元 J431 与大灯左、右功率模块 J667 和 J668 之间的数据交换通过一根 500kB 的 CAN 总线来完成。

（5）展示功能　即使在车辆静止时，也可通过这个展示功能来使大灯灯光回转（通过转动方向盘），通过诊断仪在大灯照程调节控制单元上进行自适应即可实现该功能。之后如果车速超过 30km/h，那么该功能就一直处于不可用状态，但可以随时用诊断仪来激活该功能。

2. 尾灯总成

在奥迪 A6（2005 年款）上，装备不同，使用的尾灯也不同。

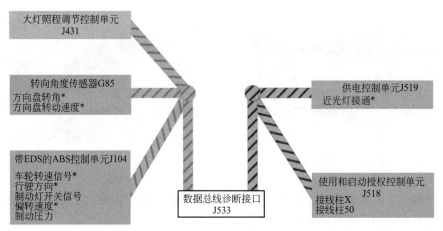

图 5-6-4　CAN 信息交换

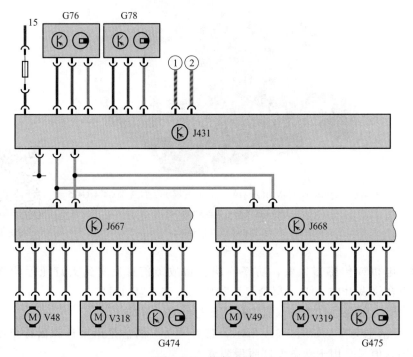

图 5-6-5　控制电路

有下述几种型号：

① Basisvariante ECE（基本型 ECE）；

② Highvariante ECE（High 型 ECE）；

③ Highvariante SAE（High 型 SAE）。

（1）Basisvariante ECE（基本型 ECE）（图 5-6-6）　基本型尾灯只使用带有 15mm 卡口灯座的灯泡。尾灯控制分为三个腔，为了保证不同大小的腔从外面看亮度相同，舒适系统的中央控制单元 J393 以不同的明暗比率来控制各个灯泡。每个尾灯中有两个灯泡，这两个灯泡也用作制动灯。靠外侧的灯泡用于后雾灯，如果后雾灯已接通，那么只有靠内侧的灯泡用作制动灯。

（2）Highvariante ECE（High 型 ECE）至少在前大灯装有双氙气灯时才安装这种尾灯（图 5-6-7）。

High 型尾灯总成的外部特点是它在制动灯上使用了发光二极管。这个发光二极管是紧固在反射镜罩上的，它由灯座上的两个触点控制。

后雾灯位于尾灯总成上的下方，司机一侧的灯泡用作后雾灯，副司机一侧的灯泡用作倒车灯，这样就可使 High 型尾灯总成使用与基本型尾灯总成一样的灯座。

（3）Highvariante SAE（High 型 SAE）（图 5-6-8） 这种尾灯总成用于北美洲市场，都装有发光二极管单元，发光二极管用于转向灯和制动灯。其下部的三个腔用于装尾灯灯泡。SAE 尾灯各有两个后雾灯和倒车灯。

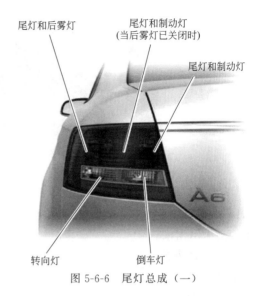

图 5-6-6 尾灯总成（一）

图 5-6-7 尾灯总成（二）

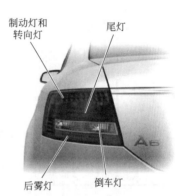

图 5-6-8 尾灯总成（三）

3. 发光二极管单元的诊断

如果某个发光二极管损坏，灯罩内的电子装置会识别出来，于是所有的发光二极管都会关闭，这样舒适系统中央控制单元 J393 就可以记录下相应的故障。

第七节 组合仪表

组合仪表内（图 5-7-1）的控制单元 J285 有两个型号可供选择。带彩屏的 Highline 型只用于装有自动巡航控制系统的车。防盗器和网关不再集成在组合仪表内。由于旋转式灯开关的位置看起来较方便，所以近光灯、前雾灯和后雾灯的指示灯都装在旋转式灯开关上。仪表照明、自检系统和日行驶里程的按钮装在组合仪表右侧的按钮模块（组合仪表操纵按钮 E493）上。

如果车外照明灯的灯泡损坏，那么中间显示屏会出现一个符号来表示哪个灯泡坏了。如果这时按下了自检按钮，那么中间显示屏上还会出现文字说明。组合仪表使用车外温度传感

图 5-7-1　组合仪表

器 G17 的信号，还使用全自动空调控制单元 J255 的车外温度信号，这两个温度值中较低的那个值会显示出来。

组合仪表功能见图 5-7-2。

辅助信号：

① 接线柱 58d；

② 接线柱 58s。

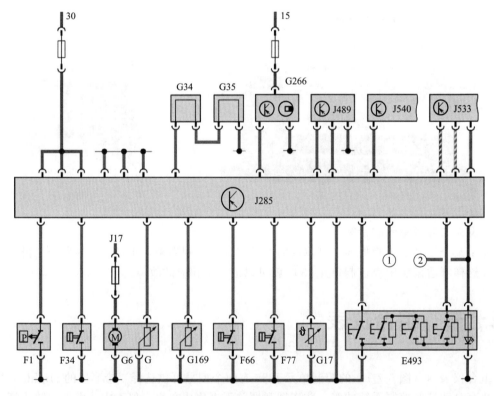

图 5-7-2　组合仪表功能

E493—组合仪表操纵按钮；F1—机油压力开关；F34—制动液液面警报触点；F66—冷却液不足显示开关；F77—风窗清洗液警报触点；G—燃油表传感器；G6—燃油预供油泵；G17—车外温度传感器；G34—左前轮制动摩擦衬块磨损传感器；G35—右前轮制动摩擦衬块磨损传感器；G169—燃油表传感器 2＊；G266—机油液面和机油温度传感器；J17—燃油泵继电器；J285—组合仪表内控制单元；J489—无线电时钟接收器；J533—数据总线诊断接口；J540—电动停车和手制动器控制单元；＊—仅指四轮驱动车

第八节 车载网络

车载网络总体布局如图 5-8-1 所示。

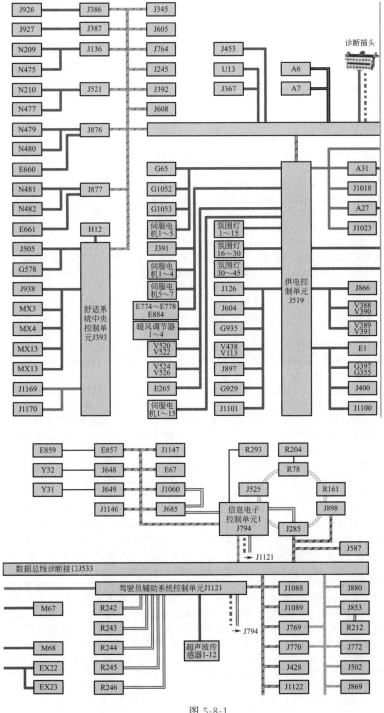

图 5-8-1

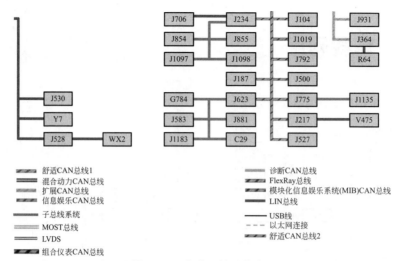

图 5-8-1 车载网络总体布局

A6—蓄电池（48V）；A7—变压器（48V/12V）；A27—右侧 LED 大灯功率模块 1；A31—左侧 LED 大灯功率模块 1；C29—启动发电两用机；E1—灯开关；E67—司机侧音量调节器；E265—后部空调操纵和显示单元；E660—左后多轮廓座椅开关；E661—右后多轮廓座椅开关；E774—空调操纵和显示单元 1；E775—空调操纵和显示单元 2；E776—空调操纵和显示单元 3；E777—空调操纵和显示单元 4；E778—空调操纵和显示单元 5；E857—辅助显示和操纵单元 1；E859—无线操纵单元 1；E884—空调操纵和显示单元 6；EX22—仪表板中间开关模块；EX23—副仪表板开关 1；G65—高压传感器；G355—空气湿度传感器；G395—制冷剂压力和温度传感器；G397—雨水/光强度识别传感器；G578—防盗警报传感器；G784—颗粒传感器；G929—车内二氧化碳含量传感器；G935—车外空气质量和空气湿度传感器；G1052—低压侧制冷剂压力和制冷剂温度传感器；G1053—高压侧制冷剂压力和制冷剂温度传感器；H12—警报喇叭；J104—ABS 控制单元；J126—新鲜空气鼓风机控制单元；J136—带记忆功能的座椅调节和转向柱调节控制单元；J187—差速锁控制单元；J217—自动变速器控制单元；J234—安全气囊控制单元；J245—滑动天窗控制单元；J285—组合仪表内控制单元；J345—挂车识别控制单元；J364—辅助加热控制单元；J367—蓄电池监控控制单元；J386—司机车门控制单元；J387—副司机车门控制单元；J391—后部新鲜空气鼓风机控制单元；J392—后部滑动天窗控制单元；J400—雨刮电机控制单元；J428—车距调节控制单元；J453—多功能方向盘控制单元；J500—转向助力控制单元；J502—轮胎压力监控控制单元；J505—前挡风玻璃加热控制单元；J521—带记忆功能的副司机座椅调节控制单元；J525—数字音响包控制单元；J527—转向柱电子控制单元；J528—车顶电子控制单元；J530—车库门开启控制单元；J583—NOx 传感器控制单元 1；J587—选挡杆传感器控制单元；J604—空气辅助加热控制单元；J605—后备厢盖控制单元；J608—专用车控制单元；J623—发动机控制单元；J648—左后信息显示和操纵控制单元；J649—右后信息显示和操纵控制单元；J685—MMI 显示屏；J706—座椅占用识别控制单元；J764—电子转向柱锁控制单元；J769—变道辅助控制单元 1；J770—变道辅助控制单元 2；J772—倒车摄像头控制单元；J775—底盘控制单元；J792—主动转向控制单元；J853—夜视系统控制单元；J854—左前安全带张紧器控制单元；J855—右前安全带张紧器控制单元；J866—电动可调转向柱控制单元；J869—车身传声控制单元；J876—左后座椅调节控制单元；J877—右后座椅调节控制单元；J880—还原剂计量系统控制单元；J881—NOx 传感器控制单元 2；J897—空气改善系统控制单元；J898—前挡风玻璃投影（抬头显示）控制单元；J926—左后车门控制单元；J927—右后车门控制单元；J931—总成悬置控制单元；J938—后备厢盖开启控制单元；J1018—左侧车灯控制单元；J1019—后桥转向控制单元；J1023—右侧车灯控制单元；J1060—下部触屏；J1088—左前物体识别雷达传感器控制单元；J1089—右前物体识别雷达传感器控制单元；J1097—左后安全带张紧器控制单元；J1098—右后安全带张紧器控制单元；J1100—前挡风玻璃清洗泵控制单元；J1101—香氛系统控制单元；J1121—驾驶员辅助系统控制单元；J1122—激光车距调节控制单元；J1135—水平调节压缩机电子装置；J1146—移动终端充电器 1；J1147—移动终端充电器 2；J1169—近场通信控制单元 1；J1170—近场通信控制单元 2；J1183—NOx 传感器控制单元 3；M67—左侧辅助远光灯灯泡；M68—右侧辅助远光灯灯泡；MX3—左侧尾灯；MX4—右侧尾灯；MX13—中间尾灯；N209—司机腰部支撑调节阀体；N210—副司机腰部支撑调节阀体；N475—司机座椅内阀体 1；N477—副司机座椅内阀体 1；N479—左后座椅内阀体 1；N480—左后座椅内阀体 2；N481—右后座椅内阀体 1；N482—右后座椅内阀体 2；R64—驻车加热无线接收器；R78—TV 调谐器；R161—DVD 换碟机；R204—TV 读卡器；R212—夜视系统摄像头；R242—驾驶员辅助系统正面摄像头；R243—前部周围环境摄像头；R244—左侧周围环境摄像头；R245—右侧周围环境摄像头；R246—后部周围环境摄像头；R293—USB 集线器；U13—带插座的逆变器（12～230V）；V66—水平调节压缩机电机；V113—循环空气翻板伺服电机；V388—司机座椅靠背风扇；V389—副司机座椅靠背风扇；V390—司机座椅坐垫风扇；V391—副司机座椅坐垫风扇；V475—变速器机油辅助液压泵 1；V520—左后座椅靠背风扇；V522—左后座椅坐垫风扇 1；V524—右后座椅靠背风扇；V526—右后座椅坐垫风扇 1；WX2—后部车内灯；Y7—自动防眩目车内后视镜；Y31—多媒体系统显示单元 3；Y32—多媒体系统显示单元 4

1. 总线系统的改进

以各种形式参与数据通信的控制单元/传感器/执行元件的数量更多了。最引人注目的是大量的 LIN 总线用户，它们是连接在供电控制单元 J519 上的。这主要是现在空调的控制也是由 J519 的功能实现的。这就是说，在奥迪 A8（车型 4N）上不再安装单独的空调控制单元。因此，诊断地址码"00008"也就不再用于空调系统。这方面的所有诊断功能均可通过供电控制单元的诊断地址码"0009"来实现。

图 5-8-1 中的拓扑结构并不是实际联网情形，尤其是 FlexRay 总线更是如此。LIN 总线用户也是这样的，图 5-8-1 中有时将多个 LIN 总线从控制器归到一起，这是为了看着更清楚。

在空调伺服电机或者车内灯模块方面，图 5-8-1 中仅象征性标出一个 LIN 总线用户，而实际上是连接有很多 LIN 总线从控制器。表 5-8-1 给出了奥迪 A8（车型 4N）上使用的总线系统一览。

表 5-8-1 奥迪 A8（车型 4N）上使用的总线系统

总线系统	导线颜色	结构形式	数据传输速率
舒适 CAN 总线 1		电气总线系统	500kbit/s
舒适 CAN 总线 2		电气总线系统	500kbit/s
扩展 CAN 总线		电气总线系统	500kbit/s
信息娱乐 CAN 总线		电气总线系统	500kbit/s
模块化(MIB)信息娱乐 CAN 总线		电气总线系统	500kbit/s
诊断 CAN 总线		电气总线系统	500kbit/s
组合仪表 CAN 总线		电气总线系统	500kbit/s
混合动力 CAN 总线		电气总线系统	500kbit/s
FlexRay 总线		电气总线系统	10Mbit/s
MOST 总线		光纤数据总线	150Mbit/s
LIN 总线		电气单线总线系统	20kbit/s
子总线系统		电气总线系统	500kbit/s 1Mbit/s
LVDS		电气总线系统	200Mbit/s
以太网		电气总线系统	100Mbit/s

2. LVDS

这种数据传输的特点是采用相对很小的电平（Low Voltage）。与高速 CAN 总线一样，也是分析电平差。在 LVDS 上，这个电平大约是 0.3V。LVDS 的典型应用是操控液晶显示屏。在奥迪 A8（车型 4N）上，LVDS 线用于信息电子控制单元 1J794、组合仪表内控制单元以及两个 MMI 触屏之间的图像数据传递。

LVDS 线与 FlexRay 线类似，也有外保护层，但与 FlexRay 线不同的是，LVDS 线的这个保护层不但用于对抗机械应力和潮湿，还用于屏蔽电磁干扰源。

如果损坏，必须整体更换 LVDS 线。

3. 以太网

以太网技术是专门为局域数据网（LANs2）而开发的，因此该技术又常被称作 LAN 技术。以太网的数据传送速率（带宽）根据情况在 10Mbit/s～100Gbit/s 之间。德国奥迪公司使用的是所谓的快速以太网,其数据传送速率是100Mbit/s,它在奥迪A8(车型4N)上用于车辆诊断仪和网关之间的通信,也用于信息电子控制单元1 J794和驾驶员辅助系统控制单元J1121之间的通信。

车辆诊断仪和网关之间这种快速数据传递可大大降低控制单元的参数配置或者升级所需要的时间。信息电子控制单元1 J794和驾驶员辅助系统控制单元J1121之间的以太网连接用于J1121的快速升级,为此需要将带有所需数据的SD卡插入J794并通过以太网线来传递这些数据。这个传递过程比先将数据传至网关再通过FlexRay总线传至J1121要快得多。

4. FlexRay

奥迪A8(车型4H)已经采用了FlexRay这种新型数据总线系统,该总线也用在很多后续车型上,现在也用在了奥迪A8(车型4N)上。

采用FlexRay总线的目的,是为了满足将来车上的联网方面的高要求。

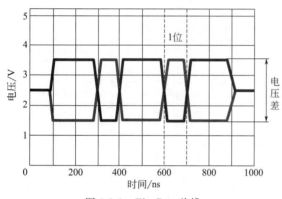

图5-8-2 FlexRay总线

特别值得提到的是:与CAN总线相比,数据传输速率要高得多,且可靠性也高很多。车辆的行驶动态控制方面和很多驾驶员辅助系统方面的各种复杂系统都要用到这些特点(图5-8-2)。

FlexRay总线的特点如下。

① 电气双线式总线系统。

② 数据传输速率最高为10Mbit/s。

③ 数据传输有三个信号状态。

a."Idle"——空闲,两根线的电压均为2.5V。

b."Data0"——数据0,正极线电平低,负极线电平高。

c."Data1"——数据1,正极线电平高,负极线电平低。

④ "主动"星型拓扑结构(网关)。

⑤ 实时能力。

⑥ 能实现分布式控制和使用与安全相关的系统。

FlexRay线也是双绞线,这与CAN线是一样的。根据车辆的型号和制造年份不同,FlexRay线可能有保护层,也可能没有保护层。

原则上,FlexRay线在修理时是可以分段更换的,请注意未绞接长度1和无保护层长度2(图5-8-3)。

由于在拓扑总图上无法展现出FlexRay控制单元的实际布置情况,因此图5-8-4展示的是控制单元在各个FlexRay支路上的分布情况。此处展示的是奥迪A8(车型4N)配备齐全时的所有控制单元。与FlexRay总线常见的情况一样,连接在某分支末端的控制单元,都配备有一个94Ω的电阻。中间的控制单元带有一个2.6kΩ电阻。

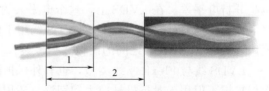

图5-8-3 FlexRay线也是双绞线

FlexRay技术可实现在一个支路上使用两个通道,这在以前的奥迪车型上是无法实现的。这两个通道分别用字母"A"和"B"来命名。第二个通道可提供的功能:发送冗余数据，以便能更好地保证可靠性或使可传输的数据量增倍。

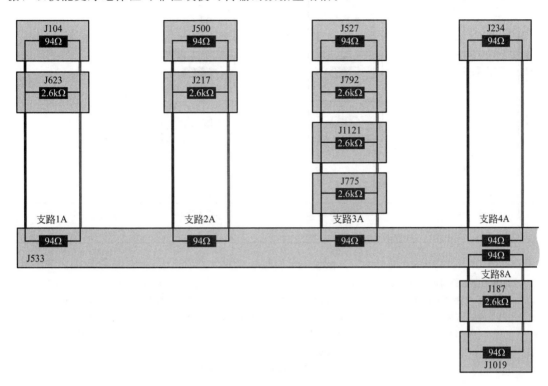

图 5-8-4　拓扑图（一）

J104—ABS 控制单元；J187—差速锁控制单元；J217—自动变速器控制单元；J234—安全气囊控制单元；
J428—车距调节控制单元；J500—转向助力控制单元；J527—转向柱电子控制单元；J533—数据总线
诊断接口（网关）；J623—发动机控制单元；J769—变道辅助控制单元 1；J770—变道辅助控制单元 2；
J775—底盘控制单元；J792—主动转向控制单元；J1019—后桥转向控制单元；J1088—左前物体识别
雷达传感器控制单元；J1089—右前物体识别雷达传感器控制单元；J1121—驾驶员辅助系统
控制单元；J1122—激光车距调节控制单元

在奥迪 A8（车型 4N）上，"通道 B" 用于增大可传递的数据量。若同一个控制单元连接到两个通道上，那么该控制单元的诊断数据是通过 "通道 A" 来传递的。如果支路的某个通道出现故障，比如 FlexRay 线短路，那么车辆诊断仪上会显示出是哪个通道出问题，这样也就可以有针对性地去检查相应的控制单元或者导线。

由于 FlexRay 总线采用的是时间控制的数据传递，因此该网络由所谓的 "冷启动" 控制单元来启动（图 5-8-5）。

在奥迪 A8（车型 4N）上，下面这些就是所谓的 "冷启动" 控制单元：

① 数据总线诊断接口 J533；

② ABS 控制单元 J104；

③ 安全气囊控制单元 J234。

5. 光纤数据总线

奥迪 A8（车型 4E）是第一款配备光纤数据总线（MOST 总线）的奥迪车型，准确地说，该车配备的是 MOST25。

该数据总线系统的名字源自 "Media Oriented Systems Transport（MOST）Coopera-

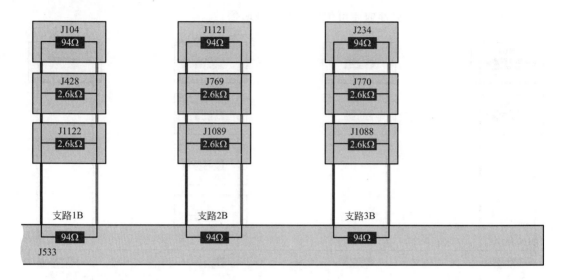

图 5-8-5　拓扑图（二）

J104—ABS 控制单元；J187—差速锁控制单元；J217—自动变速器控制单元；J234—安全气囊控制单元；J428—车距调节控制单元；J500—转向助力控制单元；J527—转向柱电子控制单元；J533—数据总线诊断接口（网关）；J623—发动机控制单元；J769—变道辅助控制单元 1；J770—变道辅助控制单元 2；J775—底盘控制单元；J792—主动转向控制单元；J1019—后桥转向控制单元；J1088—左前物体识别雷达传感器控制单元；J1089—右前物体识别雷达传感器控制单元；J1121—驾驶员辅助系统控制单元；J1122—激光车距调节控制单元

tion"，该组织包括了很多汽车生产厂家及其零部件供货商以及软件公司，它们合力创造出一种统一的快速数据传递系统。

"Media Oriented Systems Transport" 的意思是面向媒体的系统传输。这就是说：该总线系统与 CAN 数据总线是不同的，它是把面向地址的信息发送到特定的接收器上。

奥迪车上把这个总线系统用于信息娱乐系统内部的数据传递。MOST25 的数据传输速率约为 25Mbit/s。

MOST150 最早是用在奥迪 A3（车型 8V）上，现在 A8（车型 4N）也受益于这种 MOST 技术的发展，目前的数据传输速率已达 MOST25 的 6 倍。为了应对这种技术发展形势，必须对 MOST 部件做各种修改。比如，发射和接收单元——光纤收发器（FOT）就必须要修改。

其他部件，比如光纤插头、光纤或者控制单元插头，都与 MOST25 上是相同的。

6. 系统管理器

奥迪 A8（车型 4N）上最多可以在 MOST 环形路上装有 6 个控制单元（第一次包括前挡风玻璃投影控制单元），顺序如下：

① 信息电子控制单元 1 J794；

② 组合仪表内控制单元 J285；

③ 前挡风玻璃投影控制单元 J898；

④ DVD 换碟机 R161；

⑤ TV 调谐器 R78；

⑥ 数字音响包控制单元 J525。

在奥迪 A8（车型 4N）上，信息电子控制单元 1 J794 除了当 MOST 总线的系统管理器外,还承担诊断管理器的作用,而在奥迪 A8(车型 4H)上,诊断管理器是数据总线诊断接口 J533。与其他奥迪车上的 MOST 总线一样,这些控制单元用一根断环诊断线彼此连接在一起,该线只用于出现故障时做断环诊断。

7. 断环诊断

断环诊断线,顾名思义就是仅在 MOST 通信出现故障时进行诊断用(图 5-8-6)。

控制单元之间的数据传输与断环诊断线是无关的。

8. 光纤代用控制单元 VAS 6778

断环诊断流程与以前的 MOST 总线系统是相同的。但是,奥迪 A8(车型 4N)上的检查表必须通过诊断地址码 005F 从车辆诊断仪中调用。

虽然断环诊断流程保持不变,但是若 MOST150 光纤出现故障,因控制单元内的发射和接收单元有所变化,因此使用的工具也有所变化,现在要使用光纤代用控制单元 VAS 6778(图 5-8-7)。

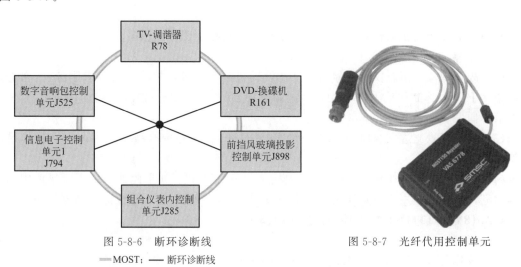

图 5-8-6 断环诊断线
━ MOST; ─ 断环诊断线

图 5-8-7 光纤代用控制单元

第九节 常见故障诊断与排除

1. Q7 后部照明灯:在关闭后备厢盖时未切换

(1) 年型 2016~2017 年。

(2) 故障现象 后部照明灯:在关闭后备厢盖时未切换。

(3) 技术背景 对于奥迪 Q7,在打开后备厢盖时,后部照明灯从后备厢盖切换至保险杠;在关闭后备厢盖时,照明灯又重新切换至后备厢盖。

(4) 生产线措施 微动开关的结构无变化。微动开关已经从固定后备厢边缘罩上改成固定到锁钩上。

(5) 售后方案 对于出现该故障的车辆,必须检测后备厢边缘罩和后备厢盖锁的锁止装置,必要时进行维修(图 5-9-1)。

2. Q3 组合仪表上显示信息:车上无钥匙

(1) 年型 2012~2016 年。

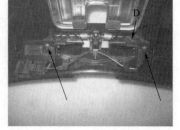

图 5-9-1 故障位置

(2) 故障现象　当钥匙位于空调操作面板下方的杂物箱中时，组合仪表上偶尔显示信息"车上无钥匙"。未存储与之相关的故障存储器记录。

(3) 技术背景　钥匙太靠近进入及启动许可车内天线 1 R138，这根天线就位于杂物箱下方。

(4) 生产线措施　更改进入及启动许可车内天线 1 R138 的安装位置。

(5) 售后方案

① 针对起始车辆识别号为 8UXFR006726 的车辆：

a. 通过软件版本管理升级 Kessy 控制单元（诊断地址码 05）；

b. 在 ODIS 测试仪上选择"升级"运行模式后就能输入软件版本管理代码；

c. 为此所需的软件版本管理代码为 05A006。

② 针对车辆识别号截至 8UXFR006725 的车辆：

a. 使用 05A006 升级。

b. 按照 TPI 所述更改进入及启动许可车内天线 1 R138 的安装位置。

3. A6L 偶发组合仪表信息"发动机起动系统：故障。请寻求服务"

(1) 年型　2011～2016 年。

(2) 故障现象　组合仪表上显示信息"发动机起动系统：故障。请寻求服务"。在舒适控制单元 J393（诊断地址码 46）中存有故障存储器记录："2764-进入及启动许可按键-信号不可信，偶发"。

(3) 技术背景　进入及启动许可按键 E408 已 15 次未被完全按下，因此没有操作最后的微动开关。

(4) 售后方案　请在诊断地址码 46 中检查测量值块 88。如果此处第一个测量值中的数值为"8"，则请告知用户，必须完全按下该按键，才不会重新生成该故障存储器记录。

4. A3(8V)，TT(FV) 操作件的背光照明偶尔闪烁

(1) 年型　2013～2015 年。

(2) 故障现象　空调、MMI、多功能方向盘的按键背光照明短时闪烁。

(3) 技术背景　软件偏差。

(4) 生产线措施　当控制单元 09 内的软件版本高于 0134 时，匹配车载电网控制单元的软件。

(5) 售后方案　发生故障时，必须将车载电网控制单元（地址码 09）升级为最新软件版本。根据代码"09A017"通过软件版本管理（SVM）在线升级。

5. A1 大灯照明距离调节系统（LWR）单侧失灵

(1) 年型　2015～2016 年。

(2) 故障现象　用户抱怨大灯照明距离调节系统单侧失灵。特约维修站可以确定大灯是故障源。

(3) 技术背景　大灯照明距离调节系统电机的插头未插入大灯中。

(4) 生产线措施　起始使用日期：2015 年第 28 周。起始车辆识别号：WAUZZZ8X0GB01××××。

(5) 售后方案　图 5-9-2 中标记的插头连接（用于操控大灯照明距离调节系统电机）是否卡入。

图 5-9-2　插头连接是否卡入

6. TT(FV) 大灯照明距离调节：指示灯亮起

（1）年型　2016 年。

（2）故障现象　在接线端 15 接通后，组合仪表上偶尔显示大灯照明距离调节系统指示灯矩阵光束大灯的远光灯功能没有激活；光信号喇叭功能启用。在切换点火开关后，重新启用矩阵光束功能。在大灯照明距离调节系统控制单元（诊断地址码 55）中存有故障存储器记录"U112100——数据总线，信息缺失"。

（3）技术背景　车载电网控制单元内因软件导致功能受限。

（4）生产线措施　2015 年第 30 周。

（5）售后方案

① 检查车载电网控制单元（诊断地址码 09）中的软件是否可能涉及（SW0173 或 SW0174）。

② 检查大灯照明距离调节系统控制单元（诊断地址码 55）中是否存有以下故障存储器记录（偶发或静态）："U112100——数据总线，信息缺失"。如果符合上述所有事项，则请通过软件版本管理升级车载电网控制单元 J519（诊断地址码 09）。在 ODIS 测试仪上选择"升级"运行模式后就能输入软件版本管理代码。为此所需的软件版本管理代码为 09A018。

7. A6/A7 大灯内的动态转向灯失灵

（1）年型　2015 年。

（2）故障现象　左侧大灯内的动态转向灯在转向闪烁时未"渐进式亮起"（正常转向闪烁替代动态转向闪烁功能），右侧"动态转向闪烁"功能正常。仅限配备 LED 大灯和矩阵光束功能的车辆。故障存储器记录：VAG03455——由于接收到故障值导致功能受限，该故障存储器记录可能存储为偶发或静态。

（3）技术背景　在生产期间铺设大灯的导线时，可能损坏了"动态闪烁"功能的信号线。这种损坏导致故障出现。

（4）生产线措施　将导线横截面提高至 $0.5mm^2$。

（5）售后方案　如果出现用户上述故障，则应检查插头 T4gf 上的灰色/黄色导线（针脚 2）是否受损。如果无法确定是否损坏，则应通过简单的拉伸检测（移动插头上的电缆）来尝试再现该故障。如果确定导线受损或者偶尔断路，则必须用维修工具箱 VAS 1978 更换从受损地方至插头 T4gf 的这一段导线（待使用的带触点维修导线：000 979 026E）。在更换针脚 2 的触点时，必须使用新的单芯线密封件 357 972 741。

8. 进口 A3 车辆无法启动

（1）年型　2011～2013 年。

（2）故障现象　尽管已经踩下离合器，但启动/停止功能失灵或/和车辆不启动；或/和在踩下离合器时，在驾驶员信息系统中显示："要启动发动机，请踩下离合器"。

（3）技术背景　由于线束内的接地连接没有正确密封，导致离合器位置传感器的插头内进水（图 5-9-3）。

（4）售后方案　维修发动机线束。更换离合器位置传感器上的插头，发动机舱线束内的接地连接 1（85 号）。另外，要更换离合器位置传感器。

此说明适用于 1.2L 和 1.4L 汽油发动机。对于其他发动机配置，应检查连接在 85 号接地连接上的所有执行元件和传感器，并重新敷设接地线。

图 5-9-3　插头内进水

9. A5 遥控钥匙的作用范围太小

（1）年型　2008~2013 年。

（2）车型　A4、A5、Q5、A6、A7、A8。

（3）故障现象　遥控钥匙的作用范围太小。两把遥控钥匙都出现该故障，故障存储器中未存有相关记录。

（4）技术背景　天线放大器和舒适系统控制单元 J393 之间的天线导线的插接不正确。

（5）售后方案　检查天线放大器和舒适系统控制单元 J393 之间的天线导线的插接是否正确以及是否损坏。

10. Q7 组合仪表中黄色三角图标亮起或控制单元损坏

（1）年型　2015~2017 年。

（2）故障现象　组合仪表上亮起带感叹号的黄色三角图标，但功能不受限。在故障存储器中存有故障记录"控制单元损坏"（0xA0004C），仅限配备 TOP 型组合仪表（PR：9S7）的车辆。

（3）技术背景　软件偏差。

（4）生产线措施　自 2015 年 12 月起使用改良版本的软件 0423。

（5）售后方案　在 2015 年第 34 周前生产的车辆（根据组合仪表的软件版本 02××判别）使用 TPKWW0423Q7，将组合仪表升级到 0244，需要 SD 卡：4G0 906 961 E。在 2015 年第 34 周之后生产的车辆（根据组合仪表的软件版本 04××判别）。使用 TPKWW0423Q7，将组合仪表升级到 0423，需要 SD 卡：4G0 906 961 D。

第六章

信息娱乐系统故障维修

第一节 模块化信息娱乐系统第 2 代+

随着对操作、通信和显示方面的不断升高的要求,急需性能更强大的设备。因此为了满足这些要求,奥迪 A8(车型 4N)采用了第 2 代+模块化信息娱乐平台(MIB),简称 MIB2+。

与 MIB2 相比,对信息娱乐系统电子装置控制单元 1 J794 的以下特征进行了升级:

① 计算能力提高了 1.5 倍;

② 工作存储器提高了 2 倍;

③ 显示屏的图形性能提高了 2 倍。

在奥迪 A8 中提供了 2 个版本,两者皆基于 MIB2+High。系统的 PR 编号为 I8T,说明文字为 Radio High Plus(第 2 代)。

1. 结构

与 MIB2 相比,MIB2+还改变了信息娱乐系统电子装置控制单元 1 J794 的结构。标配的 SD 读卡器和选装的 SIM 读卡器不再位于 J794 中,而是通过 USB 接口迁移到一个共用模块中。这个模块的名称为 Audimusicinterface,客户服务名称为 USB 分线器 R293。

J794 也不再配备光学驱动器(CD 或 DVD)。光学驱动器现在仅作为选装的独立控制单元。J794 被分为 2 个模块,在售后服务时不得将这两个模块分开(图 6-1-1)。构成基本模块(RCC)的组件在技术上的变化速度没有这么快。MMX 模块中包含了以下设备代际的部件。基于数字化进步,这些部件必须更快地改进。

在 RCC 中还包含了以下组件:

① 收音机调谐器;

② 音响放大器;

③ CAN 和 MOST 接口;

④ 诊断软件;

⑤ 陀螺仪传感器。

此外,MMX 还包括以下组件:

① 主处理器;

② 图形芯片;

③ 蓝牙模块;

④ WLAN 模块(单独的天线);

⑤ LTE 移动通信模块（电话和数据传输率最高 300Mbit/s）；

⑥ 导航系统。

2. 操作方案

随着引进触摸显示屏以及减少中控台中的操作元件，奥迪 A8（车型 4N）为市场带来了奥迪的新型操作方案（图 6-1-2）。

图 6-1-1　信息娱乐系统电子装置控制单元 1J794（一）

图 6-1-2　操作显示屏

MMI 的操作与奥迪 A8 中的智能电话类似并采用了直观、清晰的过程。MMI 也采用了典型的智能电话动作，例如应用图标的移动。

（1）上部显示屏（图 6-1-3）　用户通过上部触摸显示屏可使用主要功能以及访问相应的子菜单。与以往的 MMI 不同，MIB2＋不再有 Audiconnect 菜单。除了极少的特殊情况（天气、新闻等）以外，所有 Connect 服务在主题上都归为相应的主功能并因此在主屏幕上不再出现。

图 6-1-3　上部显示屏

通过长按和移动，可在主屏幕上自由配置功能图标的布置。可通过屏幕左侧边缘的快捷方式选择经常使用的功能。客户可以根据自己的意愿调整快捷方式的布局和位置。有些特例将主屏幕按钮左侧菜单的固定组成部分。

从上边缘向下拖动，可打开 4 个固定快捷方式的选项（图 6-1-4）：

① 音量设置；

② MMI 设置；

③ 连接；

④ 用户配置文件。

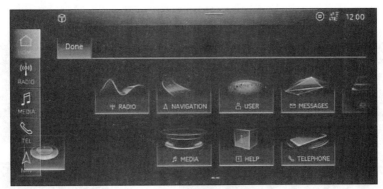

图 6-1-4　快捷方式

此外，右上方总显示的内容还包括以下信息（图 6-1-5）：
① 蓝牙；
② 用户配置文件；
③ 接收状态；
④ 数据交换。

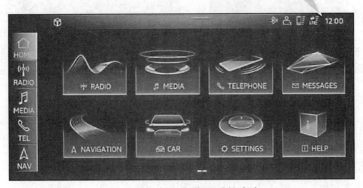

图 6-1-5　右上方总显示的内容

（2）下部显示屏（图 6-1-6）　原则上下部显示屏用于操作空调功能以及激活永久快捷方式和个性化快捷方式。

为了更舒适地进行选择，这些快捷方式可以是从上部显示屏复制到下部显示屏中的电话联系方式、收音机电台、导航目的地和车辆设置。通过点击显示屏上边缘的中间按钮可以显示并重新隐藏这些快捷方式。用户无须预选相应的主功能就能进行选择，也就是说导航目的地、电话簿、收音机电台等在一个工具栏中依次排列并凭借不同的功能块颜色，即可简便快捷地进行识别。用户可以根据喜好随时更改它们的布置。

与固定的快捷方式不同，车辆功能是否存在取决于不同的装备。这些快捷方式相应地布置在显示屏的上边缘和下边缘（图 6-1-7）。

通过下边缘的中间按钮可以根据个人需求调整旁边的两个按钮，即左侧和右侧的布置方式。

图 6-1-6　下部显示屏

图 6-1-7　快捷方式布置

在下部显示屏中，还可以通过手写方式输入导航目的地、地址、电话号码等。这可以让操作更舒适，而且现在系统方面的识别也更准确、更迅速了。与以往的 MMI Touch 不同，现在可以不间断地输入整句话。字母也无须并排写入，而是可以在同一个位置上输入（图 6-1-8）。

如果输入的电话号码不清楚，上部显示屏中的系统会建议备选号码（图 6-1-9）。

图 6-1-8　手写方式输入

图 6-1-9　系统建议备选号码

对删除功能进行了显著的优化。通过向左滑动，可以删除您想删除的多个字符。如果因为疏忽删除了过多的字符，可以通过反向滑动的方式重新恢复字符。

3. MIB2＋High 不含导航功能

奥迪 A8（车型 4N）标配了 MMI Radio Plus（图 6-1-10），但这个版本的 MIB2＋High 不含导航功能和 Audiconnect。

信息娱乐系统电子装置控制单元 1 J794 被安装在仪表板下面手套箱后面，从外面看不到这个控制单元。

MMI Radio Plus 标配了以下特征：

① 带有相位分集和 FM 双调谐器（超短波）以及 AM 调谐器（中波）和背景调谐器的收音机；

② 180W 的内部音频放大器（9VD）；

③ 用于 HFP、A2DP 和 MAP 的蓝牙接口（9ZX）；

④ 语音对话系统；

⑤ 奥迪虚拟座舱的 1 个图像输出；

第六章 信息娱乐系统故障维修

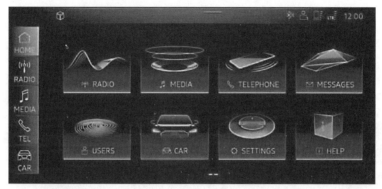

图 6-1-10　MMI Radio Plus

⑥ 两个触摸显示屏的 1 个图像输出（1540×720 和 1280×660 像素）；
⑦ 奥迪音乐接口，带有 1 个 SDXC 读卡器和 2 各 USB 接口（UF7）；
⑧ 用于时间的 GPS 接收器。

可以订购以下选装装备。

(1) 集成到 J794 中的功能（图 6-1-11）
① DAB 双调谐器（数字收音机）（QV3）。
② SDARS 调谐器（数字收音机，北美洲）（QV3）。

(2) 作为的单独控制单元的功能
① 单碟 DVD 驱动器（7D5/1）。
② DVD 转换盒（6G0/1）。
③ 前部奥迪电话盒（9ZE）。
④ 前部奥迪电话盒灯（仅用于无线充电）（9ZV）。
⑤ 后部奥迪电话盒（QF7）。
⑥ 后部奥迪电话盒灯（仅用于无线充电）（QF6）。
⑦ 后部奥迪音乐接口，带有 2 个 USB 插口（UF8）。
⑧ 后座遥控单元（QW5）。
⑨ 带有 3D 音效的 Bang&Olufsen 优享音响系统，660W（9VS）。
⑩ 带有 3D 音效的 Bang&Olufsen 高级音响系统，1920W（8RF）。

4. MIB2+High 带导航功能

奥迪 A8（车型 4N）可选装 MMI Navigation Plus（图 6-1-12）。系统属于 MIB2+High。根据不同的市场，可能包括 Audiconnect。

MMI Navigation Plus 标配了以下特征。

① 带有相位分集和 FM 双调谐器（超短波）以及 AM 调谐器（中波）和背景调谐器的收音机。
② 数据保存在固态硬盘中并带有改进型 3D 市中心模型的 3D 导航系统（7UG）。
③ 具有 LTE 能力的移动通信模块，数据传输率最高达 300Mbit/s（EL3）。
④ 许可证有效期为 3 年的 Audiconnect（根据不同市场）（IT3），其中包括数据传输率最高 150Mbit/s 的 WLAN 热点。
⑤ 具有在线路线规划功能的导航系统。
⑥ 180W 的内部音频放大器（9VD）。

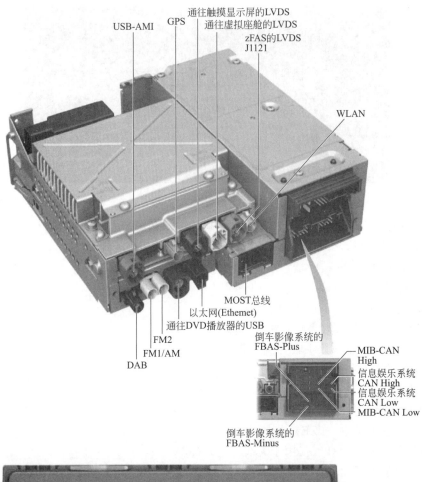

图 6-1-11 信息娱乐系统电子装置控制单元 1 J794（二）

MMI Radio Plus的接口

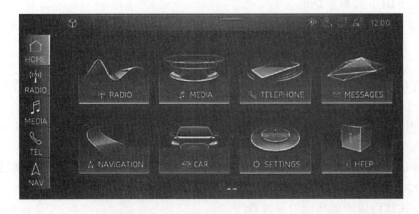

图 6-1-12 MMI Navigation Plus 的主菜单

⑦ 用于 HFP、A2DP 和 MAP 的蓝牙接口（9ZX）。

⑧ 语音对话系统。

⑨ 奥迪虚拟座舱的 1 个图像输出。

⑩ 两个触摸显示屏的 1 个图像输出（1540×720 和 1280×660 像素）。

⑪ 带有 1 个 SDXC 读卡器、2 个 USB 接口的奥迪音乐接口（UF7），根据不同市场，可能还带有 1 个 SIM 读卡器（EL3）。

可以订购以下选装装备。

(1) 集成到 J794 中功能（图 6-1-13）

① DAB 双调谐器（数字收音机）（QV3）。

② SDARS 调谐器（数字收音机，北美洲）（QV3）。

③ 奥迪智能电话接口（IU1）。

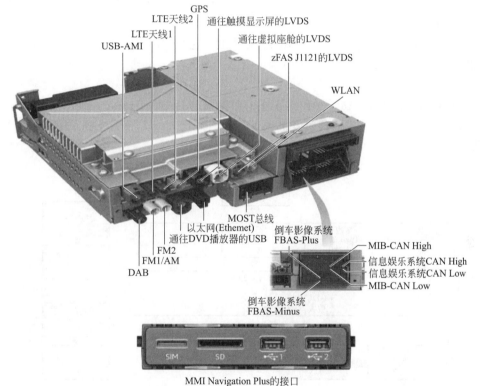

图 6-1-13　信息娱乐系统电子装置控制单元 1 J794（三）

(2) 作为的单独控制单元的功能

① 单碟 DVD 驱动器（7D5/1）。

② DVD 转换盒（6G0/1）。

③ 前部奥迪电话盒（9ZE）。

④ 前部奥迪电话盒灯（仅用于无线充电）（9ZV）。

⑤ 后部奥迪电话盒（QF7）。

⑥ 后部奥迪电话盒灯（仅用于无线充电）（QF6）。

⑦ 后座遥控单元（QW5）。

⑧ 2 个奥迪平板电脑（9WF）。

⑨ 电视调谐器（QV1/Q0A）2）。

⑩ 带有 3D 音效的 Bang&Olufsen 优享音响系统，660W（9VS）。

⑪ 带有 3D 音效的 Bang&Olufsen 高级音响系统，1920W（8RF）。

第二节　多媒体界面

1. 装备类型

各个 Infotainment 控制单元之间的数据传递通过 MOST 总线来进行。与司机有关的功能，如车载计算机或导航系统，都会在组合仪表 J285 的中央显示屏上显示。可以通过多功能方向盘来操作电话、收音机、CD 机及进行音量调节。

装备型号有 Basic、Basic Plus 和 Basic Navigation，它们使用同一种硬件平台，然后根据装备情况进行功能扩展。

数据总线诊断接口 J533 连接在 MOST 总线上，这个控制单元是用于保证与其他联网的元件进行通信。

（1）MMI Basic Audi A6　2015 年款的标准装备包括 MMI Basic、组合仪表内的 7in 单色显示器（J685）、集成的模拟式收音机调谐器、四通道天线分频器、CD 机和两个 20W 的放大器（图 6-2-1）。

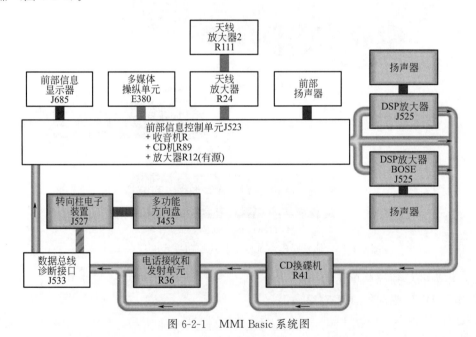

图 6-2-1　MMI Basic 系统图

原则上所有型号的前部信息控制单元 J523 都有这种末极输出放大器。对于 MMI Basic 这种型号来说，前车门上的扬声器直接连接在前部信息控制单元 J523 上了。如果安装了 Standard Soundsystem（标准音响系统）或 BOSE 音响，那么这个内部放大器可通过编码关闭，扬声器与相应的数字音响包控制单元 J525 相连。

数字式调谐技术在晚些时候才会在奥迪 A6 车上应用。另外根据市场情况，还会使用卫星接收装置或地面发射接收器（发射数字信号）。

图 6-2-1 中灰色方框内表示可以选装的设备，如果缺少某个选装设备，只需沿着箭头标出的路径来关闭 MOST 环形总线即可。

（2）MMI Basic Plus 在 MMI Basic 型上再附加收音机和音响方面的功能后，就称为 MMI Basic Plus 型。例如，这些附加功能包括交通台记忆（TP-Memo）功能，该功能可以录制最长可达 8min 的交通信息播报（图 6-2-2）。

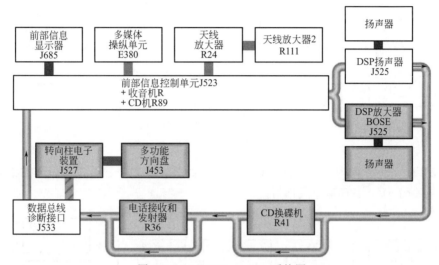

图 6-2-2　MMI Basic Plus 系统图

在旅行开始之前，可以通过编程来确定录制时间，以便录下最新交通播报信息。为了保证获得最新信息，已存储的交通信息在 6h 后会被自动清除。

从这个型号的 MMI 开始就不再使用集成的放大器了，而是将 Standard Soundsystem（标准音响系统）作为标准装备，该系统自带一个数字音响包控制单元 J525。从这个型号的 MMI 开始需通过编码来关闭内部放大器。

图 6-2-2 中灰色方框内表示可以选装的设备，如果缺少某个选装设备，只需沿着箭头标出的路径来关闭 MOST 环形总线即可。

（3）MMI Basic Navigation 根据需要可以在 MMI Basic Plus 型的基础上，再加上 Basic Navigation（基本导航系统），为此在信息控制单元 J523 内集成了一个导航模块。组合仪表的中央显示屏上会显示出光学路线指示图。通过 MMI 操纵系统的旋/按钮来输入目的地（图 6-2-3）。

另外，可以通过音响系统输出路线指示的语音说明。用于导航的数据通过 CD 机读入。

图 6-2-3 中灰色方框内表示可以选装的设备，如果缺少某个选装设备，只需沿着箭头标出的路径来关闭 MOST 环形总线即可。

（4）MMI High MMI High 型上配备有 7in 彩色显示屏，是奥迪 A6（2015 年款）上使用的最高档次装备，其标准装备有 RDS 双调谐器、标准音响系统（Standard-Sound-System）以及杂物箱内的六碟 CD 换碟机。这种型号的 MMI 还可以选装奥迪 A8 上用的 DVD 导航系统以及带有语音输入控制单元 J507 语音操纵系统（作为收音机 R 的插入模块安装）。

只有在这种型号的 MMI 上才能选择安装电话或手机准备系统，另外还可选装大家熟知的模拟电视调谐器 R78。

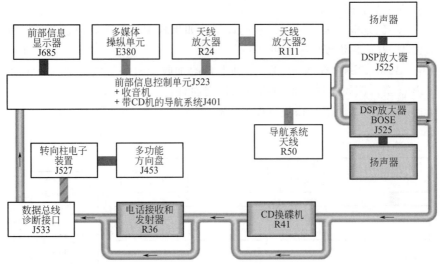

图 6-2-3　MMI Basic Navigation 系统图

图 6-2-4 中灰色方框内表示可以选装的设备，如果缺少某个选装设备，只需沿着箭头标出的路径来关闭 MOST 环形总线即可。

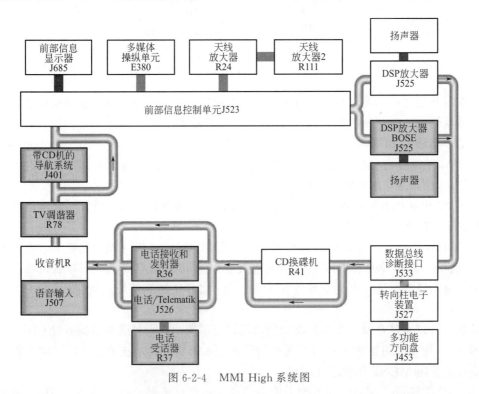

图 6-2-4　MMI High 系统图

第三节　天线系统

在奥迪 A6 车上，天线系统（图 6-3-1）被制作成了标准组件（称为模块），集成在后风窗玻璃上部的第三制动灯的左、右。

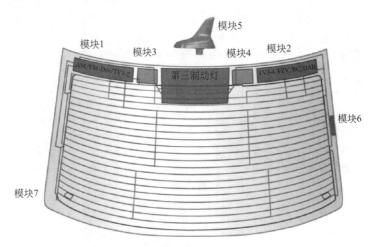

图 6-3-1　天线系统

模块 1—收音机/天线放大器 R24；模块 2—遥控中央门锁（FZV）/天线放大器 2R111；模块 3—GPS/导航天线 R50；模块 4—美国手机天线/电话、导航和驻车加热天线 R66；模块 5—车顶天线/收音机、电话和导航天线 R52；模块 6—带阻滤波器；模块 7—Telepass 天线

这些模块用于不同的系统，如遥控中央门锁、收音机、TV 或驻车加热的遥控接收器。车上只装有相应选装装置的天线模块。

图 6-3-1 中列出了可选用的各种装置的天线，这是针对全世界各国的种车型的。

模块"DAB"和"SDARS"用于数字收音机系统，这个收音机系统晚些时候才会采用，该系统根据各个国家的具体情况采用卫星控制（SDARS）或地面控制（DAB）。

第四节　导航

1. 路径规划预览

路径规划预览原则上减少为后 2 个动作。如果需要，用户还可以将预览增加到 10 个路径规划（图 6-4-1）。

2. 手动拥堵绕行

为了实现手动拥堵绕行，通过右侧菜单中的相应显示为驾驶员提供支持。它将计算出采用备选路线时实际上可节省的时间。

3. 个人路线辅助功能

J794 识别重复路段并建议可能的目的地。如果推测驾驶员可能选择的路段上存在潜在的干扰，即使未激活导航，也会自动建议备选路线。这种"自学习导航"就是 MIB2+中的个人路线辅助功能。如果个人路线辅助功能已关闭，则在右侧出现一个显示有目的地旗子和灯泡的选择字段。点击这个字段，客户就可以轻松地激活这个功能。

4. 经优化的位置检测

如果车辆配备了驾驶员辅助系统控制的那样 J1121(zFAS)，则可实现精确到车道的车辆定位。J1121 执行必要的计算并将信息发送给 J794。

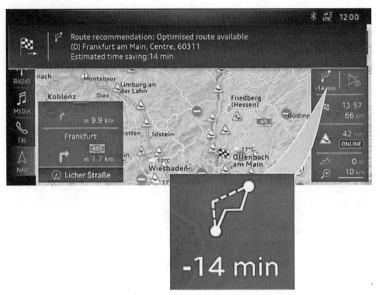

图 6-4-1 路径规划预览

J794 因此可以提供一个精确到车道的显示。在奥迪虚拟座舱和抬头显示屏中将结果显示为所谓的 "Exit Views"。

尽管显示精确到车道，当车辆位于正确的车道上时，仍可能出现看起来驾驶员不太需要的语音提示。例如车辆刚刚试过一个出口，尽管如此语音提示仍要求驾驶员靠左行驶。

第五节　前部信息控制单元 J523

如果奥迪 A6 上装有 MMI Basic、Basic Plus 或 Basic Navigation，那么根据装备情况，前部信息控制单元 J523 内会集成有音响系统或 CD 导航系统模块。

标准型的前部信息控制单元 J523 安装在杂物箱内，而对于 "High" 型 ［奥迪 A8（2003 年款）上就是这个型号］来说，J523 装在前部信息彩色显示屏 J685 的后面。

在 Standard Plus 型和 Standard Navigation 型上，前部信息控制单元 J523 上多集成了一个交通节目（TP）录制功能。

这样就可以通过 MMI 操纵系统用编程方式来控制交通节目录制。

可以设定两个不同的起始录制时间，每次开始后可录制 2h 的交通台信息。

在定时器功能被关闭或编入程序的时间改变之前，设定的起始录制时间一直保持不变。

节目录制存储器最长可录下 8min 的内容，录满后再接着录时会覆盖最早录制的内容。

CD 导航系统作为选装模块集成在前部信息显示和操纵单元 J523 内。

如果装有这种装置，那么车上就有天线模块 R50，即后风窗上部的 GPS 导航天线，该天线传送 GPS 信号。

如果还有手机准备系统，那么车上会有一个车顶天线（收音机、电话和导航天线 R52），该天线处理 GSM 和 GPS 信号。

所有其他输入信号都只由相应的控制单元经网络来提供。

重放存储的信息也可通过 MMI 来操作，重放时可以按顺序一个接一个播放，也可以专门播放某条信息。

1. 标准导航系统（Standard Navigation）的功能特点

① 通过交互输入/选择目的地来确定位置。

② 用中间目的地来交互计划和管理旅程。

③ 可选择路线。

④ 目标跟踪（由组合仪表显示屏 J285 上的箭头通过声、光来指示）。

⑤ 通过 RDS-TMC 和在线数据进行动态目标跟踪。

⑥ 通过数字音响包控制单元 J525 来播放导航语音说明。

⑦ 存储和管理目的地。

⑧ 将位置数据输出到 CAN 总线上（例如用于 Audi Telematics）。

⑨ 从地址簿中搜索重要的目的地。

2. 来自车辆网络的导航输入信号

来自带 EDS 的 ABS 控制单元 J104 的信号，来自倒车灯开关的信号。

3. 发送到车辆网络上的输出信号

GPS-时间（包括数据、语音输出）发送到数字音响系统控制单元 J525 上。

4. 前部信息控制单元 J523 的诊断

虽然功能模块都已集成到前部信息控制单元 J523 内，但 VAG 检测仪所用的诊断地址码仍不变。

前部信息控制单元 J523 不支持基本设定和执行元件诊断功能，该控制单元通过集成的 CD 机来显示信息。

5. 检测仪上使用的前部信息控制单元内模块地址码一览（表 6-5-1）

表 6-5-1　检测仪上使用的前部信息控制单元内模块地址码一览

项目	前部信息控制单元 J523	放大器 2×20W	收音机 R	CD 机 R92	带 CD 机的导航系统 J401
地址码	07	47	56	0E	37

6. 前部信息控制单元 J523 的编码种类（表 6-5-2）

表 6-5-2　前部信息控制单元 J523 的编码种类

十进制数	说明
1	国别：D，GB，USA，F，E，I，P
2	装备：ACC，车内灯包，前部声响式停车辅助系统
3	装备：后部声响式停车辅助系统，轮胎压力监控系统，空气弹簧
4	装备：前/后座椅记忆，左侧驾驶
5	装备：标准音响系统，车身类型，皮革装置
6	装备：车载计算机
7	保留

7. Infotainment 控制单元支架

大多数情况下，新奥迪 A6 上的 Infotainment 控制单元安装在后备厢内左侧车轮凹槽后的一个坚固的支架上（图 6-5-1）。

只有前部信息控制单元 J523 安装在仪表板上，可装在杂物箱内（Basic 型），也可装在杂物箱后（High 型）。双波段补偿器、手机放大器 R86 安装在右后轮拱形板上。

图 6-5-1　Infotainment 控制单元支架

第六节　音响系统

奥迪 A6 车上可以安装多种音响系统，这些系统的共同特点就是在前车门内安装了两个超低音扬声器，其他车型上普遍在后边衣帽台内安装一个中央超低音扬声器，而奥迪 A6 车则取消了这个扬声器（图 6-6-1）。

人耳无法确定位置的低音频信号会在车门内的谐振腔内得到放大，然后用于改善车内的音效。

这样就节省了后部空间，相应地就增大了后备厢和安装其他控制单元的空间。

1. 标准装备

作为标准装备，新奥迪 A6 上的前车门内装有双向扬声器系统，该系统的放大器集成在信息控制单元 J523 上，放大器有两个各 20W 的输出极（图 6-6-2）。

在 VAG 检测仪上通过地址码 47 诊断这种标准的放大器模块。

2. Standard 音响系统

图 6-6-1　前车门上的超低音扬声器和扬声器的安装位置

如果车上选装了 Standard 音响系统（图 6-6-3），那么就取消了前部信息控制单元 J523 内的两个 20W 的放大器模块，这种音响系统有一个外部七路式 DSP 放大器，以及数字音响系统控制单元 J525，J525 集成在 MOST 总线上。数字音响系统控制单元 J525 管理前车门内的三向系统、前车门内的两个超低音扬声器、后车门内的双向系统以及仪表板内集成的中央扬声器。Standard 音响系统对 MMI Basic Plus 型和 MMI High 型来说是标准装备。

诊断还是通过地址码 47 来完成，这点与标准装备是相同的，但现在还涉及单独的数字音响控制单元 J525。除了读取测量数据块和故障存储器外，还可以对所有的扬声器通道进行执行元件诊断。数字音响控制单元承担元件保护的任务（表 6-6-1）。

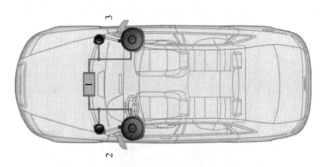

图 6-6-2　前车门内装有双向扬声器系统

1—前部信息控制单元 J523，包括两个 20W 的输出极、前部显示单元 J685 和多媒体操纵单元 E380；
2—左前高音扬声器 R20 和左前中低音扬声器 R101；3—右前高音扬声器 R22 和右前中低音扬声器 R102

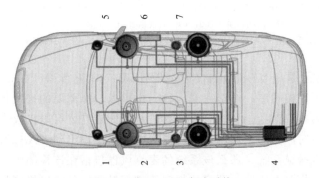

图 6-6-3　Standard 音响系统

1—左前中高音扬声器 R26；2—左前低音扬声器 R21；3—左后高音扬声器 R14 和左后中低音扬声器 R159；
4—数字音响包控制单元 J525；5—右前中高音扬声器 R27；6—右前低音扬声器 R23；
7—左后高音扬声器 R16 和右后中低音扬声器 R160

表 6-6-1　测量数据

测量数据块	名称
01	供电；蓄电池电压，接线柱状态
02	MOST；MOST-地址，FOT-温度，光信号衰减（0dB，-3dB）
03	环形中断诊断线状态
04	系统；放大器模拟/数字元件温度，风扇转速
05	麦克风；麦克风输入电压
50	控制单元识别；生产日期，生产厂代码
51	控制单元识别；序列号

3. BOSE 音响系统

奥迪 A6 上使用了 BOSE 音响系统（图 6-6-4），超低音功能分成了两个单独的部分安装在前车门内，这就要求：七通道式的 DSP 放大器必须为右车门内的第二个超低音输出极另外提供一个输出信号，这就会用到放大器的 Line Out 输出，这个输出用于右车门超低音扬声器上的外部 100W 末极放大器。

随着 Avant 车的上市，现在所用的 BOSE 放大器就被新开发的装置所取代，这种新装置中集成了 BOSE 音响系统的全部八个末极放大器，因此以后在更换 BOSE 音响系统元件时，一定要注意零件号和车型年，这样才能保证 BOSE 音响系统的功能。

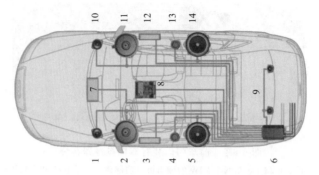

图 6-6-4　BOSE 音响系统

1—左前高音扬声器 R20；2—左前中高音扬声器 R103；3—左前低音扬声器 R21；4—左后高音扬声器 R14；5—左后中低音扬声器 R159；6—数字音响包控制单元 J525；7—中央中高音扬声器 R158；8—前部车顶内麦克风 R164；9—衣帽台内扬声器 R150；10—右前高音扬声器 R22；11—右前中音扬声器 R104；12—右前低音扬声器 R23；13—右后高音扬声器 R16；14—右后中低音扬声器 R160

BOSE 音响系统也是用 VAS 检测仪通过地址码 47 来进行诊断的，不需要进行基本设定，执行元件诊断可以按顺序一个接一个执行，也可以选择需要的来执行。

集成在 BOSE 音响系统上的称为"Audio Pilot"的麦克风可以接收声压，这个声压是在扬声器执行元件诊断时产生的，然后将声压作为电压信号输出到 VAS 诊断仪上。

如果安装了语音操纵系统，那么该系统的麦克风也包括在该检测中。

技工的任务就是将此电压值与厂家的规定值进行对比，判断出检测是否正常。

说明：在更换 BOSE 音响系统元件时，一定要注意零件号！

第七节　常见诊断与排除

1. MMI3G 蓝牙功能失灵

（1）故障现象　蓝牙连接中断且无法重新建立。手机无法通过蓝牙与汽车建立通信连接。

（2）故障原因　信息电子设备 1 的控制单元中的蓝牙地址信息丢失，因而无法通过此装置建立蓝牙通信。

（3）生产措施　从 2010 年第 22 周起进行的软件匹配措施，可防止蓝牙地址信息丢失。

（4）售后服务措施　必要时更换信息电子系统控制单元 1。一种可更新蓝牙地址的维修 CD 光盘正在制作中，用它可不必更换控制单元。

2. 音响没有声音输出，声音中断

（1）车型　TT。

（2）年型　MJ08-13。

（3）故障现象　收音机偶尔或持续无声音，故障存储器记录"控制单元故障"。

（4）技术背景　由于下雨或冷凝水，放大器上可能进水（PR 编号 8RY）（图 6-7-1）。

（5）售后方案　检查音频放大器（BOSE）上是否有水迹，如果有那么必须找到进水的原因然后在 BOSE 放大器上贴上保护膜（图 6-7-2）。

图 6-7-1 水迹

图 6-7-2 贴上保护膜

3. A3 中央仪表板的中央扬声器发出噪声

（1）车型　A3。

（2）年型　MJ13-14。

（3）故障现象　听音乐或者通话期间，前部仪表板的中央扬声器发出噪声。

（4）技术背景　扬声器膜片上有可自由移动的异物。

（5）售后方案　清除扬声器膜片上的异物（图 6-7-3）。

4. Q7 当亮度调得过低时 MMI 显示屏闪烁

（1）车型　Q7。

（2）年型　2016 年。

（3）故障现象　当仪表板照明灯的调节按钮（在车灯旋钮下方）调成非常低的亮度或向左转到底时，可能导致 MMI 显示器闪烁。这种情况主要在导航运行模式下明显。

（4）技术背景　软件偏差。

（5）生产线解决方案　已经在批量生产中使用改良款软件。

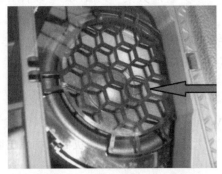
图 6-7-3 扬声器膜片上的异物

（6）售后方案　接着用 ODIS 测试仪对奥迪虚拟驾驶舱进行软件升级。事先订购相应所需的 SD 卡。待使用的软件版本管理代码/SD 卡/新软件版本如下。

奥迪 Q7：FPKWW280Q7/8S0 906 961 Q/0280。

奥迪 A4：FPKWW281B9/8S0 906 961 N/0281。

5. Q5 在启动时完全失灵或显示屏黑屏

（1）车型　Q5。

（2）年型　2016 年。

（3）故障现象　显示屏持续黑屏（在启动之后）、显示屏定格在奥迪标志显示画面上或按键持续无反应。同时，在诊断地址码 19-数据总线诊断接口中存有下面两条故障存储器记录。

000384：光纤数据总线断路，静态。

03041：电源管理系统激活，偶发。

（4）技术背景　软件导致的限制。

(5) 售后方案　对信息娱乐电子系统控制单元的接线端 30 进行持续约 5min 的复位。观察之后是否可以正常重新启动该控制单元。如果可以正常启动，则使用相应的升级媒介进行一次软件升级，并通过媒介上包含的软件版本管理代码反馈新的软件版本。

① 执行 MMI 的软件升级。

② 反馈软件版本管理信息。

6. Q5 MMI 3G＋图像冻结，MMI 无法操作

(1) 车型　Q5。

(2) 年型　2013 年。

(3) 故障现象

① MMI 图像定格。

② 继续播放上一个音源的声音。

③ 操纵操作件无反应。

④ 复位后（3 键同按或自动）或停止行驶较长时间后，MMI 功能又恢复正常。

(4) 技术背景　软件功能故障。

注意：对于已经通过 MMI 软件升级将诊断地址码 5F 内的软件升至 SW0939 以上版本的车辆，本 TPI 不适用。这些车辆已经使用最新的软件。

(5) 售后方案　MMI 3G＋软件升级。

注意：在一些车型上，通过软件升级维修后，蓝牙设备列表清空。接着，必须重新连接车主的手机。

① 执行 MMI 3G＋的软件升级。

② 反馈软件版本管理信息。

③ 针对型号为 4G 或 4H 的车辆，必须检查网关（诊断地址码 19）是否仍使用版本为 SW0204 的软件。

7. A3(8V)MMI 旋转机械机构发出噪声

(1) 车型　A3。

(2) 年型　2016 年。

(3) 故障现象　MMI 旋转机械机构发出咔嚓声。

(4) 技术背景　因驱动电机和旋转机械机构之间的螺栓连接处发生相对运动，导致在止挡位置上向外翻出时发出一声咔嚓声。

(5) 售后方案　出现故障时，用防松剂 D 000 600 A2 粘住螺栓连接处。在用防松剂粘住之后，必须至少在室温下硬化这个螺栓连接处 3h；如果室外温度较低，应延长硬化时间。为了避免在硬化期间继续移动 MMI 旋转机械机构，应在维修之前将本车停放在一个合适停车上并防止切换点火开关。也可以在 MMI 旋转机械机构驱动单元处于空载的状态下以及点火开关关闭的情况下，用遥控器锁止车辆。维修措施必须只包含拆卸仪表板中 MMI 盖板这一项。

按照维修手册中的说明，用专用工具 T 10383/1 拆卸 MMI 旋转机械机构的盖板（图 6-7-4）。

MMI 旋转机械机构在驱动单元螺栓连接处内必须处于空载状态。

关闭点火开关。

如图 6-7-5 所示，按下按钮收起屏幕，接着用手阻止 MMI 旋转机械机构的收起过程（图 6-7-6）。

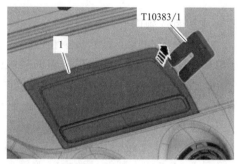
图 6-7-4　拆卸 MMI 旋转机械机构的盖板

图 6-7-5　按下按钮收起屏幕

电流升高会导致驱动电机关闭，接着传动系统处于空载状态。

如图 6-7-7 所示，在螺栓连接处的一个位置上标记螺栓，接着松开一圈。

图 6-7-6　用手阻止 MMI 旋转机械机构的收起

图 6-7-7　标记螺栓

在螺栓周围涂上防松剂 D 000 600 A2，接着通过反复按压螺栓，将螺栓压入螺栓连接处。

接着拧紧螺栓到标记的位置上并拧紧 1/8 圈。

按照维修手册中的说明重新安装 MMI 旋转机械机构的盖板。在硬化期间，请避免移动 MMI 旋转机械机构。也应避免通过切换点火开关来启动 MMI 旋转机械机构。可以在 MMI 旋转机械机构驱动单元处于空载的状态下以及点火开关关闭的情况下，用遥控器锁止车辆。

在硬化结束后，通过打开点火开关重新激活 MMI 旋转机械机构。

8. A6 收音机媒体中心（RMC）：CAR 菜单上缺少条目

（1）车型　A6。

（2）年型　2017 年。

（3）故障现象　CAR 菜单上缺少一些菜单项，这里涉及的是舒适系统领域的内容，例如后视镜折叠功能、车门解锁功能、后备厢盖把手锁止功能或后窗遮阳卷帘自动功能。

（4）技术背景　软件功能故障。

（5）售后方案　升级媒介升级信息娱乐系统，并反馈媒介上给出的软件版本管理代码。

欧洲/其他国家/墨西哥：升级媒介 8X0 906 961 AD。

北美洲市场：升级媒介 8X0 906 961 AE。

中国：升级媒介 8X0 906 961 AC。

9. A7 收音机 DAB：重复输出音频或切断音频输出

（1）车型　A7。

（2）年型　2017 年。

（3）故障现象　收音机波段 DAB 中重复播放或切断音频内容。

（4）技术背景　当收音机在 DAB 波段下（由于发送器强度不足）失去接收时，会自动切换到相应的 FM 电台（如果一个 FM 电台有相同的节目信息，且存在足够的接收强度）。通过 MMI 显示器上的"（FM）"符号显示。除此之外，还会在激活交通广播功能时出现。

发送器虽然向 FM 和 DAB 发送了相同的内容，但是每个波段之间的音频输出有时间差。

收音机系统可以通过缓冲来补偿一定的时间差。但是超过若干秒（FM 和 DAB 时间差），在自动从 DAB 切换到 FM 时（或从 FM 回到 DAB 时），可能导致内容重复播放或是音频输出缺少一部分。此处并不是收音机失灵。

（5）售后方案　告知用户上述实际情况。向用户说明，可以关闭从 DAB 自动切换到 FM 的功能（参见使用说明书），但是收音机在之后失去 DAB 接收时转换成"静音"。

10. Q3 收音机媒体中心（RMC）：在使用苹果设备时，设备重启

（1）车型　Q3。

（2）年型　2016 年。

（3）故障现象　信息娱乐系统偶尔重新启动。只在使用苹果设备以及 MMI 高负荷运行时才会出现该故障。用户设备此时可以用作蓝牙音频播放器或通过奥迪音乐接口（AMI）连接。

（4）技术背景　软件导致的功能限制。

（5）售后方案　按照 TPI 2024914 用以下升级媒介升级信息娱乐系统，并反馈媒介上给出的软件版本管理代码。

中国：

① 硬件版本介于 H50~H59（包括 H59）之间，升级媒介 8X0 906 961 AB；

② 硬件版本高于 H60，升级媒介 8X0 906 961 AC。

第七章

新技术通报及典型案例分析

1. 凸轮调节器信号失真（1.8L+ 2.0L TFSI EA888G3）

（1）车型　A4。

（2）年型　2015年。

（3）故障现象

① 废气监控系统指示灯亮起（发动机故障指示灯亮起）。

② 偶尔损失功率。

③ 定速巡航装置（GRA）偶尔失灵。

（4）故障诊断　发动机控制单元中存有故障存储记录，如下所示。

P11A200：气缸凸轮调节器"A"，信号失真，主动/静态（症状 15394）。

P11AC00：气缸 3 凸轮调节器"B"，信号失真，主动/静态（症状 15418）。

P11A800：气缸 2 凸轮调节器"B"，信号失真，被动/偶发（症状 15416）。

P11A700：气缸 2 凸轮调节器"B"，电气故障/断路。

也可能涉及其他症状或是针对相应执行器（导致故障的执行器）的症状。

（5）技术背景　奥迪可变气门升程系统（AVS）的凸轮调节器功能故障。

（6）售后服务解决方案

① 按照引导型故障查询（GFS）进行操作。

② 请更换相应的执行器。

2. EA888 Gen3 发动机冷启动时机油泵异响

（1）故障现象　车辆冷启动，发动机怠速时发出异响，一般最长持续 2～3min，之后异响消失。

（2）技术背景　EA888 Gen3 发动机机油润滑系统在冷启动之初，由于系统内机油压力波动导致机油泵控制弹簧与调节柱塞发生振动产生异响。该异响不会对车辆性能造成影响，也不会对其他部件造成损坏。

（3）生产线解决方案　采用改进的机油泵。

（4）售后服务解决方案

① 升级发动机电脑，SVM 码：01A208。

② B8PA 原版本 8T2 907 115 升级至 8T2 907 115 A。

③ Q5PA 原版本 8R2 907 115 B 升级至 8R2 907 115 C。

④ 更换改进后的机油泵，备件零件号：L06H 115 105 CS。

3. EA888 Gen3 发动机故障指示灯亮起

（1）车型　A1。

（2）年型　2015 年。

（3）故障现象　废气警告灯（MIL）亮起或发动机启动时严重延迟或功率不足。

（4）故障诊断　有时在发动机控制单元中可能记录下列 P 代码：

① P002279——进气系统漏气；

② P029900——增压压力调节装置，低于调节极限；

③ P218800——气缸列 1，怠速运转时，燃油计量系统过浓。

注意：请考虑到这种情况，在出现这些症状时，还可能是压缩机/涡轮的间隙增大所致，或是废气涡轮增压器中的轴断裂所致。

（5）技术背景

① 由于链条箱盖上机油加注管接头中的锁止凸耳断裂，因此导致机油加注盖无法完全密封。发动机吸入漏气。链条箱盖上的锁止凸耳缺失。

② 废气涡轮增压器因泄漏受到功能影响。

（6）售后服务解决方案

① 检查锁止凸耳（图 7-1-1），必要时更换链条箱盖。

② 检查涡轮增压器（图 7-1-2）（例如压缩机或涡轮的间隙是否增大和/或是否发生轴断裂情况）。接着需要更换废气涡轮增压器。

图 7-1-1　检查锁止凸耳

图 7-1-2　检查涡轮增压器

4. EA888 Gen3 发动机在怠速运行期间以及略微加速时震动

（1）车型　A4。

（2）年型　2014 年。

（3）故障现象

① 发动机在怠速运行期间以及略微加速时振动。

② 当发动机完全加热时，无法再现该故障。

（4）故障诊断　故障在安装一个新的气缸盖或短发动机之后出现。

（5）技术背景　在之前进行的维修中没有改装气缸盖中的隔板，因此加速时，发动机的功能流程受到干扰。

由于增压运动过小，导致故障发生期间，燃烧不完全且延时，驾驶员感觉到的就是抖动。

（6）售后服务解决方案 如图7-1-3所示，检查是否改装增强增压运动翻板B和增压运动隔板A。

5. A4 遥控器失灵

（1）车型 A4。

（2）年型 2017年。

（3）故障现象 通过遥控器中央锁止功能偶尔/持续失灵。

（4）技术背景

① 遥控器和车辆之间不同步，例如由于车辆蓄电池断开或更换了无线发射器的电池。

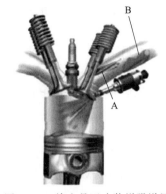

图7-1-3 检查是否改装增强增压运动翻板和增压运动隔板

② 如果在相同频率范围内工作的发射器严重重叠（例如移动电话、电视发射台、无线耳机、建筑起重机遥控器、儿童电话、其他车辆遥控器等），会导致无法准确识别无线遥控器，从而可能会暂时关闭遥控钥匙的功能。这是为了防止汽车受到外部发射器的影响而意外开启。

（5）售后服务解决方案

① 关于第1点：必须如下所述同步各自相应的遥控器与车辆。

A2，A4(8E)，A4 Cabrio：用钥匙机械开启车辆-按下遥控钥匙的解锁键-将钥匙插入点火锁并打开点火开关-再次关闭点火开关并拔出钥匙-按下遥控钥匙的解锁键或锁止键。

A1，A3(8P+8V)，Q3，A6(4B)，TT(8J+FV)，TTR：按下遥控钥匙的某个按键-用遥控钥匙的钥匙齿打开或关闭一次车门锁。再次按下遥控钥匙按键（整个过程不得超过30s）。

A4(8K)，A5(8T)，A5 Cabrio(8F)，Q5(8R)：在车辆的有效距离内按下遥控钥匙的某个按键。必要时用应急钥匙通过车门锁开启车辆。将钥匙插入点火锁并打开点火开关-再次关闭点火开关。

A6(4G)，A7，A8(4H)：在车辆的有效距离内按下遥控钥匙的某个按键。必要时用应急钥匙通过车门锁开启车辆。通过启动/停止按键打开点火开关-再次关闭点火开关。

A6(4F)，Q7(4L)，A8(4E)：用钥匙机械开启车辆-将钥匙插入点火锁并打开点火开关-再次关闭点火开关。

② 关于第2点：检查该故障是否与停车地点有关，附近是否存在干扰源。还要检查车内是否存在干扰源。向用户解释无线干扰和无线电信号重叠的问题。通过更换无线遥控钥匙无法排除该故障。

6. A1 CD/DVD 无法弹出取出

（1）车型 A1。

（2）年型 2015年。

（3）故障现象 按下弹出按键无法取出CD/DVD。导航DVD不弹出。CD/DVD驱动器的弹出键失灵。

（4）技术背景 出厂时锁止了一些导航系统驱动器，以防止在运输过程中CD/DVD误弹出。在交车检查时应通过引导型故障查询解锁弹出键。出现这种故障可能是由于在交车检查时遗漏了此步骤。

(5) 售后服务解决方案　MMI 3G＋通过硬盘、DVD 驱动器无法以规定方式锁止导航系统。

匹配通道：18　　地址：5F　　数值设置为 0

Navigation MMI 3G 如果涉及的不是 MMI 3G Navigation Plus，则表明装有一个硬盘。但是可以以相同方式锁止驱动器。

匹配通道：18　　地址：5F　　数值设置为 0

Navigation MMI 2G High

匹配通道：68　　地址：37　　数值设置为 0

Navigation MMI 2G Basic

匹配通道：65　　地址：07　　数值设置为 0

RNS-E

匹配通道：65　　地址：37/56　　数值设置为 0

RNS-Low(BNS 5.0)

匹配通道：50　　地址：37/56　　数值设置为 1

RMC

匹配通道：10　　地址：56/5F　　数值设置为 0

注意：在引导型故障查询或引导型功能中执行"保养工作"中的"锁止/解锁弹出键"。只有在驱动器中已经插入有 CD/DVD 的情况下，才可以解锁弹出键。

7. A6 ESP 指示灯亮起

(1) 车型　A6。

(2) 年型　2015 年。

(3) 故障现象　ESP 指示灯亮起。

(4) 技术背景　制动器电子装置（地址码 03）存有偶发故障存储器记录：

① 526-制动灯开关-F，8-信号不可信；

② P057100-制动灯开关-信号不可信。

(5) 售后服务解决方案　出现该故障记录时，检测制动器控制单元测量值块中的制动灯开关信号。如果在执行引导型故障查询检测计划后表明信号正常，则必须重新调整制动灯开关。

重新调整制动灯传感器：此时可以重新调整传感器直至完全固定制动灯传感器后，清除故障存储器中的信息。

① 如图 7-1-4 所示，重新调整时，将推杆完全压入 1。

② 接着沿逆时针方向转动红紫色的旋钮（约 60°）至限位位置 2。

③ 松开推杆。

④ 此时制动踏板必须处于未踩下位置。

⑤ 沿顺时针方向转动红紫色旋钮（约 60°）至限位位置，并卡止。

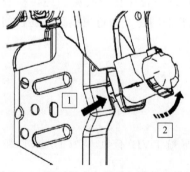

图 7-1-4　逆时针方向转动红紫色的旋钮

8. Q7结冰时，车身高度调节装置失灵

（1）车型　Q7。

（2）年型　2015年。

（3）故障现象　发生霜冻时车身高度调节系统失灵，黄色指示灯亮起。当车辆在阳光下或在车库内停放一段时间后，功能又重新恢复。

在诊断报告中具有以下故障记录：02645 003——车身高度调节阀机械故障。

（4）技术背景　长时间吸入湿气后，可能会导致压缩机内的干燥器过饱和。因此会有更多的湿气进入电磁阀体，在0℃以下状态下就会凝结、冻结，使阀门卡死。自诊断将此识别为"机械故障"。

对于2007年款的车辆，由于压缩机真空管（图7-1-5）路和连接至空气滤清器的空气导管之间的插头连接不密封，可能导致吸入湿气。

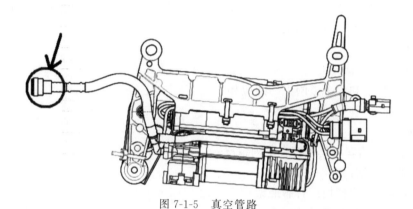

图7-1-5　真空管路

另外，如果空气滤清器壳内有过多的水进入，湿气还会进入系统中。原因可能是之前进行过越野涉水，或者曾经较长时间地淋雨行驶（持续地在雨天行驶）。

（5）售后服务解决方案　进行以下作业时，车辆必须完全没有霜冻。

第1步：通过"引导型功能"对蓄压器和减振支柱进行通风。

注意：始终要在将车辆抬高后再进行以下作业！

第2步：拆卸压缩机。更换压缩机的干燥器单元（维修套件4L0 698 010）。用压缩空气吹净空气滤清器壳的进气管。

第3步：对于2007年款、仍装有插头连接的车辆，用真空软管和卡箍更换进气管路和压缩机之间的插头连接。

1x 1K0 611 939 A

2x N 102，018 01

对于早已安装真空软管的车辆，则无须进行更换。

第4步（维修结束）：重新安装压缩机。通过"引导型功能"对蓄压器和减振支柱进行完整的通风和排气3次，以吹净系统中残留的湿气。进行功能检测和试车。在此过程中多次调节底盘。如果压缩机由于过热而关闭，请不必担心。可以在试车结束后删除相应的诊断记录。

9. A3驻车辅助系统功能失效

（1）车型　A3。

(2) 年型　2014 年。

(3) 故障现象　驻车辅助系统功能失灵/在没有障碍物的情况下发出警告。

(4) 技术背景　不同的影响可能导致驻车辅助系统功能受限。

(5) 售后服务解决方案　必须执行下列检测步骤,以确定故障原因。

① 环境条件。

a. 由于车辆附近的植物和路缘石过高,可能导致发出误警告。

b. 碎石路或鹅卵石路、石板路、坑洼、地面格栅、道路开裂、河岸、斜面/坡道可能导致发出误警告。

c. 不同的天气/环境影响可能导致功能受限:

- 驻车传感器(辐射棒的喇叭口)上有水;
- 驻车辅助传感器或至保险杠的过渡区域内结冰或积雪;
- 车辆废气、水蒸气(例如,由于气体冲击、热辊改变了空气传递驻车辅助系统超声波的物理特性)、噪声(载重车的压缩空气制动、小动物尖锐的叫声、周围的其他主动超声波源,例如其他车辆的驻车辅助系统)。

d. 局部环境:

- 荧光灯;
- 交通信号灯上和停车道闸上的感应环;
- 坡道/斜面。

② 车辆

a. 检查牌照架的安装是否符合下列情况:

- 牌照/牌照架凸出;
- 如有可能,不要使用广告牌照架;
- 牌照尺寸必须与基架尺寸完全匹配;
- 牌照只能安装在原装基架上;
- 牌照和牌照架必须平整放置;
- 注意牌照应固定在侧面边角上(弯曲的边角)。

b. 如果安装了不属于奥迪原装附件的加装件/改装件/加装装置,可能会导致发出误警告:

- 挂车连接器;
- 车身高度降低装置;
- 扰流板;
- 保险杠;
- 音响版本(代);
- 小动物尖锐的叫声。

c. 出现损伤时重新喷漆(注意维修历史记录)。

③ 在不进行拆卸工作/不连接诊断测试仪的情况下进行检测

a. 目检驻车辅助传感器表面:

- 脏污、结冰、异物、贴有薄膜;
- 保险杠、进气格栅、底板上损伤,表明停车时发生剐擦;
- 机械损坏(石击、剐擦)。

b. 检查驻车辅助传感器的位置是否牢固以及卡止是否正确。

c. 检查隔离环的位置是否正确（图 7-1-6 和图 7-1-7）。

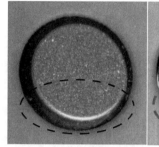
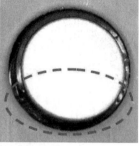

图 7-1-6　正确　　　　　　　　图 7-1-7　不正确

d. 检查驻车传感器是否位于中心位置。
e. 检查传感器的隔离环是否均匀夹紧。
f. 检查传感器与保险杠是否齐平。
④ 在不进行拆卸工作/连接诊断测试仪的情况下进行检测。
a. 查询整个故障存储器并按照引导型故障查询/引导型功能来排除故障。
分析：如果故障存储器中存有与一个或多个与驻车辅助传感器相关的故障记录，则必须交叉更换涉及的驻车辅助传感器。如果故障存储器中不再存有故障记录，则不必进行更换。
b. 出现"在没有障碍物的情况下发出警告"时：
- 注意测量值块中的消失时间（额定值：0.8~1.5ms），通过用吸收超声波的泡沫塑料盖住传感器进行隔离。
- 注意测量值块中的距离分析（哪些传感器可能在未经许可时触发，检查/确认显示的距离）。

确定存在偏差时的操作方法：通过用吸收超声波的泡沫塑料盖住驻车辅助传感器来将其隔开。

分析：
- 如果隔开以后，不再发出障碍物警告，请检查周围是否有反射物体并将其移除。此时不必进行更换。
- 如果用泡沫塑料盖住了驻车辅助传感器且传感器表面无损坏或脏污，仍发出障碍物警告，则必须更换涉及的驻车辅助传感器。
c. 按照维修手册检查驻车辅助控制单元中的编码。
d. 按照零件目录检查通过测试仪读出的零件号。
⑤ 在进行拆卸工作/连接诊断测试仪的情况下进行检测。
a. 检查传感器、保险杠接线柱、驻车辅助控制单元和驻车辅助系统发声器的插头连接是否：
- 腐蚀；
- 进水/水迹；
- 针脚弯曲；
- 针脚后移；
- 插头密封件的正确位置；
- 针脚密封件的正确位置。

如果分析结果不正常，则按照维修手册维修。

b. 检查保险杠内的线束是否：

- 损坏/挤压；
- 长度足够（图 7-1-8）。

(a) 正常　　　　　　　　　　(b) 不正常

图 7-1-8　保险杠内的线束长度

如果分析结果不正常，则通过移动爪夹优化布线，使得线路不再拉紧。

c. 检查驻车辅助传感器和接线柱的插头连接。

d. 检查保险杠内的传感器支架是否：

- 损坏/变形；
- 牢固；
- 正确校准；
- 脏污。

e. 检查传感器是否：

- 损坏/变形；
- 牢固；
- 正确校准；
- 脏污；
- 按照原装零件目录，零件号正确。

10、A4 在挂入 D 挡或 R 挡爬坡时倒退行驶

（1）车型　A4、A5、A6、A7 配备 0AW 变速箱。

（2）年型　2016 年。

（3）故障现象　在短暂停车后起步或从停车位驶出时，车辆虽已挂挡，在爬缓坡时仍会倒退行驶。

（4）技术背景　请注意，Multitronic 变速箱与传统自动变速箱的区别在于，它是通过膜片式离合器而非变矩器传递动力的。因此，在挂入 D 挡、S 挡或 R 挡时短暂停车期间，车辆在怠速转速下的"蠕行性能"略显微弱。

（5）售后服务解决方案

① 从停车位驶出时：车辆配备带起步辅助装置的电子机械式驻车制动器。原则上，驻车制动器可防止车辆意外溜坡，因此取代了手制动器。

驻车制动器的内置起步辅助装置会在车辆启动时自动松开驻车制动器。只有当车轮上建立了足够的驱动力时，驻车制动器的制动力才会提高。

出于安全考虑，只有当驾驶员安全带卡在安全带锁内时，才会启用"自动松开驻车制动器"这一功能。

② 短暂停车：另外，车辆还配备带起步辅助系统的脚制动器，这可以使车辆在坡道上更易启动。通过踩住制动踏板几秒钟即可激活该系统。松开制动踏板后，制动力会在短时间（1～2s）后保持恒定，从而暂时防止车辆溜坡。

脚制动器的起步辅助系统作用不足时，可以启用驻车制动器的起步辅助装置！

11. A6 附加制动灯失灵或偶尔失灵

（1）车型　A6。

（2）年型　2011 年。

（3）故障现象　第三制动灯/附加制动灯失灵或偶尔失灵。

故障存储器记录如下。

地址码：46-舒适系统中央模块-1503-高位制动灯灯泡-M25-9-断路/对地短路。

故障也可能偶尔出现，即在检查附加制动灯时，其功能一开始是正常的，但经过多次反复操作，数分钟后偶尔可能熄灭。

（4）技术背景　受温度影响，附加制动灯中的保护二极管触点断路。

（5）售后服务解决方案　出现该故障时请更换附加制动灯。

12. Q5 发动机无法关闭-无法启用电动行驶模式

（1）车型　Q5。

（2）年型　2016 年。

（3）故障现象　即使显示高压蓄电池已充满电，车辆仍无法在电动模式下行驶，而且发动机无法关闭。车辆处于行驶准备就绪状态（显示混合动力准备就绪）。挂挡时发动机会起动。

（4）技术背景　车辆无法电动行驶且发动机无法关闭，其原因是混合气制备尚未完成。升级发动机控制单元后或清除故障存储器后会复位混合气自适应值（匹配值）。复位匹配值后必须重新进行匹配。

（5）售后服务解决方案　请如下匹配混合气自适应值。

① 通过"引导型功能/01 发动机电子装置"登录。

② 生成就绪代码（通过测试仪进行匹配）。

a. 使内燃机暖机，拉紧手制动器。

b. 踩下制动踏板，2s 强制降挡（如果内燃机未启动）。

c. 开始诊断。

d. 踩下油门踏板和制动踏板（90s 后发动机转速会多次提高，从而成功匹配数值）。

e. 关闭发动机。

13. A6 无法校准 ACC

（1）车型　A6。

（2）年型　2016 年。

（3）故障现象　无法校准一个 ACC 雷达传感器。

（4）技术背景

① 相应 ACC 传感器的一个固定销从塑料夹中脱出。

② 雷达传感器固定销的长度调节不当。

视频精讲

③ 在粗定位时没有正确调整调节杆 VAS 6430，VAS 6430 的激光束没有射到雷达传感器的透镜上。

（5）售后服务解决方案

图 7-1-9　雷达传感器的透镜

① 对于第 1 点：请检查雷达传感器是否安装牢固。此时务必注意，必须为此拆下保险杠上的雷达传感器盖板，只有这样才能看到固定销是否从夹子中脱出。固定销的末端是球形的，它可能向前从塑料夹中脱出。在不拆卸盖板的情况下直接从外部按压传感器透镜，接着将这个固定销压向塑料夹，这样无法确定安装是否松动。

② 对于第 2 点：请根据维修手册对固定销进行粗略调整，相应的说明请参见 ELSA。

③ 对于第 3 点：请注意，在粗略定位调节杆时，如图 7-1-9 所示，VAS 6430 的激光束要射到传感器透镜 1 的中央。此时务必注意：雷达传感器的透镜是位于前侧的黑色半球，激光束要对准这个黑色半球的中央 1，不要对准右上角的小银镜 2，这个镜子用于在工厂生产过程中调整雷达传感器，没有其他作用。

14. A8 启动/停止系统失灵，在冷却系统中存有故障码

（1）车型　A8L。

（2）年型　2014 年。

（3）故障现象　启动/停止系统失灵；发动机故障指示灯（MIL）亮起。发动机控制单元的故障存储器中存故障码 P218100——冷却系统故障和/或一个关于节温器 F265 的电气故障。

（4）技术背景　如果根据测定的空气量（暖机运行阶段），所测得的发动机温度没有达到特性曲线组中保存的数值，那么在故障存储器中会生成故障码 P218100。冷却系统生产过程中的颗粒会影响冷却液节温器的关闭特性。节温器壳体中的紧固卡箍没有锁紧或是松动都会造成相同的故障。

注意：更换冷却液温度传感器并不能排除故障。

（5）售后服务解决方案

① 将原厂零件号为 079.121.115.AQ 的冷却液节温器 F265 换成原厂零件号为 079.121.115.BD 的改良款冷却液节温器。

② 按照制造商规定用新的冷却液添加剂加注冷却系统。

15. A3 驻车辅助系统失灵

（1）车型　A3、Q2。

（2）年型　2017 年。

（3）故障现象　驻车辅助系统失灵。驻车辅助系统控制单元（诊断地址码 0076）中存有以下故障存储器记录：B200044——控制单元损坏。

（4）技术背景　软件导致的功能偏差。

（5）售后服务解决方案　尝试用 ODIS 测试仪删除这个故障存储器记录。如果这项操作不能排除故障，应更换驻车辅助系统控制单元 J791。如果可以删除这个故障存储器记录，

则请通过软件版本管理升级驻车辅助系统控制单元 J791（诊断地址码 0076）。在 ODIS 测试仪上选择"升级"运行模式后就能输入软件版本管理代码。为此所需的软件版本管理代码为 76A003。请遵循测试仪说明。

注意：建议每次升级时都通过 USB 线连接 ODIS 测试仪和诊断插头！如果有 VAS 6154 或 VAS 5055，建议每次都用 VAS 6154 或 VAS 5055 更新控制单元，这是因为它们可以尽可能地屏蔽 ESD。

16. A8L 4.0TFSI 发动机偶尔启动不佳

（1）车型　A8L。

（2）年型　2016 年。

（3）故障现象

① 用户陈述。

a. 在达到运行温度后以及停放较长时间（发动机尚未完全冷却）后，即使起动机照常转动，发动机也偶尔不启动。

b. 在启动/停止阶段之后，发动机偶尔不启动或启动不佳，并在尝试 1~2 次之后熄火或运行不平稳（起动机转动）。

② 特约维修站诊断结论。

a. 在大多数情况下，发动机控制单元中未存储任何故障存储器记录。

b. 在个别情况下，发动机控制单元中存有针对燃油计量系统的故障存储器记录"系统过浓"。

（4）技术背景　在启动过程中，燃油-空气混合比存在偏差。

（5）售后服务解决方案

① 首先必须执行下列检测。

a. 读取发动机控制单元的故障存储器。

b. 根据 ODIS 测量值识别符 IDE09529"发动机机油气体析出的燃油质量流量"读取/分析测量值：让发动机暖机怠速运转，接着一起观察上述测量值和发动机机油温度。当发动机机油温度超出大约 50℃时，发动机机油中的燃油开始蒸发。

ⓐ如果燃油质量流量偶尔至少超出 75mg/s，则明确表明发动机机油中的燃油含量较高（超出 0.5L）。在这种情况下是用户极端短行程驾驶方式造成的故障。因此建议执行发动机机油更换操作，并向用户说明背景原因。此外，执行软件版本管理代码 01A225。

ⓑ如果没有超出极限值 75mg/s 且无法再现该故障，则可能是因为用户在特约维修站停留期间的驾驶方式已经完全排出发动机机油中的燃油。在这种情况下，同样建议进行一次用户谈话，详细询问用户的驾驶方式，可能的话，再次了解车辆的偶发性能。在这种情况下也执行软件版本管理代码 01A225，不需要更换发动机机油。

② 此外，通过下列检查步骤检查是否存在部件偏差。

在室温下（18~20℃），检查燃油高压泵和燃油低压泵（预供给燃油泵 G6）的保持压力。

- 让发动机暖机运行，直至机油温度至少达到 80℃，接着读取下列测量值：

• IDE00186 燃油低压，实际值；

• IDE00188 燃油高压，实际值；

• IDE06212 油轨 2 的燃油压力。

- 在停止发动机后观察燃油高压曲线图（额定压力曲线图：在 10min 内均匀上升到大约 80bar）。如果这个压力曲线图与额定压力曲线图有出入，则可能是高压喷油嘴泄漏导致的故障。在这种情况下，请在燃烧室内插入一个内窥镜，以分析高压喷油嘴是否泄漏。

- 此外，在停止发动机的情况下，观察燃油低压的建压情况：低压必须在前 5min 内升到 6bar 以上，接着继续保持该压力 10min。如果燃油低压已经按照额定压力曲线图建压，但是在前 15min 内降低至 1.5bar 以下，则说明至少有一个燃油高压泵泄漏。在这种情况下，请更换两个燃油高压泵，并执行一次发动机机油更换。

17. A4 防盗报警装置无故触发

（1）车型　A4、A5、Q5、Q7。

（2）年型　2017 年。

（3）故障现象　防盗报警装置无故触发，尤其是强降雨的时候，也可以在不触发报警喇叭的情况下发出警报，只是通过闪烁显示警报，未存储与之相关的故障存储器记录。作为触发源，诊断地址码 46 中的一个测量值"防盗报警装置最后一个报警源""防盗报警装置倒数第二个报警源""防盗报警装置倒数第三个报警源""防盗报警装置倒数第四个报警源"下面记录了"Backup_Horn_Alarm_Trigger_Cycle_Data-无通信"或是"报警喇叭"。

（4）技术背景　因为强降雨，脚部动作控制的后备厢盖打开系统触发了水流识别功能，这会导致舒适系统控制单元触发防盗报警装置。

（5）售后服务解决方案　请通过软件版本管理升级舒适系统控制单元 J393（诊断地址码 0046）。在 ODIS 测试仪上选择"升级"运行模式后就能输入软件版本管理代码。为此所需的软件版本管理代码为 46A017。请遵循测试仪说明。

18. Q3 TDI 发动机指示灯亮起、发动机抖动或车辆不启动

（1）车型　Q3。

（2）年型　2015 年。

（3）故障现象

① 发动机指示灯亮起；

② 发动机抖动/无功率；

③ 发动机无法启动。

地址码 01 中存有故障存储器记录。

P001600：气缸列 1，凸轮轴位置/曲轴位置传感器，匹配错误。

P034100：凸轮轴位置传感器，信号不可信。

P065100：传感器参考电压"B"，断路。

P065100：传感器参考电压"C"，断路。

P15A00：变速箱空挡位置传感器，电气故障。

P15A100：变速箱空挡位置传感器，信号不可信。

Po47200：废气压力传感器 1 对地短路。

P040100：废气再循环系统，流量过小。

P214600：喷油嘴（一个或多个）A 电源，断路。

P214900：喷油嘴（一个或多个）B 电源，断路。

P13D600：气缸 3 内压传感器，信号不可信。

这些故障记录可能是静态，也可能是偶发。

（4）技术背景　根据安装位置的不同，发动机线束可能紧贴增压空气冷却器的边缘。

（5）售后服务解决方案

① 检查线束是否紧贴增压空气冷却器（图 7-1-10）。

注意： 外侧缠绕包覆层可能只有较小的切口，但是下面的导线损坏了（图 7-1-11）。

图 7-1-10　检查线束是否紧贴增压空气冷却器

图 7-1-11　导线损坏

② 因此当线束碰到增压空气冷却器时，每次都解开线束的包覆层，并检查下面的导线是否损坏（图 7-1-12）。

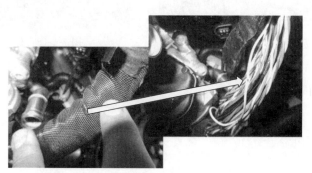
图 7-1-12　检查导线

用 VAS 1978 B 维修损坏的导线，接着用织物胶带 N 105 920 03 缠绕住解开的那段线束。

为避免再次碰到线束，请按如下所述操作。

① 撬开连接至增压压力传感器的线束分接抽头上的夹子（图 7-1-13）。

② 顺时针转动冷却液软管的弹簧卡箍，直至之后靠近冷却液软管方向拉动线束时，卡箍的夹子不再碰到线束（图 7-1-14）。

③ 解开之前从线束中撬出的夹子。将这个夹子缠绕到线束两侧上，保存夹子。

④ 如图 7-1-15 所示，沿箭头方向拉动线束，直至增压空气冷却器和线束之间不再相碰。

⑤ 夹子支架的装配孔在此用作参考点。用记号笔在夹子装配孔这个高度上标记线束的新位置（图 7-1-16 中的白色标记）。

⑥ 将夹子放到线束上，使轴颈部分在标记正中央。

⑦ 将夹子定位到装配孔上方，接着检查线束与增压空气冷却器之间的距离（距离参见图 7-1-16 中的箭头）。

⑧ 如果这个位置合适，则用织物胶带 N 105 920 03 缠绕这个夹子，接着重新将这个夹

子固定到支架上。

图 7-1-13 撬开夹子

图 7-1-14 转动卡箍

图 7-1-15 拉动线束

图 7-1-16 标记位置

19. Q3 全轮驱动装置失灵

（1）车型　Q3。

（2）年型　2015 年。

（3）故障现象

① 全轮驱动装置失灵。

② 电子稳定程序指示灯亮起。

③ 驶上滑溜路面时，前轮打滑。

④ 在 Haldex 离合器控制单元（诊断地址码 22）中存有故障记录：VAG00448——Haldex 离合器的预压泵，断路。

（4）技术背景　Haldex 离合器的泵存在硬件偏差。

（5）售后服务解决方案　更换 Haldex 离合器的泵。

小心：主减速器和 Haldex 离合器的机油循环回路相互分开。

① 为 Haldex 离合器加注专门用于 Haldex 离合器的高性能机油。

② 主减速器加注"车桥润滑油"。

20. 国产 Q3 在长时间行驶后空调没有从出风口中吹出风

（1）车型　Q3。

（2）年型　2015 年。

（3）故障现象　国产 Q3 1.4T 车型长时间行车后，在制热或制冷模式下，出风口没有感觉到有风吹出来，甚至已经在空调操作面板上选择鼓风机最高调速挡时亦如此。在长时间行驶之后，感觉到车内温度更低了。

（4）技术背景　国产 Q3 1.4T 车型安装的 SANDEN 牌空调压缩机内部调节阀 N280 存在质量偏差。调节阀 N280 失灵且不再关闭。由此导致低压侧压力过高。这会导致蒸发器结冰（温度传感器 G263＜2℃）。

（5）售后服务解决方案

① 在出现该故障时，执行检测程序"检测空调压缩机"。

② 这个检测程序参见空调和暖风电子装置的引导型功能。

③ 如果确定电控阀 N280 是造成故障的部件，则按照维修手册更换这个部件。

④ 对于国产 Q3 1.4T 车型，若故障压缩机零件号为 5K0 820 803 C 或 5K0 820 803 G，则按照维修手册更换电控阀，电控阀备件号为 5Q0.260.839.A。

⑤ 对于国产 Q3 1.4T 车型，若故障压缩机零件号为 5K0 820 803 J，则按照维修手册更换压缩机，新压缩机的备件号为 5K0 820 803 J。

21. 国产 Q3 空调不制冷或压缩机发出噪声

（1）车型　Q3。

（2）年型　2016 年。

（3）故障现象　国产 Q3 车型空调不制冷或压缩机发出噪声。

（4）技术背景　由于国产 Q3 1.4T 车型安装的 SANDEN 公司生产的压缩机电控阀耐用度不足导致异物卡滞，进而导致压缩机不制冷或异响。

（5）售后服务解决方案

① 对于国产 Q3 1.4T 车型，若故障压缩机零件号为 5K0 820 803 C 或 5K0 820 803 G，则按照维修手册更换电控阀，电控阀备件号为 5Q0.260.839.A。

② 对于国产 Q3 1.4T 车型，若故障压缩机零件号为 5K0 820 803 J，则按照维修手册更换压缩机，新压缩机的备件号为 5K0 820 803 J。

对于国产 Q3 2.0T 车型，若压缩机出现故障，则按照维修手册更换压缩机，新压缩机的备件号为 1K0 820 808 A。

22. A4 脚部动作控制的后备厢盖打开系统失灵

（1）车型　A4。

（2）年型　2017 年。

（3）故障现象　脚部动作控制的后备厢盖打开系统在停车一段时间后/总线休眠后失灵。唤醒车辆后（例如通过遥控器），脚部动作控制的后备厢盖打开系统恢复正常。

（4）技术背景　软件偏差。

（5）售后服务解决方案

① 请检查故障是否如下所述。

a. 在停车一段时间后/总线休眠后（锁止车辆大约 10min 后），脚部动作控制的后备厢盖打开系统失灵。

b. 通过用遥控器打开来唤醒车辆。

c. 脚部动作控制的后备厢盖打开系统恢复正常。

② 请按如下所述读取后备厢盖打开系统控制单元 J938 的生产日期。

a. 通过"舒适系统中央模块"（诊断地址码 0046）的自诊断打开"识别"。

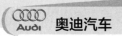

b. 根据后备厢盖打开系统控制单元 J938 的 FAZIT 识别信息确定生产日期。

只有当故障现象符合这些说明且读取的生产日期在 2016 年 8 月 11 日～9 月 19 日范围内时，本 TPI 才适用。

23. A6 偶尔不能挂入 2 挡

(1) 车型　A6。

(2) 年型　2017 年。

(3) 故障现象　车辆偶尔不能挂入 2 挡。在诊断地址码 02 中无故障存储器记录。

(4) 技术背景　在故障出现之前的驾驶情况如下。

用户挂入 2 挡缓慢行驶很长一段时间，在此期间车辆从未制动到静止状态（例如堵车行驶、停停走走且从未完全停止等）。

现在，一旦车辆完全停止并紧接着又进入之前的驾驶情形（缓慢却不完全停车），那么变速箱就会切换至保护功能。这项保护功能会导致变速箱只能挂入 1 挡，一旦发动机转速超过 4500r/min，就会挂入 2 挡。这项行驶性能是必须的，用于保护变速箱过热。

(5) 售后服务解决方案　部件没有受损。更换部件并不能解决问题。请向用户说明该技术背景。

24. A7 针对进气歧管翻板的故障存储器记录

(1) 车型　A7。

(2) 年型　2016 年。

(3) 故障现象　发动机故障指示灯亮起，发动机运行不平稳或是功率输出欠佳。发动机控制单元中可能存有下列其中一条或多条记录。

P2004/05：气缸列 1/2 的空气流量控制进气歧管翻板保持打开状态。

P2006/07：气缸列 1/2 的空气流量控制进气歧管翻板保持关闭状态。

P2014/11：气缸列 1/2 的进气歧管翻板位置传感器，电路中存在电气故障。

P2015：进气歧管翻板位置/空气流量控制传感器，信号不可信。

P2071：进气歧管卡在关闭位置。

P2070：进气歧管卡在打开位置。

(4) 技术背景

① 对于 TFSI 发动机而言，原因在于进气歧管翻板控制电位计的公差范围。

② 对于 FSI 发动机而言，原因在于可变进气歧管翻板真空系统泄漏。

(5) 售后服务解决方案

① 通过 VAS 6213 检查真空系统是否密封。

② 检查连接至电磁阀的真空管路以及连接电磁阀和相应部件的真空管路。

③ 用真空泵 VAS 6213 检查接通的冷却液泵是否密封。

④ 如果在之前的检测步骤中发现了泄漏，则更换相应的部件。

⑤ 只有当记录 P 代码时温度低于 60℃，更换冷却液泵才能排除故障。

⑥ 如果真空系统密封，则必须更换进气歧管翻板控制电位计。

25. A6 停车期间后备厢盖无故打开

(1) 车型　A6L。

(2) 年型　2016 年。

(3) 故障现象　后备厢盖无故打开。未存储与之相关的故障存储器记录。

(4) 技术背景　车辆对用户无意识操作遥控钥匙发出的信号做出反应。

(5) 售后服务解决方案　为降低后备厢盖被遥控器无意间打开的风险，可以提高遥控器的后备厢盖按键反应时间，或是停用后备厢盖按键。

为此请在诊断地址码 0046 的引导型功能下面更改匹配通道 64 "遥控器的后备厢盖操纵时间"。最长操纵时间可以选择 5s。

必要时，可以读取诊断地址码 0046，测量值块 50-59 中关于中央门锁的最后五个操作位，包括日期和时间。

当舒适系统控制单元 J393（诊断地址码 0046）内的软件显示数值≥0344 时，可以停用遥控器的后备厢盖按键。为此请将舒适系统控制单元 J393（诊断地址码 0046）中的匹配值"用遥控器打开后备厢盖的操纵时间"改成数值"0"。

必要时，如果舒适系统控制单元 J393（诊断地址码 0046）内的软件显示数值≥0344，则可以读取最后 20 次打开操作（中央门锁的操作位，包括日期和时间）。为此请读取测量值"中央门锁解锁历史数据"。

26. A6 组合仪表中显示"汽车照明故障"

(1) 车型　A6L。

(2) 年型　2016 年。

(3) 故障现象　组合仪表中的照明指示灯亮起。驾驶员信息系统报告"汽车照明故障"。车载电网控制单元（09）中存有故障记录：

03280——车灯开关位置，信号失真；

01800——车灯开关 E1 无信号/通信；

VAG01800——车灯开关，信号失真。

(4) 技术背景　如果将车灯开关置于中间位置，则大约 10s 后，组合仪表中会显示灯泡符号和报警信息。大约 5s 后，报警信息消失，而灯泡失灵符号则要在车灯总开关重新被旋至特定位置时才会消失。车载电网控制单元故障存储器中存有记录：

03280——车灯开关位置，信号失真；

01800——车灯开关 E1 无信号/通信。

识别到开关重新回到特定位置后，该记录变为偶发状态。经过 40 次无故障的行驶循环后，故障记录被删除。

(5) 售后服务解决方案　发生故障时，请检查是否是由于上述原因造成的。

注意：更换原厂零部件无法排除故障，因为所有组件的原厂备件版本均相同。

27. A4 安全气囊指示灯亮起

(1) 车型　A4、Q7。

(2) 年型　2016 年。

(3) 故障现象　用户陈述：组合仪表上显示信息"安全系统故障"或安全气囊警告灯亮起。

极少情况下还会有下列指示灯或警告信息：

① 空气弹簧；

② ACC；

③ 车道保持辅助系统；

④ 堵车辅助系统。

特约维修站诊断结论是安全气囊控制单元（诊断地址码 15）中存在偶发故障存储器记录："U103100：FlexRay 数据总线未同步"。

极少数情况下还会在下列控制单元中存储故障记录：

① 底盘控制系统（诊断地址码 74）；

② 方向盘电子装置（诊断地址码 16）；

③ 车距控制装置 1（诊断地址码 13）；

④ 车距控制装置 2（诊断地址码 8B）；

⑤ 助力转向系统（诊断地址码 44）；

⑥ 后桥转向系统（诊断地址码 CB）。

（4）技术背景　网关 J533（诊断地址码 19）的软件存在偏差。

（5）售后服务解决方案

① 网关硬件版本是 11：根据引导型功能"更换控制单元"来更换网关 J533（诊断地址码 19）。

② 网关硬件版本不是 11：请对本车执行尚未执行的售后服务措施：

a. 96D5 或是 96D7，针对 A4(8W)；

b. 64E1 针对 Q7(4M)。

28. A6 在启动后不久便能从车前部听到"嘎嘎"声

（1）车型　A6。

（2）年型　2012 年。

（3）故障现象　刚起步时能听到车辆前部发出"嘎嘎"声或"咯咯"声。

（4）技术背景　ABS/ESP 系统进行短时自检，自检过程中液压单元的所有阀都会运行，且回油泵会短时启动。

（5）售后服务解决方案　为了确保 ABS/ESP 系统的功能正常，必须进行该自检。由此产生的噪声无法避免。请注意，听到的自检音量高低受主观因素影响。这取决于不同的因素，例如车上的一般噪声电平和噪声传递。因此在不同车上，听到的自检声音也各不相同。在这种情况下，更换 ABS/ESC 液压单元起不到任何帮助，因不允许这么操作。

29. A4、A5、A5 Cabrio、Q5 空调失灵

（1）车型　A4、A5、A5 Cabrio、Q5。

（2）年型　2013 年。

（3）故障现象

① 用户陈述。

a. 空调失灵。

b. 打开空调时发出噪声。

② 特约维修站诊断结论。

a. 空调/暖风电子装置中存有关于空调电磁离合器 N25 的故障记录，内容为断路/对正极短路。

b. 电磁离合器 N25 与压缩机的接触面严重锈蚀（图 7-1-17）。

（4）技术背景　电磁离合器加速氧化是冬季融雪盐增多导致的。

（5）售后服务解决方案　通过引导型故障查询检查，在空调/暖风电子装置的故障存储器中是否存有故障记录"空调电磁离合器 N25 断路/对正极短路"。如果存有这个故障记录，请目检离合器是否发生如上锈蚀，必要时根据维修手册予以更换。

图 7-1-17　电磁离合器 N25 与压缩机的接触面严重锈蚀

30. A6、A7（C7）车内温度调节不舒适

（1）车型　A6、A7(C7)。

（2）年型　2014 年。

（3）故障现象

① 用户陈述。

a. 设定恒温时，无法舒适调节车内气流和温度；

b. 中央仪表板出风口的出风温度会变动；

c. 空调/暖风模式下，空气分配和/或空气量不足。

② 特约维修站诊断结论：有时会在空调暖风电子装置（地址码 08）中生成有关不同伺服电机"出现机械故障"的故障存储器记录。

（4）技术背景

① 在特定的车外温度和运行状态下，空调操作件中的车内传感器不通风导致车内温度发生波动。

② 侧面仪表板出风口稍稍闭合时，压力会上升，继而导致空调内部空气分配发生变化，温度较低的空气到达节流的侧面仪表板出门口处。温度传感器识别到温度变低，接着会根据这项变化将空调内的温度翻板移向"制热"方向，因此导致中央仪表板出风口的温度存在偏差。

③ 当电磁转子出现故障时，在极端温度范围内，伺服电机可能会保持静止。

（5）售后服务解决方案　出现故障时，请用软件版本管理代码 08A019 将空调/暖风电子装置（地址码 08）控制单元的软件升级至版本 0097。

视频精讲

视频精讲

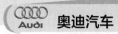
奥迪汽车
故障维修要点难点解析

本书配套视频清单

二维码视频内容	页码	二维码视频内容	页码
活塞连杆组的拆卸	71-1	防溅板的拆卸与安装	135-3
活塞连杆组的安装	71-2	检查底盘	136
气缸盖及缸垫的拆卸与安装	75	更换制动液	139-1
油底壳的拆卸和安装	84-1	检查制动片	139-2
油底壳上部件的拆卸和安装	84-2	检查悬挂车轮	140
机油滤清器的拆卸与安装	86	胎压检测	141
排气歧管及废气增压的拆卸	87-1	ESP检测	154
排气歧管及废气增压的安装	87-2	更换控制单元	207
机油泵的拆卸与安装	91	防盗系统的介绍	251
水泵的拆卸与安装	95	车辆钥匙的介绍	252
进气歧管的拆卸与安装	98	匹配钥匙	255
废气阀的拆卸与安装	100	检查灯光	257
EA888发动机拆卸正时链	107	ACC调校方式	299
EA888发动机安装正时链	109	ACC校准的准备工作	309-1
曲轴的拆卸与安装	135-1	ACC校准的操作步骤	309-2
活塞环的组装	135-2		